CAESAR'S FOOTPRINTS
Journeys to Roman Gaul

漫步古罗马时代的高卢

恺撒的足迹

Bijan Omrani
[英] 彼尚·奥姆拉尼 著
崔毅 译

中国人民大学出版社
·北京·

术语说明

对撰写古典时期历史书籍的作者来说，在使用"凯尔特""高卢""高卢人"这几个词时，会遇到一些困难，原因在于，学界对这几个概念的确切含义和涵盖范围的认识，存在分歧。"高卢人"是否全部属于"凯尔特人"，抑或二者是两个完全独立而不相包含的族群？"高卢人"这个概念是否只能用来指代那些生活在现今法国南部和西部地区的古人，而不包括古时比利时地区和阿基坦地区的居民？诸如这样的争论一直存在，而当代作者大都面对着由这些争论带来的难题。在本书中，为了简单起见，我用"高卢人"这个词来指代那些生活在尤利乌斯·恺撒所划定的高卢地区的人。

我在写作本书时，还要面对另一个挑战，那就是对于古代和现代地名的使用。我在写作中，谈到同一地点（地理区域、城镇）时，并没有刻意保持地名的一致性。一般来说，当前后文的语境是在谈论古罗马时，我倾向于使用古代地名。但这一原则我并未贯彻始终，例如，不论在什么语境下，我都一直坚持使用欧坦（Autun），而不是冗长的古名奥古斯托杜努姆（Augustodunum）。

序

几年前，在教授拉丁语的一堂课上，我突然产生了写作本书的想法。那是冬季学期一个星期三的早晨，我面对的是一群聪明但并不怎么上进的六年级学生，他们正在学习恺撒的《高卢战记》(*Commentaries on the Gallic War*) 第五卷，这部书讲述了他在公元前58年至公元前50年征服高卢的过程。

在拉丁语课堂上，当孩子们学会基本的语法后，恺撒的这部作品一直被用来当作他们接触"真正"拉丁语的"敲门砖"。然而，大多数学生可不怎么喜欢这块"砖"，而作为老师，我对他们那痛苦的表情早已习以为常。通常来说，当你向学习过古典知识的人提起"恺撒"，他们的反应大致可以分为两种：一部分人会愉快地回忆起他的书,赞美他的文字是多么细腻、严谨,仿佛每一段对话都是精心设计的,就像早餐麦片般对身体有益,锻炼着思维;而另一部分人则会说,没有什么比阅读他的书更让人痛苦的了,那感觉仿佛让人置身于第一次世界大战时的索姆河,间接引语和动形词如同战场上那湿滑的泥沼和带刺的铁丝。坐在我面前的学生们显然属于后者。

也许是为选为教学材料所累,一代又一代的学生对恺撒这部书中描写的高卢征服全无好感,甚至有学生毫无顾忌地表达自己对恺撒本人和他征服高卢过程的反感。我对此并不感到高兴,常常愤愤不平地想为恺撒辩白。退一步讲,至少作为一部著作,《高卢战记》并非一无是处。书中的内容并不仅仅是关于行军作战和使者派遣的泛泛之谈,它向读者展示了欧洲何以成为现今的欧洲:正是通过控制高卢的心脏地带,古罗马人把地中海的拉丁文化引入了欧洲北部。如果没有这次征服——这并非历史的必然,而是彼时的政治环境和恺撒自身的野心共同导致的偶然事件——那么古罗马帝国可能永远无法获得它后来所拥有的影响力,即使获得,也不会如此深远;如果没有这次征服,那么欧洲的现代语言在本质上可能更多受到凯尔特语的影响,而不是拉丁语;如果没有这次征服,那么维吉尔(Virgil)、西塞罗(Cicero)和奥维德(Ovid)的经典作品,以及影响这些作者的古希腊文学名著,可能也无法对西方文化产生如此深远的影响,哲学、法学、修辞学、音乐和建筑等古典文化也是如此;如果没有这次征服,基督教或许也无法像如今这样深深嵌入欧洲的基因之中。如果没有恺撒对高卢的征服,现代欧洲的版图将会完全不同;公元5世纪"蛮族"跨越莱茵河的记忆也不会如同梦魇一般始终无法从欧洲人的脑海中消失;不会有查理曼(Charlemagne），更没有今天的法国，可能也不会有 15、16 世纪的文艺复兴。当然，我们也不太可能在一个寒冷的星期三早晨，坐在教室里阅读经典的拉丁语文学作品。

当我滔滔不绝地表达自己的观点时，学生们却不以为然。好在我不是一个轻言放弃的人，我决定要做点什么来挽救为繁杂语法所累的恺撒（虽然，或许今天的学生们如此讨厌他，是对他那如同奥林匹斯山般巨大的野心的合理惩罚）。

现代人对恺撒的兴趣往往集中在他在罗马做了什么，而不是他在高卢做了什么。政治阴谋成就了他的显赫地位，让他在内战中取得了胜利，却也让他一步步地走向被刺杀的命运终点，这些才是 21 世纪的人们关心的话题。相比之下，他在高卢的时光，以及那些略显血腥的行为，则都被留在了教室里，化作可悲的语法练习强加给不情愿的学生们。我写这本书的目的，是希望重建一种平衡，让读者重新重视恺撒——以及他之后的罗马人——在高卢取得的成就，并探索他们留下的那些影响深远的、清晰可见的文化遗产。

这本书的目的并不是要重新讲述恺撒在高卢的军事行动，甚至在某种意义上，这本书也不完全是献给恺撒的，因为市面上并不缺少这类题材的优秀作品。这本书是希望重新审视古罗马人征服高卢的背景，以及探讨在最初的血腥战争之后，到底是什么使得古罗马人在高卢的征服取得了长期的成功——他们对高卢的改造如何为现代欧洲奠定了基础。因此，这本书着眼于古罗马和高卢交往的历史，以及这种交往在文化和经济领域所产生的影响。一些古罗马时代的实物证据被保存到今天，因此，本书的一部分笔墨将用来带领读者重新认识残存的古罗马时代高卢的遗迹——圆形竞技场、高架渠、凯旋门、神殿和陵墓。我还将探寻那个时代的高卢对思想文化、文学和宗教产生的影响。

关于古罗马是如何有效地"黏合"高卢,使其在500年的时间里一直是帝国的一部分,这可谓一个历久弥新的话题。站在当今这个欧洲一体化的愿景看起来更像是痴人说梦的时代,回顾这个愿景最初在古罗马人的治下是如何产生的,又付出了怎样的代价,显然是有价值和有启发性的。这个愿景不仅与肉眼可见的变化有关,还与无形的文化有关,尤其与古罗马对待外来者和移民的方式与传统有关。古罗马人向高卢的迁移可以说是欧洲历史上的第一次移民危机,我们将在书中看到这一点(尽管这种说法并不总是站得住脚)。描述恺撒对高卢的征服,就是在描述古罗马人如何对待外来的"蛮族"。这就是为什么恺撒不仅仅是拉丁语课堂上的一位古代作者,更是一个始终未曾远去的存在——劳伦斯·达雷尔[①](Lawrence Durrell)所说的"巨大的幽灵"——仍然笼罩着一个挣扎着想要成为一体的欧洲。

---

① 劳伦斯·达雷尔(1912—1990):英国小说家、剧作家、诗人、旅行作家。逝于法国。——译者注(本书中未注明"作者注"的脚注,均为译者注)

位于尼姆的圆形竞技场，和阿尔勒的竞技场一样，建于公元70年左右。在西哥特人统治的时代，它被改建为一座堡垒。直到19世纪中期，这里才被恢复为古罗马时代的样貌并承担起了类似竞技场的功能，用于斗牛表演和其他公共活动。在此之前漫长的岁月里，它的角色类似于一座自给自足的城镇。

目　录

第一章　北方的梦魇 / 001
第二章　恺撒的目标 / 041
第三章　"驯服"高卢 / 075
第四章　不列颠的传说 / 112
第五章　新行省的秩序 / 139
第六章　贵族的生活和城市的风尚 / 172
第七章　乡间生活 / 196
第八章　工匠的尊严 / 222
第九章　高卢的拉丁文学 / 242
第十章　鲜血与殉道者 / 275

结语：从一个帝国到一场梦 / 316

文献综述 / 341

参考文献 / 353

致　谢 / 367

第一章

北方的梦魇

在我们上一辈人的记忆中，就是这些敌人，曾经威胁过我们。

——尤利乌斯·恺撒，《高卢战记》卷一，40[①]

[①] 本书每一章开头处引用的《高卢战记》内容，均选用商务印书馆 1979 年版中译本的译法。

马赛
·
古希腊的移民
·
普罗旺斯的圣雷米
·
高卢人的迁徙
·
山南高卢
·
恩特蒙
·
南下的条顿人
·
奥朗日
·
克劳沼泽
·
圣维克多山
·
普伊鲁比尔
·
普罗旺斯的艾克斯

我们的故事从古老的马赛港开启。在那里，一排排帆船在海水中摇荡，无数的桅杆反射着耀眼的阳光。在这片海水周围，海浪还拍打着地中海沿岸的那些古老城市——阿雅克肖、热那亚、阿尔及尔、雅典、亚历山大——的海滨围墙。夏日的马赛，船和桅杆似乎都要和海水一起在热浪中蒸发了，消失在那包裹着宏伟的码头建筑的赭色和桃色的薄雾中。在交通灯前，一个穿着棕色罩袍的人为了赚取微薄的报酬擦洗着车辆的挡风玻璃。路边，一个阿拉伯人坐在睡袋上，用一把小刀剥着电线外的胶皮，他的小儿子蜷缩在他身旁的一张用纸板和脏垫子做成的"床"上。

这些人也许来自遥远的他乡，但马赛已经成为他们的城市。就像城市东面的卡朗克山（Massif des Calanques）的石灰岩峭壁为各种各样的植物和花卉提供了栖身之所一样，马赛港始终是异乡人的避难所。加拉班山（Garlaban）和伊图埃拉山（Massif de l'Étoile）低矮的丘陵像覆盖在城市郊区肩膀之上的斗篷，为马赛遮挡来自北方的凄风冷雨。这座城市不是古罗马人建立的，而是古希腊人建立的。它虽然不如罗马城古老，却比恺撒"年长"。早在罗马在世界上留下印记之前，这里就已经成为一个富足而独具特色的地方了。它没有像罗马那样建立帝国或霸权的雄心壮志，也没有严肃的军事传统，但就像后来崛起的威尼斯一样，面对充满敌意的内陆，它牢固地维护着属于自己的一方乐土，只要它还能从海上贸易中赚到钱，做到这一点就不难。

但事实上，这座城市更像是罗马城的表亲。它们诞生的故事很相似，在很早的时候就成为"朋友"，分享着属于各自的恐惧、神经质和虚伪。正是通过马赛，地中海文化得以进入高卢，乃至更远的欧洲北部。从这个意义上讲，马赛为恺撒和古罗马人的到来铺平了道路，这也解释了恺撒为什么会被吸引到这里，并以征服的方式获取高卢。想要了解恺撒曾经踏上的这片土地的诱惑和传奇，我们首先必须了解马赛。

他们来到这里是为了找寻更美好的生活。他们的家乡福西亚远在东方的伊奥尼亚（Ionia），紧靠小亚细亚海岸的岩石峭壁，位于今天土耳其伊兹密尔（Izmir）的北面。因为家乡土地狭窄，遍布岩石，贫瘠不堪，所以福西亚人（Phocaea）——根据高卢-罗马历

第一章 北方的梦魇

史学家庞佩厄斯·特洛古斯[①]（Pompeius Trogus）在公元前1世纪的记录——习惯于在海上流浪和谋生。正如古希腊历史学家希罗多德（Herodotus）所说，福西亚人是第一批为了贸易而在地中海进行长途旅行的希腊人。为了做生意，他们的足迹北跨达达尼尔海峡，南抵埃及，西至西班牙。即便如此，不断增加的人口压力仍然迫使一部分福西亚人选择背井离乡，前往其他地方定居。他们的一些殖民城邦离福西亚并不远，比如达达尼尔海峡的拉穆普萨库斯（Lampascus），但像科西嘉岛上的阿莱里亚（Aléria）和位于加泰罗尼亚的安普利耶斯（Empúries）则远离本土。在公元前7世纪末到公元前6世纪初，第一批福西亚移民是自愿迁往别处的，而公元前6世纪中叶的迁徙潮则是战争的结果。波斯君主居鲁士（Cyrus）决心夺取希腊人在小亚细亚腹地的领土，于是在公元前546年占领了福西亚，这里的居民都逃走了。

马赛诞生于福西亚人的第一次移民潮中，并在第二次移民潮中得到巩固和发展。对福西亚人来说，高卢并不完全陌生，但这里无疑充满了神秘和危险。赫拉克勒斯[②]（Heracles）在完成第十项伟业——杀死拥有三副身躯的巨人革律翁——时，沿着地中海的海岸穿过了西班牙和高卢南部，这片土地上甚至还留下了他的事迹：在逃避利古里亚部落的追捕时，他得到了父亲宙斯的帮助，后者从天

[①] 庞佩厄斯·特洛古斯：大约生活在公元前1世纪，古罗马历史学家，出身纳尔邦高卢的韦康蒂部落（Vocontii）。

[②] 赫拉克勒斯：古希腊神话中的人物，宙斯之子。因为天后赫拉的诅咒，赫拉克勒斯在疯狂中杀害了自己的孩子，为了消除罪孽，他完成了十二项伟业。

空向追来的人投掷石块。根据当地的传说，在罗讷河①（Rhône）河口附近的河滩上，还能看到宙斯投下的石块。从神话回到现实，黎凡特的腓尼基人、意大利北部的伊特鲁里亚人和其他来自伊奥尼亚的希腊人，他们都与福西亚人有相似的经历。在长达几个世纪的时间里，他们与高卢南部沿海地区的居民进行贸易，但没有迹象表明他们中的任何人选择在这里永久定居。

福西亚人做出了不同的选择。据特洛古斯说，公元前6世纪初，福西亚人的船只驶入罗讷河河口，发现了这片宜居的土地。流淌而过的罗讷河将地中海与未知的高卢内陆连接，这里不仅拥有地利，处在贸易路线的中心，更是天然良港，低矮的丘陵为这片美丽的土地提供了天然的屏障。

为最早来到高卢南部的那些人口中的美景所吸引，一支来自福西亚的船队驶向了这里。这支由普罗提斯（Protis）和西莫斯（Simos）带领的船队，安全地穿越了地中海，到达罗讷河河口，但他们仍然必须赢得在这片土地上定居的权利。这片土地原来的主人是塞戈布利吉人②（Segobrigii），他们的国王是纳努斯（Nannus）。不仅特洛古斯，亚里士多德也记述了福西亚人的传说。福西亚人抵达的那一天，恰逢国王要为女儿完成婚事，于是他们被邀请参加婚礼。按照当地人的习俗，新娘有权自己选择她要嫁的人。根据亚里士多德的描述，求婚者会聚集在一起，而新娘会捧着一只高脚杯，走在候选者之中，最后将酒杯递给她选中的男人。被邀请的福西亚

---

① 罗讷河：发源于瑞士境内，流经法国东部，最终进入地中海。自古便是一条重要的贸易河流，连接着欧洲北部和地中海。

② 塞戈布利吉人：铁器时代生活在今天马赛一带的民族。

人来到人群中,当公主将高脚杯递给普罗提斯时,所有人都惊呆了。纳努斯相信是神指引女儿选择了自己未来的丈夫,所以并没有阻止她,而是把马赛〔当时被称为马萨利亚(Massalia)〕让给了这些希腊移民。

特洛古斯对这个传说的描述与他的希腊前辈大体一致,但亚里士多德给主人公起了不同的名字。在亚里士多德的版本中,普罗提斯是希腊移民与公主的儿子,而福西亚人头领的名字则是尤塞努斯(Euxenus),意思是"友好的陌生人"。公元前4世纪,当亚里士多德写下这些内容时,普罗提斯的后裔仍然是马萨利亚的一个显赫家族。不管这段传说中的婚姻的真实性如何,这个故事的核心是古希腊移民和当地居民的融合,而这发生在马萨利亚建城之初。

马萨利亚是一座非常成功的城市。今天,站在马赛旧港的街道上,可以看到马萨利亚的一些遗址,但已很难想象当年这座古希腊殖民城市的繁荣景象了,福西亚人在附近为阿耳忒弥斯和阿波罗所建造的剧院或神殿早已不见踪影。海港的石墙、水槽和高塔,都建在早期希腊移民的建筑旧址上,均采用古罗马方正的石块建造而成。只有在码头周围,那些由刻有优美图案的石板铺设的罗马街道的下面,才能辨认出公元前6世纪希腊时期道路的痕迹,而这一切早已隐没于现代城市的大街之下。

要想见识这片古希腊殖民地早期的成功,我们必须把目光从城市转向更广阔的高卢内陆地区,在那里,古希腊人已经将自己的影响加诸位于高卢中心地区的那些部落身上。在公元前6世纪,高卢内陆存在一个原始的凯尔特社会——哈尔施塔特文化(Hallstatt),考古学家常常会用到这个称谓。这是一个由武士酋长统治的社会。在金属锻造,特别是铁器和武器制造方面,他们拥有高超的技艺。

古希腊和古罗马时代马萨利亚港的遗迹,位于现在马赛旧港附近。

这些人是来自欧洲东部大草原的移民,他们中的贵族,死后会被埋在内衬木材的古墓里,躺在四轮青铜战车上。墓室中那些稀有的异国商品展示着他们生前的权势,他们生前可以通过在部落内部分配这些商品来提高自己的威望,并吸引新的追随者。正是希腊移民的到来,让他们有机会从贸易中得到这些充满异国情调的商品,这在一定程度上甚至促进了高卢等级社会的形成。希腊商人从东方的作坊中,把奢侈品带到马萨利亚,然后沿着罗讷河和索恩河(Saône)把它们运到高卢腹地。高卢的贵族们也许会用锡、铁或奴隶来交换这些希腊工匠的精美作品,将它们作为自己权威的象征。

通过观察属于那个时代的一些考古发现，我们可以想象高卢人在第一次看到希腊的商品时会做何反应。让我们穿越回到公元前 520 年，身处勃艮第东北部塞纳河（Seine）上游拉索瓦山（Mont Lassois）上的一个高卢人定居点。许多木箱被运到山上由木屋和栅栏组成的营地里。这些箱子里装的实际上是同一件物品，由于体积过大，它被拆分为多个部分以便运送。购买者可以根据箱子上标记的希腊字母了解如何组装它。高卢人努力将属于这件物品的把手、支架、盖子等零件组装到一起。考虑到它的大小，这肯定不是一件轻而易举之事。每个单独的部件都有 60 公斤重，组装好后总重量达 200 多公斤，高 1.6 米，能够盛 1 200 升葡萄酒，它就是维克斯双耳喷口杯，一件产自希腊的青铜器。这是已知的欧洲出土的最大的同类器皿，做工精良。杯口的把手上刻有蛇发女妖脸形饰纹，女妖伸出舌头，露出诡异的微笑；女妖形象之后饰有肌肉紧绷的狮子，爪子牢牢地抓住杯身，尾巴优雅地垂落，与把手上的螺旋纹相映成趣。杯口装饰有希腊士兵的形象，他们全身赤裸，左手持有巨大的圆盘状盾牌，头上戴有头盔（盔顶的马鬃垂至腰部）。一些士兵乘坐战车，拖拽战车的战马迈着从容而坚定的步伐。

高卢人没有雕刻的传统技艺，但这并不影响他们喜爱青铜器上精美的纹饰，他们会认出并欣赏那些战车，但却无法理解希腊艺术中所包含的复杂的宗教和社会观念。在古希腊时代的宴会上，这样的青铜杯会被用来盛放葡萄酒，这类贵族式欢宴的气氛轻松自在。而在高卢——根据对公元前 6 世纪考古发现的研究——这类青铜器一般会被用来盛放蜂蜜酒，而不是葡萄酒。在高卢人的宴会上，它们不仅是盛酒的器皿，还是向客人展示主人权势的工具：它们象征着高低有别的等级制度，而不是轻松快乐的宴会氛围。它们甚至可

制作于公元前 6 世纪的维克斯双耳喷口杯。

能被赋予了宗教含义。在古希腊早期传统中，这类器皿和重生联系在一起，象征着大自然再生的强大力量。这些古老的含义在公元前 6 世纪那些喜爱聚会的希腊人的头脑中可能已经所剩无几，但在拥有凯尔特文化的高卢人心中却至关重要，这从现存的凯尔特神话①中可

---

① 爱尔兰神话中的神达格达（Dagda）拥有一个具有返老还童能力的大锅。与之类似，神话人物达德尔加（Da Derga）的大锅不仅能提供源源不断的食物，而且还具有起死回生的能力。——作者注

见一斑。也许正是因为它所具有的宗教象征意义，维克斯双耳喷口杯才会"陪伴"一位地位很高的高卢女性走进坟墓。

1953年被发现的这件陪葬品，以离坟墓最近的村庄维克斯命名，它提供了令人信服的证据，证明早期希腊移民对高卢核心地区的影响。在那个阶段，虽然他们并没有给高卢文化带来根本性的改变，但是他们带来了有形的商品，而这些商品会以各种方式逐渐影响高卢。随着青铜器和陶器的传入，希腊模式逐渐被引入建筑、农业和艺术领域。泥砖被加到石头基座上以建造坚固的建筑物；在拉索瓦山上，巨大的（希腊式）木制建筑被建起；在马萨利亚附近的地区，橄榄和葡萄开始被种植；当地开始仿制希腊陶器；希腊式的银币被铸造出来；希腊字母被当地人试探性地使用在碑文上；来自希腊的艺术题材被本土艺术家采用，进口商品上的人物和图案被接

1953年出土的维克斯双耳喷口杯，是从希腊地区进口到高卢的。

受，形成了后来被称为凯尔特艺术的基础。

公元前 6 世纪末，随着意大利北部的伊特鲁里亚人开始通过陆路前往高卢内陆开展贸易，罗讷河沿岸的贸易活动受到明显的冲击。像拉索瓦山定居点这样的老贸易对象被放弃了，马萨利亚把更多的注意力转向了高卢南部海岸。到公元前 5 世纪时，马萨利亚已经扩展了一批新的殖民城市——尼斯、昂蒂布、阿格德、摩纳哥，希腊文化在高卢南部不断增加的影响，让这里与北方的高卢内陆地区分化日益明显。"文明的光辉照耀着这里的人和物，"特洛古斯写道，"似乎不仅仅是希腊人移民到了高卢，而且高卢已经逐渐变成了新的希腊"。

原住民慷慨地为福西亚人提供了避难的地方，并允许他们在马萨利亚建立据点，但在内心深处，他们或多或少会感到不安。特洛古斯记录了这样一件事，一个塞戈布利吉人给国王纳努斯讲了一则寓言："一只母狗在怀孕的时候，恳求牧羊人给它一个地方生小狗。牧羊人同意后，母狗又要求允许它在这里抚养小狗长大。而当小狗长大，它们却永远占据了这个地方，再也不愿离开。"还补充道："这些希腊人今天还寄人篱下，但早晚会成为这片土地的主人。"

国王害怕了。福西亚人的力量日益强大，甚至已经足以通过公开的战争驱逐塞戈布利吉人。于是，纳努斯决定采取措施，驱逐这些"客人"。他派出一些最强壮的战士进入马萨利亚，作为福西亚人的朋友，参加节日活动；另一些藏在用篮子和树枝盖着的大车里，一同混进城去。国王自己则带着一支军队躲在城外的山上，等待福西亚人在狂欢后睡去，内应将城门打开。然而，国王的一个亲戚将一切计划告诉了自己的福西亚情人，马萨利亚得到预警，暂停了节日狂欢，搜捕出藏在城中的内应，然后出城击败了塞戈布利吉人的军队，纳努斯也被杀死。在这个与特洛伊木马相似的故事中，希腊移民笑到了最后。

这并不是马萨利亚人面对过的唯一冲突。公元前6世纪，他们与当时地中海西部的海上霸主——北非城邦迦太基——发生了小规模冲突，伊特鲁里亚人作为盟友站在了迦太基一边。双方冲突的焦点是对捕鱼业的控制和与高卢进行贸易的权利。然而，相比于来自海上的威胁，来自内陆的威胁才是致命的。公元前5世纪末，马萨利亚的繁荣发展显然威胁到了周围的高卢人部落，于是，他们团结在一位名叫卡图曼笃斯（Catumandus）的王子旗下，组织了一支军队围攻马萨利亚。关于城市如何被拯救的传说，依然来自特洛古斯的记录。围城期间的一天晚上，卡图曼笃斯在城墙外睡觉，他在梦中看到了一个可怕的女人。女人自称是天神，要求王子与马萨利亚达成和平。王子惊恐万分，恳求马萨利亚人允许他独自进入城中参拜他们的神祇，当走进一座陌生的神庙时，他看到了雅典娜的雕像，认出她就是梦中出现的女神。于是，他把自己的梦告诉了马萨利亚人，并说愿意与受到神明保护的后者讲和。在离开之前，王子还为雅典娜献上了自己的祭品。

今天看来，我们很难相信高卢人和希腊移民能成为好邻居，但确实也有一些学者不这么认为，他们注意到，在公元前3世纪之后的文献中，高卢人才开始被描绘成可怕的"蛮族"战士，而这是在高卢人对德尔斐①（Delphi）和小亚细亚的军事攻击（根据特洛古斯在公元前1世纪的记录）之后发生的。高卢人从希腊移民那里购买商品，并开始模仿希腊人的生活方式。然而，高卢人的这些做法可能并不能被希腊移民接受。在古希腊本土作家的笔下，高卢人很少有正面的形象。比如，亚里士多德就断言，高卢人好战，嗜酒如命，为了使孩子在战斗中变得坚强而严厉甚至残酷地对待他们。这样的评价很容易被认为是一种地理距离造成的文化偏见，但当我们检视如今留下的高卢遗迹时，不禁会想：这些文字中是否也有一些是真实的呢？

在阿维尼翁②（Avignon）以南12英里③的小镇普罗旺斯的圣雷米④（St-Rémy-de-Provence），有一处古罗马浴场遗址。时至今日，浴场的部分墙壁仍然矗立着，不过，古老的建筑已经融入一大片高大美观的文艺复兴式联排别墅之中。遗址所在的小广场上，摆满了一盆盆的白花。就在离圣雷米大约一英里的地方，在被繁盛的

---

① 德尔斐：希腊古城，位于雅典西北，在古典时期，是古希腊城邦共同的圣地，供奉着"德尔斐的阿波罗"。
② 阿维尼翁：法国东南部城市，位于迪朗斯河（Durance）与罗讷河交汇处，是一座艺术与历史名城。
③ 1英里约合1.609千米。
④ 普罗旺斯的圣雷米：位于法国东南部的罗讷河河口。值得一提的是，1889年5月到1890年5月，荷兰画家梵高曾在此地的精神病院接受治疗，并创作了一些最令人难忘的作品，包括著名的《星夜》（*The Starry Night*）。

第一章　北方的梦魇

橄榄树林环绕的圣保罗疗养院，文森特·梵高（Vincent van Gogh）度过了他生命的最后几个月。浴场遗址中现在存放着一些在附近的高卢人定居点格拉诺姆（Glanum）发现的文物。格拉诺姆曾经是一个温泉小镇，深受马萨利亚的影响。这里至今还保留着一堵石质门梁。只需一眼，你就能认出它是古希腊或古罗马时代建筑的一部分。虽然历经岁月的消磨，但门梁上雕刻的纹路依旧能够辨识。最引人注目的是六个被凿出的壁龛，它们可能是用来放置人头的。希腊学者波希多尼（Posidonius）曾在公元前2世纪末游历高卢，他记录了自己看到在公共场所展示的被砍下的人头时的不适。有时，它们会像项链上的珠子一样串在一起，装饰在马的脖子上，或者被保存在亚麻籽油里，在一些特殊场合会被拿出来展示。还有些时候，被砍下的头颅甚至会有实际用途。李维[①]（Livy）曾记录，在公元前215年，罗马将领卢修斯·波斯特姆斯（Lucius Postumus）在山南高卢[②]（Gallia Cisalpina）作战时，被高卢的博伊部落（Boii）俘虏并杀害，而他的头骨被制作成酒器。没有一个高卢人会愿意失去他们赢得或继承来的人头，因为人头是战争胜利的标志，也是战士们为争夺战争中的荣誉而展开竞争的标的。在罗克佩尔图斯[③]（Roquepertuse）和恩特蒙[④]（Entremont）的遗址中都发现了这类用来展示人头的门梁和柱子。早在希腊移民来到高卢南部之

---

　　① 李维（公元前59—公元17）：古罗马著名历史学家，写过多部哲学和诗歌著作。
　　② 山南高卢：大致相当于从阿尔卑斯山以南到卢比孔河（Rubicone）流域之间的意大利北部地区。
　　③ 罗克佩尔图斯：位于马赛北部，是古代凯尔特人的宗教中心。
　　④ 恩特蒙：位于法国南部的一处考古遗址。建于公元前180年到公元前170年之间，是凯尔特-利古里亚联盟的首都。公元前123年被罗马人占领后，逐渐被遗弃。

前，高卢人在公共场合展示敌人头颅的习俗就已经出现很久了，即使是在靠近"文明"的马萨利亚周边地区，这种习俗也一直存在。虽然高卢人接受了古希腊的艺术和建筑风格，但他们对展示人头表现出的过度热情，一定唤起了古希腊人潜意识中高卢人野蛮好斗的印象，也唤起了对高卢人嗜血行为的原始恐惧。

在恩特蒙的遗址中发现的石制头像，制于公元前 2 世纪。

第一章　北方的梦魇

"恐怖的高卢人"是古罗马人难以摆脱的梦魇,这是二者第一次相遇时,前者给后者留下的印象,而那次相遇几乎导致了古罗马的夭折。

根据一些记载,凯尔特高卢人(Celtic Gauls)最早出现在公元前6世纪的意大利北部。在博洛尼亚①(Bologna)发现的一块墓碑可以追溯到公元前5世纪,上面描述了一个伊特鲁里亚骑士与一个典型的赤身裸体的凯尔特人战斗的场景,这表明高卢武士在这个时候已经出现在阿尔卑斯山以南的地区。而高卢人第一次大规模入侵意大利似乎发生在公元前4世纪。

古代的历史学家对他们为何来到此处给出了各种各样的解释,其中一个推测的原因是,北方生活条件艰苦,迫使高卢人南下侵略更加富庶的南方。根据老普林尼(Pliny the Elder)的说法,一位来自今天瑞士一带、曾在罗马居住过一段时间的高卢工匠把无花果干和葡萄干、橄榄油和葡萄酒带回了家乡。老普林尼宽厚地评论道:"他们来到这里,可能就是为了得到这些东西,甚至付出战争的代价也在所不惜,对此我们应该理解。"李维则记载了一个传说,一个意大利小镇的公民送给高卢战士一些葡萄酒,以换取后者为他除掉一个和他妻子有染的地方官员。

---

① 博洛尼亚:意大利北部城市,位于波河与亚平宁山脉之间。

也许南方的葡萄酒确实是吸引高卢人的主要因素之一。然而，古代历史学家也承认，这不可能是高卢人进入意大利的唯一原因。波利比乌斯[①]（Polybius）和李维（分别生活在公元前2世纪和公元前1世纪）认为，和福西亚人来到马萨利亚定居的原因一样，高卢人向意大利北部迁移主要是因为高卢心脏地带的人口过剩。李维明确地将福西亚人向北方的迁移和高卢人向南方的迁移进行了类比。他将迁移活动放在公元前6世纪的大背景下讨论，指出迁徙中的高卢人把福西亚人来到马萨利亚视为一个好兆头，二者在这一过程中有过互相帮助。为了解释高卢人迁徙的情况，李维讲述了一位最有权势的高卢国王的故事。这位国王拥有众多的追随者，这本是好事，但也导致他的王国人口过剩，难以管理。当他一天天老去，他便命令两个侄子去建立新的王国。老国王让侄子们带领足够多的追随者，以克服旅途中可能遇到的任何反抗。两个年轻人仰望天空，寻求神的指引：其中一个运气稍差，带领着追随者前往了德意志南部的高地；另一个则踏上了"更愉快的意大利之旅"。

这个故事可能反映了部分更广泛的事实。考古证据表明，在公元前4世纪初，香槟地区和马恩河（Marne）上游地区的人口急剧减少，而正是在这一时期，一条通往南方的迁徙路线被建立了，这条路向南穿过莱茵河，到达大圣伯纳德山口（Great St. Bernard Pass），然后穿过阿尔卑斯山。李维笔下的那个故事可能还反映了

[①] 波利比乌斯：生活在公元前3世纪到公元前2世纪，古罗马历史学家，本为希腊人，晚年时才成为罗马公民。

高卢人南迁背后的经济动力，如前文提到的那样，高卢的酋长们依靠奇珍异宝树立自己的威望。除了零星的贸易，这些珍宝只能通过战争掠夺而来。一个成功的酋长，通过在一系列局部冲突中获胜，拥有了一大批追随者，为了维持自己的权威，除了侵略更远的地方，他别无选择。随着劫掠来的财富和追随者的增加，酋长陷入了一个荣誉的恶性循环，他必须带领他日益壮大的追随者队伍到更远的地方去赢得足够的战利品来维持他的威望。最终，酋长带领着追随者掠夺的距离已经远到成为一次迁徙。不管高卢人进入意大利的动机是否真的是这样，但高卢人的掠夺文化在某种程度上确实解释了他们与古罗马人第一次相遇时所表现出来的特点。

古典时代的历史学家们对福西亚人的迁徙和马萨利亚的建立从不吝惜溢美之词，因为它们体现了古希腊世界的延伸，这也是他们眼中文明的扩张。亚里士多德就曾写过一篇赞颂马萨利亚法律的作品。与之相对，高卢人向南进入意大利的迁徙活动则很少被关注。大约公元前400年，高卢移民在波河（Po）流域建立了许多定居点。大约250年后，波利比乌斯在他的作品中反映了他的古罗马读者们对高卢人所持有的一种普遍印象，虽然这种印象可能在细节上存在问题，也可能只是重复了一种先入为主的观点。他说，高卢人生活在没有围墙的村庄里，对文明一无所知，更不了解艺术和科学，他们睡在稻草和树叶上，吃肉，除了战争和农业，没有别的事情可做。波利比乌斯的叙述暗示高卢人拥有一种掠夺的文化：他们仅有的财产是牛和金子，因为这些东西很容易移动或搬运；而拥有最多追随者的人就是最强大和最令人畏惧的人。

当时的罗马人对高卢人知之甚少。这一时期，罗马是意大利半岛上一个正在崛起的势力，虽然举足轻重，却也并非没有敌手。就在公元前4世纪初，罗马人占领了伊特鲁里亚的重要城市维爱（Veii）（位于罗马北部约10英里处），并征服了拉丁姆平原①（plain of Latium）上的部落。其他对手生活在距离罗马城较远的地方，南方的萨莫奈人②（Samnites），以及位于西西里岛的希腊城邦锡拉库萨（Syracuse），都是潜在的威胁。在北方，伊特鲁里亚人依然是最主要的对手，这也就解释了，为什么高卢人虽然已经开始进入伊特鲁里亚地区，却很少受到罗马人的注意。李维记下了一个传说，一个地位卑微的罗马平民在维斯塔③（Vesta）的神龛附近听到了来自神明的警告：告诉政务官，高卢人就要来了！这是关于高卢人最早的警告，但却被忽视了。

高卢人来到亚平宁的第一站是克卢西乌姆（Clusium），这座城市位于罗马城以北大约90英里处。据李维记载，这些从北方来的人让整座城市都陷入了恐慌，他们成千上万，排列在城门前，克卢西乌姆人从未见过这些带着奇怪武器的古怪战士。克卢西乌姆向罗马寻求帮助，他们想和高卢人讲和，但如果不能，罗马人至少能提供一些军事上的帮助。

然而，罗马并没有提供军事援助，只是派出了三名使者去警告高卢人不要进攻克卢西乌姆。李维指出，要是这三名使者的表现更像是罗马人，而不是更像高卢人，事情也许不会发展到难以收拾的

---

① 拉丁姆平原：位于亚平宁半岛中西部，古代拉丁人生活的区域。
② 萨莫奈人：古意大利居民，居住在亚平宁山脉南部。
③ 维斯塔：古罗马神话中的灶神，象征着女性的贞洁、贤惠、善良、勤劳。

第一章　北方的梦魇

地步。双方开始谈判时,高卢人提出要得到克卢西乌姆的一部分土地,他们的代表声称,这座城市没有能力掌管那么大的领土,而高卢人很需要土地。罗马的使者责问高卢人有什么权利要求获得土地,又凭什么来别人的领土上耀武扬威。高卢人用行动回答了罗马使者——他们拿起了剑,双方打了起来。其中一名罗马使者用长矛刺死了一名高卢酋长,并剥去了他的盔甲。这次不愉快的谈判让高卢人把矛头转向了罗马。按照李维的说法,他们并没有立即进攻罗马,而是派出了使者,要求罗马交出那三名使者,因为他们背弃了谈判时应该遵守的原则,杀害了他们的酋长。然而,罗马人不仅断然拒绝了高卢人的要求,还任命这三名使者担任了军事指挥官。高卢人彻底被"无法控制的怒火"点燃,他们无视路上的其他城镇,径直杀向罗马城。

罗马军队准备迎击,却行动迟缓。一支紧急部队被集结起来,前往离罗马城约10英里的阿里亚河(Allia)阻击高卢军队。但是,这支部队组织混乱,将领指挥不力,高卢人毫不费力地把它消灭了。罗马城彻底陷入恐慌,由于军队分散,只有身体强健的公民和元老们退守卡比托利欧山[①](Capitol),而城市的其余部分则被抛弃在高卢人的猛攻之下。

高卢人的这次进攻给这座城市留下了梦魇般的回忆,以至于古罗马人编造了一些故事,寄希望于这些没什么真实性的故事能帮助他们抚平这场灾难性的失败所带来的创伤。李维记述道,那些年迈的贵族们身体虚弱,不配在卡比托利欧山拥有一席之地,

---

① 卡比托利欧山:罗马城的七座山丘之一,也是最高的一座,为罗马建城之初的重要宗教与政治中心。

于是，他们穿上最华丽的服饰，像雕像般庄严地坐在自家的宅院中，这一景象让高卢人充满敬畏和恐惧。卡比托利欧山被围困，城市的其余地方几乎都被烧毁，而一位罗马祭司认为这并不能阻止他完成一年一度的祭祀仪式，于是他身着法衣，平静地穿过敌人的防线，安然无恙地完成了仪式。在另一个故事中，当高卢人试图在夜间发动袭击时，一群鹅用"咯咯"的叫声唤醒罗马士兵，击退了敌人，而罗马人相信，是女神朱诺①（Juno）让这些鹅对士兵发出了预警。

然而，所有这些故事都无法掩盖这次洗劫对罗马造成的巨大伤害。一般认为，这次围城可以追溯到公元前390年，而下一次罗马城被攻破已是700年之后的公元410年，而那次的敌人是阿拉里克（Alaric）率领的哥特人。从李维笔下一个讲述围城结果的故事中，我们就能体会到骄傲的罗马人经受了怎样的耻辱。几个月后，饥寒交迫的罗马人愿意拿出1 000磅黄金换取和平。高卢人欣然接受了这个条件，对财富的渴望可能是他们发动袭击的主要动机之一。此外，他们对围城战缺乏经验，继续在这个疾病肆虐、被烧毁的城市中作战，对他们来说也不容易。另外，他们也急于返回并保护他们在意大利北部的领地，那里正受到其他部族的威胁。双方派出的代表会面，称量黄金。罗马人意识到，高卢人使用的是动过手脚的砝码，当他们提出异议时，后者的首领——塞农部落（Senones）的布伦努斯（Brennus）——把他的剑扔到天平上，说："这就是被征服者应该付出的代价。""罗马人只能对这样难以忍受的言语听之任之。"李维悲叹道。

---

① 朱诺：古罗马神话中的天后，主神朱庇特之妻，是婚姻、生育和母性之神。

即使是在恺撒生活的公元前 1 世纪,也就是将近 400 年后,这次围城留下的伤痕依然难以磨灭。普鲁塔克[①](Plutarch)写道,那次毁灭性的浩劫导致罗马早期历史记录的丢失。当高卢人离开后,城市损毁严重,罗马人几乎打算抛弃这片废墟,集体撤退到另一座城市。但他们最终决定留下来。重建工作是匆忙的,计划也并不完善。旧的界线被忽略,只要能找到空地,新建筑就会拔地而起,甚至没有人会去确认街道是否还笔直。原先埋在笔直的街道下面的旧下水道,现在可能出现在私宅的下面。李维写道,正是由于高卢人的这次进攻,罗马城在那个时代的总体布局更像是一座殖民者的定居点,而不是一个规划合理的城市。

创伤远远不只出现在肉眼看得见的地方,人心的动摇更加致命。一方面,公元前 390 年之后,罗马花了大约 30 年的时间才重拾在周边地区的权威;另一方面,城市内部也动荡不断,来自社会底层的平民试图从贵族手中夺取权力。与此同时,不断有高卢部落抵达意大利北部,持续的威胁沉重地压在罗马身上。之后几个世纪的罗马历史,在一连串的冲突中都能看到高卢人的身影。有时,高卢人会成为罗马人的佣兵,对抗罗马的敌人,比如公元前 4 世纪的锡拉库萨人、公元前 3 世纪初的皮洛士(Pyrrhus)、公元前 2 世纪末的汉尼拔(从北方攻击罗马的又一个"入侵者");有时,高卢人会与意大利部落——比如萨莫奈人——结盟对抗罗马;还有些时候,在意大利北部定居的高卢人会在迁徙潮的推动下,入侵罗马在意大利半岛中部不断扩张的领土。罗马人与迦太基将领哈斯德鲁巴(Hasdrubal)(汉尼拔的兄弟)谈判休战,也是出于对高卢人入侵

---

① 普鲁塔克(约 46—125):古罗马时代的希腊人,历史学家、传记作家、散文家。

的畏惧。

在这一时期，罗马人对高卢人的偏见似乎更加牢固了。波利比乌斯等人在作品中描述了高卢人的军事习俗：他们在战斗中大声疾呼，在队伍中吹响号角，一些战士赤身裸体地在前线战斗，他们都是一些正值壮年的勇士，身上戴着金质的饰品。这样的形象确实会让罗马人感到恐惧，但当真正的战斗发生时，罗马人也有自己的撒手锏——严明的军纪。

在这些文字间，我们不难发现古罗马历史学家们一直追求的一种鲜明的（罗马人与高卢人之间的）形象对比。高卢人喜怒无常、满口大话，在一场战斗开始前就急于表现出自己的勇猛，但这些品质与制订有效的战斗计划毫不相干。如果他们作战的最初动力——寻求明显的危险（更大的危险意味着更高的荣誉）——没有马上出现，他们就会失去斗志和热情，打持久战所必需的纪律是他们所欠缺的。在古典历史学家的著作中，高卢战士经常挑战罗马士兵，要求用单挑解决战斗，于是，这样的情景一遍遍上演：一边，一个高大威猛的高卢战士走出队伍，挥舞着一把长剑，用嘶吼展现着自己的勇猛；另一边，一个身材矮小、沉默冷静的罗马士兵，手持一把不怎么好看的短剑和一面大盾牌出来迎战。高卢人的利剑在罗马人面前呼啸而过，要么会被巧妙地避过，要么会被罗马士兵的短剑或盾牌抵挡。古罗马历史学家们不会放过对于双方战斗技巧的对比，罗马士兵安全地躲在盾牌后面，瞄准时机，迅捷却程式化地将手中的短剑刺向对手的脸或躯干。

用波利比乌斯的话来说，高卢人被"冲动而非理智"驱使。这种评论并不仅仅停留在军事层面，也是一种品德层面的判断。与高卢人的冲突不仅是为生存而战，也是为文明而战。罗马人是秩序的

第一章　北方的梦魇

代表：他们不仅保护着自己，也"保护"着意大利半岛的其他地区，让它们免受高卢人入侵带来的危险与混乱威胁。波利比乌斯认为，几个世纪中，罗马与高卢的摩擦在一定程度上导致了罗马在发展过程中呈现出越来越多的军事特征。一种根植于罗马人脑海之中的、挥之不去的恐惧一直延续到他们的帝国灭亡之时，那就是对北方边境之外地区的忌惮。

对高卢人的恐惧促使罗马人将自己的势力向北扩张，以控制那些阿尔卑斯山以南已经有高卢人定居的地区。这是一项缓慢而艰难的长期任务，被第一次和第二次布匿战争（分别发生在公元前264—公元前241年和公元前218—公元前201年）打断。公元前283年，罗马击败了定居在亚得里亚海沿岸的塞尼加利亚（Sena Gallica）[在安科纳①（Ancona）附近]的高卢塞农部落，在这里建立了一块早期殖民地。在第一次布匿战争之后，他们在公元前220年取得了新的进展，在克雷莫纳②（Cremona）和皮亚琴察③（Piacenza）设立了前哨，并且有殖民者定居在这片土地上。这批殖民者遭到了高卢人的攻击，许多人在公元前200年被俘虏并卖为奴隶，但这并未阻止殖民者源源不断地补充进来。随着一条连接罗马与普拉森舍（Placentia）（今天的皮亚琴察）和阿里米努姆（Arminium）[今天的里米尼④（Rimini）]的道路——艾米利亚大

---

① 安科纳：位于意大利中东部亚得里亚海之滨。
② 克雷莫纳：位于意大利北部的内陆城市。
③ 皮亚琴察：意大利北部城市，位于特雷比河（Trebbia）与波河的交汇处，南面是起伏的丘陵，一直绵延至亚平宁山脉。
④ 里米尼：位于意大利中东部亚得里亚海之滨，公元前258年由古罗马人建立。

道①（Via Aemilia）——被修建起来，殖民者得到了一定的保护。在之后的第二次布匿战争中，高卢人协助汉尼拔入侵意大利，换来的是罗马占领了波河流域其余属于高卢人的土地。罗马军队在公元前196年到达科莫湖（Lake Como），一批新的殖民地被建立起来以巩固罗马在这一区域的势力，包括公元前189年的波诺尼亚（Bononia）（今天的博洛尼亚）、公元前183年的帕尔马②（Parma）和穆提那（Mutina）[今天的摩德纳③（Mutina）]。

这一波移民潮标志着罗马夺取了这片土地的控制权。定居在博洛尼亚附近的高卢博伊部落中，有许多人向北越过阿尔卑斯山回到了祖先生活的地方。然而，与此同时，另外一批高卢移民，包括12 000名战士，则从北方南下，试图袭击并定居在阿尔卑斯山以南已经被罗马控制的地区。在公元前183年，他们遭到罗马军团的攻击，侥幸存活下来的人又被赶回了北方。从那时起，罗马人尽一切可能阻止高卢人再次踏足意大利半岛，避免200年前被屠城的悲剧再次上演。阿尔卑斯山绝对算不上一个足够有效的防御性边界，但对公元前180年罗马人来说，在这里暂时停止向北继续扩张，似乎是一个明智选择。他们通过引进罗马移民和传播罗马人的生活方式来巩固对这片土地的控制。这里被称为山南高卢，意思是位于阿尔卑斯山脚下的高卢。一个世纪后，大约在公元前80年，这里被认定为罗马的一个省。公元前1世纪，在这个混居着高卢部落和罗马殖民者的地方，产生了三位最具罗马风格的作家：历史学家李

---

① 艾米利亚大道：古罗马时期修建的一条干道，于公元前187年建成，始于阿里米努姆，终于普拉森舍，贯穿意大利北部的平原地区。
② 帕尔马：意大利北部城市。
③ 摩德纳：意大利北部城市，位于波河的南岸。

维、诗人卡图卢斯（Catullus）和维吉尔。一些学者甚至声称，可以从这三位巨匠的"声音"中听出凯尔特语的痕迹。

罗马人本身也是移民。如果传说是可信的——至少古罗马人自己相信这个传说——那么他们是来自东方的特洛伊难民的后裔。当阿伽门农（Agamemnon）和希腊人摧毁特洛伊城时，残存的居民为了免于被奴役，逃离了被烧毁的城市，挤在船上，向西寻找"赫斯珀里亚"[①]（Hesperia）开始新的生活。在特洛伊王室幸存的王子埃涅阿斯（Aeneas）的带领下，他们从小亚细亚航行到亚得里亚海，然后来到非洲北海岸，最后在意大利的拉丁姆平原和台伯河（Tiber）沿岸定居下来。这段旅程持续了好几年，伴随着苦难和贫困。即使在他们到达意大利后，苦难也并没有结束。当地的原住民对这些从东方来的移民非常反感，双方展开了一场艰苦的战争。虔诚而自律的移民最终获得了成功，但他们也不得不放弃了原本的东方语言和亚洲服装，转而接受意大利的习俗。根据李维的说法，正是这些特洛伊难民的后代建立了罗马城。根据古罗马学者瓦罗[②]（Varro）的说法，罗马城建于公元前753年。

也许正是因为罗马和马萨利亚两座城市的起源都和移民有关，

[①] 赫斯珀里亚：古希腊人用这个名字称呼亚平宁半岛，而古罗马人用这个名字称呼伊比利亚半岛。

[②] 瓦罗（公元前116—公元前27）：古罗马学者和作家，被认为是古罗马最伟大的学者之一。

所以二者之间似乎有一种密切的联系。庞佩厄斯·特洛古斯记载了一个传说，福西亚人从安纳托利亚前往高卢南部的途中曾在罗马停留，甚至在马萨利亚建立之前就与罗马人缔结了联盟。虽然福西亚人和罗马人有着相似的移民背景，但很显然，二者都没有把这份同理心加诸高卢移民身上，他们都自视为文明的传播者。特洛古斯是高卢人的后裔，但以罗马人的视角用拉丁文写作，描写了高卢人如何从那些住在马萨利亚城的邻居们身上学到了一种更文明的生活方式：他们放弃或淡化了"曾经的野蛮"。福西亚人教导他们耕种自己的土地，教会他们用围墙把定居点保护起来，让他们懂得按照法律而不是依靠暴力来生活。斯特拉波[①]（Strabo）曾写道，马萨利亚城由贵族管理，他们是所有已知的贵族中，秩序最好的。虔诚而克制的罗马人自认为与福西亚人一样受到神的庇佑，但他们不相信在高卢能建立起优秀的治理方式，更不用说传播文明——那种他们自己所代表的、温暖的南方才能具有的品质。"没有什么地方的气候比阿尔卑斯山北面和西面更为恶劣，"古罗马历史学家弗罗鲁斯[②]（Florus）写道，"生活在那里的人的性情就像气候一样严酷。"罗马人和福西亚人都曾与高卢人作战，也都吃过苦头，相似的经历让他们都对高卢人心怀畏惧。

这种对高卢人的共同恐惧让罗马人和福西亚人缔结了联盟，一些学者认为，这个联盟可以追溯到很早的时期。特洛古斯声称，当高卢人攻破罗马城的消息在公元前 390 年传到马萨利亚时，福西亚

[①] 斯特拉波（约公元前 64—公元 24）：古罗马历史学家、地理学家、哲学家，经历了罗马由共和国向帝国过渡的时期。

[②] 弗罗鲁斯（约 74—130）：古罗马历史学家，出生于非洲。

第一章　北方的梦魇

人全城哀悼，甚至向罗马人提供金银以帮助支付高卢人索要的赎金。不管这个记载是不是真实的，但在公元前150年，马萨利亚的确曾向罗马求助，对抗他们共同的敌人。时过境迁，罗马人在公元前180年已经将他们的北部边境推进到阿尔卑斯山，刚刚将山南高卢纳入领土的他们，不愿意这么快就卷入复杂的山外高卢的纷争之中。然而，逆境中盟友的求救不能永远被忽视，于是罗马还是与马萨利亚站在一起，第一次越过阿尔卑斯山与高卢人对抗。

在公元前125年，马萨利亚受到来自高卢人——特别是萨鲁维部落（Saluvii）——越来越大的压力，再次向罗马求助。这一次，罗马人同意援助，他们的军团很快就取得了胜利。然而，从他们越过阿尔卑斯山的那一刻起，就没有回头路了，他们很快发现自己卷入了进一步的冲突之中。萨鲁维部落的首领逃到邻近的阿洛布罗基部落（Allobroges）避难，后者拒绝向罗马人交出这名首领，于是战争的范围进一步扩大，居住在今天奥弗涅（Auvergne）地区的部落阿维尔尼（Arverni）也卷入其中。现在，罗马人的诉求不再仅仅是交出萨鲁维部落的首领，他们还要替另一个高卢部落埃杜维（Aedui）主张权益，这个部落曾与罗马结盟，与马萨利亚一样，也向罗马人抱怨阿洛布罗基部落和阿维尔尼部落时常侵扰他们。

虽然罗马人远道而来，但他们在军事技术上占有优势。根据弗罗鲁斯的说法，他们用大象对抗高卢人，在战斗中表现出了和高卢人一样的凶猛。罗马人还带来了攻城武器——包括扭力弩炮——以击溃高卢人的奥皮杜姆①（oppidum）的抵抗。但是，罗马人不得

---

① 奥皮杜姆：铁器时代的大型设防定居点。从欧洲西部的不列颠和伊比利亚一直到东部的匈牙利平原边缘，都可以看到这种定居点的存在。在罗马人征服了南欧和西欧之前，它们一直被使用。

不使用这些武器，也从一个侧面表明，马萨利亚附近的高卢人并不像一些站在罗马一方的历史学家所乐于描绘的那样，处于一种落后、野蛮的状态。在一处名为恩特蒙的奥皮杜姆遗迹中，人们找到了一些罗马人当年使用的"炮弹"。恩特蒙就在距离普罗旺斯的艾克斯（Aix-en-Provence）不远的地方，坐落在附近探向海水的岩石岬角上，可以俯瞰普罗旺斯丘陵延伸向淡紫色的远方，消失在目力所及之处。恩特蒙很可能是萨鲁维部落的中心之一，而不仅仅是一个原始的定居点。依山坡而建的北城墙长约 400 米，建于公元前 180 年左右，全部选用坚固的方形石块砌成，每隔 50 米就有一处突出的圆形堡垒。这处遗迹目前只有部分被挖掘，但是仍然能够看出，从山上开采的石灰岩被用来建造墙壁。当公元前 123 年，罗马军队占领这里时，一定也颇为惊讶。恩特蒙有一条长长的街道，两侧有大量的住宅、金属作坊、面包店、手工艺品商店，甚至还能找到制造橄榄油的石质器具。在城镇的中央，伫立着一座雄伟的塔楼，更古老的神殿也在附近：它的入口处装饰着人头雕刻。发掘这里时，找到了散落四周的 20 多个人类头骨。

根据现在能找到的那个时代的残存文献可知，高卢人并没有不假思索地匆忙拿起武器和罗马人战斗，而是表现得更加理智。生活在 2 世纪的一位历史学家阿庇安（Appian）写道，阿洛布罗基部落的酋长派出自己的使者面见罗马指挥官格奈斯·阿耶诺巴尔布斯以寻求和平。令罗马指挥官感到吃惊的是，高卢人用狗来护卫使者，而更让他惊讶的是，酋长会把如此重要的外交事务交给一位衣着华丽的歌者。使者（也是歌者）一开口就开始吟唱赞颂阿洛布罗基酋长的歌曲，接下来是这个部落的辉煌历史，然后是罗马指挥官的高贵血统、勇气和财富。然而，这种"吟游诗人式"的外交策略并没有打动罗马人,不仅这位使者的赞歌被认为是高卢人空洞的自夸,而且和平的要求也被拒绝了。公元前 125 年至公元前 121 年,罗讷河下游沿岸爆发了激烈的战斗,成千上万的高卢人被杀害,幸存的人有的被俘虏,有的成为奴隶,和罗马为敌的部落都被赶到了远离海岸的内陆深处。

恩特蒙的古城墙,建于公元前 2 世纪。

马萨利亚保全了自己的领土,而罗马的势力已经沿着地中海海岸一直延伸到比利牛斯山脉(Pyrenees)。因为大约 1 个世纪之前,罗马已经获得了西班牙的殖民地,所以这片沿海领地具有重要意义。它使罗马得以修建一条陆上道路,将一步步积累起来的领土连成一片。这条路从意大利伸向伊比利亚半岛,穿过现在的普罗旺斯和朗格多克,它便是穿越高卢地区的第一条由罗马人铺设的道路——多美亚大道（Via Domitia）。罗马的新殖民地在高卢南部出现。公元前123年，恩特蒙被不远处新建立的色克蒂留斯（Sextius）（现在的普罗旺斯的艾克斯）取代，这座新城以罗马执政官色克蒂留斯·卡尔维努斯（Sextius Calvinus）的名字命名。罗马商人蜂拥而至，没人想错过这个新贸易中心带来的赚钱机会。在此之后，罗马人与定居在罗讷河沿岸、卡尔卡松峡谷（Carcassonne）以及西面的加龙河①（Garonne）一带的高卢部落又产生了一系列军事冲突，征服或建立了一批定居点——维埃纳②（Vienne）、日内瓦、托洛萨（Tolosa）[今天的图卢兹（Toulouse）]，也都具有商业价值。托洛萨通过阿奎塔尼亚大道③（Via Aquitania）与多美亚大道相连。两条大道在地中海海岸的交汇处位于奥德河河口，这里由一座新城——纳博马蒂尤斯（Narbo Martius）[今天的纳博讷（Narbonne）]——守护着。在公元前1世纪早期，罗马人建立的新行省便是以这座城市的名字命名的——纳尔邦高卢（Gallia Narbonensis）行省。

征服高卢南部的大片土地，虽然带来了军事上的成功和经济上

---

① 加龙河：发源于比利牛斯山，向北流入法国西南部，最后流入大西洋。
② 维埃纳：位于法国东南部，罗讷河左岸，公元前3世纪时成为高卢阿洛布罗基部落的都城，后被罗马征服。
③ 阿奎塔尼亚大道：建于公元前118年，始于纳博讷，途经高卢内陆的图卢兹，终于波尔多。

第一章　北方的梦魇

的利益，但却没能让罗马人摆脱始终埋藏在记忆深处的来自远方"蛮族"的威胁。就在罗马的势力进入高卢的几年之后，一个新的民族自中欧而来。他们第一次与罗马人接触是在公元前 112 年，当时他们试图通过位于现在奥地利南部的诺里库姆（Noricum），进入与罗马结盟的异族部落的领地。一支军队受命前去阻止他们，却被击败，要不是一场突如其来的风暴，等待罗马军队的将是全军覆没，指挥官帕皮里乌斯·卡波（Papirius Carbo）因战败而羞愧自杀。

尽管这批入侵者本来可以进入意大利，但他们却选择向西进入了高卢。他们的出现扰乱了罗马人在新征服的领地及周边地区建立的秩序。诸如赫尔维蒂（Helvetii）这样的部落趁势而起，包括托洛萨在内的定居点也开始反叛。罗马军团奉命重新夺回领地的控制权，在这一过程中，罗马军队再次与中欧来的入侵者直接对抗，双方在罗讷河边的阿劳西奥（Arausio）[今天奥朗日①（Orange）的所在地] 展开了厮杀。对罗马人来说，这场战役是一场彻头彻尾的灾难，阵形部署的不周、指挥官之间的相互猜忌共同导致了失败。在李维的记录中，多达 8 万名罗马士兵在溃败中死亡，这个数字甚至得到了一些现代学者的认同。被敌人逼到河岸边的罗马人试图游到河对岸，可沉重的盔甲成了致命的负担，许多士兵在罗讷河溺死。

罗马陷入了恐慌。没有人确切地知道这些入侵者是谁，有传言说他们中的一些人被称为条顿人②（Teutones），另一些被称为辛布

---

　　① 奥朗日：法国东南部城市，位于罗讷河谷左岸，地理位置重要。罗马军队曾在这里与自北欧南下的条顿人和辛布里人交战。

　　② 条顿人：古代日耳曼民族的一支，公元前 4 世纪时大致分布在易北河下游的沿海地带，后来逐步和日耳曼其他部落融合。

里人①（Cimbri），也没有人知道他们来自哪里。有人根据"辛梅里"这个名字的拼写，推测他们实际上是辛梅里安人②（Cimmerians），来自陆地尽头一个阳光都照射不到的地方，传说中，奥德修斯就是在那里召唤亡灵的。有一种说法，cimbri 只是日耳曼语中的"强盗"一词。还有一些人相信，他们是高卢人的一个分支，或者是斯基泰人③（Scythians），抑或就是一个日耳曼部落。另一个谜团是他们使用的语言，究竟属于凯尔特语还是日耳曼语。我们所知道的是，这些入侵者有着令人生畏的体格：身材高大，长着蓝色的眼睛，举止粗野。最终，包括波希多尼和斯特拉波在内的地理学家得出结论，这批入侵者来自日德兰地区，由于"海上发生了灾变"而被迫南迁，至少有 30 万人——包括战士、女人和孩子——横跨欧洲，迁徙而来，他们的物品堆放在皮革覆盖的马车里。不管他们到底是谁，罗马人都确信一点：这些人是"新的高卢人"——来自北方的旧威胁的最新化身。公元前 390 年的灾难有重演的风险，罗马的城市和文明将被"蛮族"横扫。这些人绝对不能进入意大利，因为半岛已经没有多余空间容纳新的居民。事实上，土地稀缺已经到了危险的地步，土地分配问题甚至已经造成罗马社会内部的分化，他们当然不希望一群"野蛮人"再来分一杯羹。

罗马人将对抗条顿人的任务托付给了当时最成功的指挥官——盖乌斯·马略（Gaius Marius）。马略出生于意大利中部的一座城

---

① 辛布里人：古代日耳曼民族的一支，可能起源于日德兰半岛的北部。
② 辛梅里安人：一支古老的印欧人种游牧民族，古希腊历史学家认为他们曾经在高加索和黑海生活过。
③ 斯基泰人：公元前 8 世纪—公元前 3 世纪，在欧洲东部、东欧大草原至中亚一带居住与活动的民族。

市，由于军事天赋和斯巴达人般的性情，他在军中步步高升，也积累了政治资本。通过一桩不错的婚事，他与一个贵族家庭联姻。尽管如此，马略仍属于罗马政治中的平民派，元老院中的许多人对他日益增长的声望感到不安。然而，面对"蛮族"大规模入侵的威胁，他们别无选择，只能求助于他。马略刚刚在北非平叛，将国王朱古达①（Jurgurtha）押解回罗马，就立即被派往高卢。

北方入侵者的动向并不稳定，时而向这里，时而向那里，这给了马略一些宝贵的备战时间。公元前104年，在阿劳西奥战役之后不久，他到达了高卢，而入侵者则掉头西向，似乎是在朝着西班牙北部进发。尽管如此，马略并没有放松警惕，他在从高卢南部进入意大利的路线上布防，整军备战。然而军团士气低落、军纪涣散，有一触即溃的风险。毫无疑问，士兵们打心里害怕北方人。马略着手解决这种问题，他绝不容忍军纪涣散，命令军团行军中要跑步前进，士兵稍有违纪，就要面对严厉惩处。他还意识到，将军需给养从罗讷河快速运往内陆存在一些困难，于是命令士兵在阿尔勒②（Arles）附近的福斯港开凿一条运河，运河向东穿过当时还是沼泽的克劳地区③（Crau），到达圣雷米。在入侵者再次调转方向朝意大利而来时，军团的士气和作战能力都得到了提升。

公元前102年，入侵者显然已经调转方向。他们分裂成两个独立的族群：自称为辛布里人的部落选择一条迂回的路线回到了诺里库姆，又从那里翻越阿尔卑斯山，来到意大利东北部，靠近波河流

---

① 朱古达：努米底亚的国王，曾与罗马交战，最终战败。
② 阿尔勒：位于法国东南部的三角洲。
③ 克劳地区：罗讷河与迪朗斯河交汇处，一片平坦的扇形冲积平原。——作者注

域的维尔塞莱（Vercellae）；相比之下，条顿人则选择更为直接的路线向东穿越高卢南部，经过马萨利亚和色克蒂留斯，然后翻越山脉。与此同时，在确保军队可以得到充足补给的情况下，马略在多美亚大道旁建立了一个坚固的营地，位置也许靠近格拉诺姆和今天的圣雷米。条顿人很快就出现在罗马人的视野中，他们可能是计划从现在的博凯尔（Beaucaire）和塔拉斯孔（Tarascon）渡过罗讷河。给马略写传记的作家普鲁塔克说，条顿人数量众多，目之所及的开阔平原，全是他们的人马，一搭好过夜的帐篷，他们就开始向罗马人邀战。

马略的士兵坚守营地，但也希望能杀出去大战一场，在他们眼中，这些"野蛮人"面目可憎，连说话声和叫喊声都很古怪。但是马略并没有选择主动出击，而是命令士兵在营地内观察敌人动向。当条顿人的尝试性进攻被击退后，他们决定拔营而走，绕过这些阻挡者，继续向东进军。据普鲁塔克说，因为人数众多，以至于花了六天时间，最后一批人才离去。临走时，他们还不忘羞辱罗马士兵一番，喊道："我们要去罗马了，有什么话要捎给你们的妻子吗？"条顿人刚走，马略便亲率部队紧随而出，但仍然避免接战。他的目的是让士兵们熟悉这些入侵者，借此消除他们不可战胜的光环，而这光环是在之前一系列战斗中积累下来的。

马略追踪入侵者直到色克蒂留斯附近，选择在地势高处驻扎，那里易守难攻，却远离水源。一天夜晚，罗马士兵从高处眺望入侵者的营地，令他们感到气愤的是，这些"野蛮人"在饱餐之后，还能享受附近的温泉。他们认出这些人属于阿姆布昂部落（Ambrones），在击败罗马人的阿劳西奥战役中扮演了至关重要的角色。虽然并不情愿，但马略还是同意出击："士兵们，如果你们不惜付出血的代价，那就去弄点水喝。"这队人马本是高卢南部的土著，现在为罗马人效力。阿姆布昂人竭力组织好阵形迎击，但还是被击溃，向运送辎重的马车退去，而妇女和儿童就躲在那里。为了保护孩子和财产，妇女也拿起了剑与战斧，却死伤惨重。最后，阿姆布昂人且战且退地向条顿人主力靠近。据普鲁塔克说，战场整夜回响着人们为死者哀哭的声音："不像人类的哀号和呻吟，更像是野兽的号叫和怒吼，夹杂着威胁和悲伤的呼喊……"

马略的部队很可能驻扎在色克蒂留斯东边的圣维克多山（Montagne Sainte-Victoire）的东坡上，队伍沿现在的普伊鲁比尔（Puyloubier）附近展开。阿尔克河（Arc）狭窄的河谷在这一带变宽，与绿色的普里耶尔谷地（Pourrières）连接在一起。要不是今天穿越此地的 A8 高速公路带来的噪声，这里本是一片静谧宜人之所。野茴香茂盛地生长在干燥的土地上，它的茎上总能看到如珍珠般的白色蜗牛；空气中弥漫着马郁兰和百里香的迷人气味；叶子呈灰棕色的阿勒颇松和橡树布满了山坡；葡萄藤上挂满了深紫色的葡萄。抬头望去，圣维克多山高耸的山脊如鱼鳍一般，先是缓缓倾斜，然后突然崛起，形成一个陡峭的、岩石遍布的山顶。山脊下则是一片桃红色的土地。

在成功地袭击了阿姆布昂人之后，马略在山谷设下了一个陷阱：当条顿人穿过狭窄的山谷时，他派出了一支 3 000 人的骑兵部队迅速绕过圣维克多山，包抄到敌人的后卫部队身后，马略本人则亲率主力拦住条顿人的去路，军团沿今天的特雷斯（Trets）到普伊鲁比尔一线展开。

条顿人向罗马军队的阵线发起冲击，后者据守在山坡之上，具有高度优势。当攻势减弱时，陷阱才被触发：罗马骑兵从藏身之处出现，从后方发起冲锋，马略则同时率军从正面冲下山坡，包夹之下，条顿人惊慌失措，无处可逃。那些企图逃跑的人被砍倒，凌厉的攻势之下，连防守都难以做到。罗马人毫不留情，无论是条顿战士，还是妇女、儿童，见人就杀。只有少数人得以幸免，被充作奴隶，其余的人都被屠杀。因为靠近色克蒂留斯的温泉，这场战役被称为色克蒂留斯温泉之战。直到今天，也没有人知道到底有多少人死于这场战役，有些学者说至少有10万人。无论如何，罗马得救了。

圣维克多山雄伟的山脊，俯瞰普伊鲁比尔山谷。

马略无暇享受胜利带来的荣誉，他必须出发去阻击西进的辛布里人，他们已经从诺里库姆进入意大利本土。在布伦纳山口[①]

[①] 布伦纳山口：一个沿奥地利与意大利边境穿越东阿尔卑斯山脉的隘口，长期以来一直是兵家的必争之地。隘口的两端为阿尔卑斯山重要的谷地。

(Brenner Pass)击败一支罗马军队后,他们到达了维尔塞莱,就位于现在的皮埃蒙特(Piedmont)。然而,在与马略相遇时,等待他们的将是和条顿人在色克蒂留斯温泉之战中一样的命运。

从马略离开色克蒂留斯战场的那一刻起,他已经化身为罗马的救世主,留下了难以磨灭的光辉形象。在离开色克蒂留斯前,条顿人的马车和其他财产被他付之一炬,马略还听从随行的一名叙利亚女先知的"忠告",将100名俘虏作为祭品从圣维克多山顶抛了下去。战役结束后,死去的条顿人尸体被视为一种"天赐之礼",由于尸体太多,无法全部掩埋,很多腐烂的尸体成为土地的肥料,骨骸则被当地人用来标记他们葡萄园的边界。甚至连这个山谷的法语名字——普里耶尔——也被视为从拉丁语"腐烂的荒野"(campi putridi)演变而来。罗马人的胜利也体现在圣维克多山的名字上,一座供奉维纳斯的神庙就建在山上,不过在后世岁月中"换上了"具有基督教色彩的"伪装"。在法国大革命之前,每年举行的庆祝仪式上,当地村民戴着花环,跳着法兰多尔舞①(farandole),列队行进,挥舞着从树上砍下的树枝,高喊着"胜利!"。直到今天,马略仍然是当地一个很常见的名字。法国政治家米拉波(Mirabeau)曾代表普罗旺斯的艾克斯出席法国1789年三级会议②。米拉波说,马略是自己的灵感来源,他是人民的朋友,是条顿人的毁灭者,也是古罗马贵族统治的埋葬者。

马略娶了一名贵族妻子,名叫尤莉娅,是一位元老院议员的妹

---

① 法兰多尔舞:法国民间舞蹈,拥有悠久的历史,今天仍流行于法国南部。
② 1789年三级会议:由法国国王路易十六(Louis Ⅺ)召开,目的是应对财政危机。本次会议是1614年后召开的首次三级会议,也是法国旧制度下的最后一次三级会议。

妹。公元前100年，在马略击败条顿人之后不久，这位议员的妻子生下了夫妻二人的第三个孩子，这个男孩名叫盖乌斯·尤利乌斯·恺撒。这个男孩的姑父——一个平民主义者和军事英雄——为他的侄子树立了一个好榜样。当恺撒后来发现自己身处马略击败条顿人的地方时，他会尽己所能地效仿这个榜样。

第二章

恺撒的目标

这些好战成性而且敌视罗马人民的人……

——尤利乌斯·恺撒,《高卢战记》卷一,10①

---

① 原书此处标注为"《高卢战记》卷一,2",疑误,应摘自卷一,10。

恺撒的崛起
·
博凯尔
·
多美亚大道
·
日内瓦
·
罗讷河
·
科隆日
·
莱克吕斯隘口
·
索恩河
·
蒙特莫
·
贝桑松
·
米卢斯

第二章　恺撒的目标

　　高卢并非从一开始就是恺撒人生计划的一部分。无论是从恺撒本人的作品中，还是从那些为他立传的古代作家笔下，都难以找到证据，显示他把征服高卢看作一个夙愿。在他 30 岁出头的时候，恺撒凝视着亚历山大大帝的雕像，悲叹后者在与他同龄时已征服了大半个世界，而他自己却没有任何足以留名青史的成就。然而，即便满怀抱负，对于战胜罗马的北方宿敌——正如普鲁塔克所描述的——恺撒却连想都没想过。

　　从公元前 58 年开始，恺撒被委以高卢地区军事指挥权，但甚至连他自己也承认，在最初的五年里，他的注意力一直放在别的地方。恺撒的指挥范围不限于山南高卢和山北高卢（Transalpine Gaul），还包括位于亚得里亚海东岸的伊利里库姆（Illyricum），这一地区相当于现在的克罗地亚、波斯尼亚、黑山和阿尔巴尼亚北部的部分地区。伊利里库姆富足却不稳定,这为那些追求军事荣誉的罗马将领提供了绝佳的机会。此外,它也是意大利北部防御的战略要地之一,这里保证着多瑙河沿线的安全,自始至终都是罗马关注的焦点。恺撒非常理解它的重要性和它所能提供的机会,然而,他没有将目光放在这里,而是投向了遥远而荒凉的高卢。他征服高卢,既没有经过精心计划,也不存在绝对的必要性,与后世提起英帝国的扩张时常常表达的"无心之举"也不一样。促使他征服高卢——从而不可逆转地改变欧洲的历史和文化——的动力,是他的政治需求:举世瞩目的军事胜利可以将他的政敌远远抛在身后,还能带来一笔足以偿还其债务的财富。

一个生活在现代民主国家的公民能在古罗马社会中看到很多熟悉或似曾相识的东西:普通人(女性、奴隶和外国人除外)拥有选举官员和投票表决法律的机会;以法律和习俗为基础制定的严格而平衡的体系,可以确保政府的任何部门都不会权力过大;元老院中的辩论;与公职选举搅在一起的阴谋诡计和流言蜚语;以阶级、财富和商业利益划分的政治派系;在选举中获胜的政客们利用"合理的手段",让手中的权

2007年在罗讷河发现的恺撒半身像。

力无限膨胀，或者回报当初支持自己的"金主"；杰出的"外来者"为闯入权力集团而奋斗；既得利益者对一般的地方性问题视若无睹；表里不一、故步自封的政府体系中，金钱和暴力滋生腐败。

公元前100年恺撒出生时，罗马的共和政治体系已奄奄一息。这个过时的体系诞生于公元前6世纪，当时的罗马还是一个中等规模的商业城镇。随着时间的推移，共和制已经无法应对罗马崛起后所面临的巨大挑战，其中最致命的问题是意大利核心地区的贫富不均。从公元前3世纪开始，随着对海外领土的征服——西西里、迦太基、希腊——殖民地财富和贸易机会越来越集中于少数贵族手中，而与之相对的是，士兵在这一过程中付出的更多。这些士兵来自农村，长期以务农为生。最初，在短期的、季节性的军事活动之后，他们就可以回到自己拥有的小农场。但随着罗马的扩张，兵役越来越繁重，他们可能一去就是几年时间，无暇照顾的小农场日渐荒芜，逐渐被在战争中变得越来越富裕的贵族收购，土地被交给来自新征服行省的奴隶耕种，用工成本很低。由于缺乏抚恤金或其他形式的经济来源，复员士兵开始指望他们的指挥官来维持生计。失去土地的穷人开始充斥于罗马街头，除了手中的选票，他们身上再没有值钱的东西。公元前2世纪末，罗马曾经尝试将那些原本属于农民但流入贵族地主手中的土地，进行重新分割并分配给穷人，然而，掌握权力的贵族最终让这个计划胎死腹中。罗马社会变得两极分化，民众的忠诚从共和国转移到了成功的将军们身上，贵族派和平民派都有各自的支持者，相互对立。带领着一群穷困潦倒的退伍军人和失业的城市暴民，一名才华横溢的成功将军，拥有的权力完全可以超过选举产生的罗马政务官。一场后来被证明旷日持久的内战已经到了爆发的边缘。

在战胜条顿人之后，恺撒的姑父马略赢得了前所未有的威望，主宰了公元前 1 世纪初罗马的政坛。农民出身的他，成为平民派的领袖，主导通过了倾向复员士兵和无地穷人的利益的土地法，同时，通过改革法律，打破了旧贵族对权力杠杆的把持。然而，公元前 86 年他去世后，贵族卷土重来。他们的领袖苏拉（Sulla）有效地控制了国家，推翻了马略的改革，并通过恐怖手段巩固了他的统治。他列出了政敌的名单，宣称他们都是不法之徒，数百人因此被杀，他们的财产都进了告密者和投机者的腰包。克拉苏（Crassus）便是这些投机者中的翘楚，通过以极低的价格购买苏拉政敌的财产，他成为罗马最富有的人之一。

恺撒本人和他的亲属们在这场排除异己的政治风波之中幸存下来，虽然，因为与马略的姻亲关系，他们自然而然地站在了苏拉的对立面，但他们并不显赫，也不富裕，所以没有被视为直接的威胁。恺撒的父亲曾在政府担任公职，在公元前 85 年去世，当时恺撒大约 15 岁，刚刚穿上象征着成年的托加长袍，还没有进入罗马的政治生活之中。另外，他出身于一个古老的贵族家庭，也许正是这一身份让同属贵族的苏拉没有对他下手。

因此，恺撒在威胁、流血和政治失势的环境中度过了他的童年岁月。除此之外，人们对他的童年几乎一无所知。父亲的早逝使他在还是一个十几岁的少年时，就承担起了对家庭的绝对责任，他甚至在名义上有权决定自己的母亲是否可以再婚。在他刚刚成年时，任何一个对其状况有所了解的人，都不会认为他将成就一番伟业。他娶了一位名叫科涅莉亚（Cornelia）的年轻女子为妻，她是秦纳[1]

---

[1] 秦纳（？—前 84）：罗马共和国时期政治家，曾四次担任罗马共和国执政官。

第二章 恺撒的目标

(Cinna)的女儿。他的丈人秦纳提名他担任朱庇特神的祭司,这是一个古老而独特的职位。祭祀被一系列模糊而古老的规则限制,例如:禁止在衣服上打结,必须秘密处理剪下的指甲,以及绝对禁止看尸体。此外,祭司还被要求在任何时候都要留在罗马,这相当于有效地将他排除在军旅之外,政治上的上升空间也极为有限。因此,祭司职位通常由身体虚弱或患有慢性疾病的人担任。有些资料称,恺撒因为这些条条框框而备受煎熬。看上去,担任祭祀可以从一开始就将恺撒的政治野心扼杀在摇篮里,但苏拉却选择阻止他担任这一职位,只是因为提名者秦纳是与自己对立的平民派领袖。但他一定想不到,这无意中为恺撒的政治生涯开辟了道路。

恺撒试图成为祭司的举动似乎引起了苏拉的猜忌。虽然这是一个没什么"前途"的职业,但在古罗马社会仍然受到尊敬,并具有一定影响力。当苏拉开始打压平民派时,平民派最重要的领袖秦纳的女婿恺撒,自然成了被打击的对象。苏拉下令逮捕恺撒,有一段时间,恺撒不得不躲藏起来。然而,当恺撒的亲戚们为他求情时,苏拉动摇了,这才让恺撒得以迈出进入政坛的第一步。从这时起,历史学家笔下和恺撒自己口中讲述的那些故事开启了,年轻的恺撒展现着自己的希冀、活力和雄心。当他还是一个青年时,被派往比提尼亚[①](Bithynia)行省裁判官手下任职。在与本都[②](Pontus)国王米特里达梯(Mithridates)军队的一次小规模冲突中,他救了另一位罗马公民的命,因此获得了槲叶环(corona civica),这是一种用

---

① 比提尼亚:位于小亚细亚西北部,曾为王国和罗马行省。
② 本都:一个以安那托利亚地区为中心的希腊化王国,存在于公元前3世纪至公元1世纪。

橡树叶做成的花环，是古罗马时代对勇士的褒奖。根据历史学家苏维托尼乌斯（Suetonius）的说法，也许是为了实现自己的目的，恺撒与比提尼亚国王尼科美德（Nicomedes）保持着某种亲密关系。

公元前78年苏拉死后，20岁出头的恺撒回到罗马，担任法庭律师。对一个谋求仕途发展的年轻人来说，这算得上是一条提高他在选民中的认知度和政治影响力的快速途径。其间，他对苏拉的两名在外省担任要职的盟友——多拉贝拉（Dolabella）和格涅乌斯·安东尼乌斯（Gnaeus Antonius）——提起诉讼，指控他们在担任公职期间存在贪污和腐败。虽然两起诉讼都以失败告终，但却成功让恺撒开始进入公众的视野。

在此之后，恺撒前往罗德岛，在希腊学者的指导下，锻炼自己的演讲才能。据他自己说，在前往希腊的旅途中，他曾在小亚细亚的法玛科萨岛被奇里乞亚海盗劫持。当得知对方索要的赎金只有4.8万塞斯特斯[1]（sesterces）时，恺撒非常愤怒，觉得自己受到了侮辱，他告诉这伙海盗，自己至少值120万塞斯特斯，不能再少了。在他的坚持下，海盗们提高了赎金额度。被押期间，恺撒靠和海盗做游戏打发时间，直言不讳地讽刺后者没有接受过教育，都是些粗鄙之人，还背诵诗歌来"提高"海盗的"文化水平"。他还声称，如果有朝一日能够重获自由，他一定会回到这里，将他们全部钉死在十字架上，而最终他的确获得了自由，也信守了当初许下的这个"诺言"。被释后，恺撒来到沿海城市米利都（Miletus），召集了一支小舰队，抓获了那伙劫持他的海盗，并最终在别迦摩（Pergamum）将他们钉死在十字架上。

---

[1] 塞斯特斯：古罗马日常交易中使用的货币，青铜材质。

第二章 恺撒的目标

在公元前 1 世纪的古罗马社会，沉默寡言和自我克制并不是受推崇的品质。那些在政坛摸爬滚打的人都心知肚明，在公众面前高调地展示自我才是出人头地的先决条件。但是，意识到公众形象的重要性，并不意味着那些野心勃勃的政客会因为爱惜自己的名声而放弃对低级趣味的追逐。这一点在恺撒身上也不例外，并在他职业生涯的早期就已现端倪——在追求感官满足的同时，无休止地自我推销。根据苏维托尼乌斯的记述，尽管恺撒的身体并不强壮——他身材高大但体格瘦弱，且患有癫痫——但他拥有超乎常人的精力和坚定的意志。他和所有罗马士兵一样能忍受饥饿，他能同时向几个抄写员口授不同的信件，能在旅途中的马背上创作长诗。同时，他的性欲也是惊人的。在古罗马，像恺撒这样的年轻已婚男人选择在妓院里满足自己的欲望是很常见的。但是，恺撒并不仅仅追求肉体上的满足，还追求征服带来的快感，因此，他的猎物是元老的妻子。苏维托尼乌斯列举了至少 5 位能够与他联系在一起的高级政客的妻子，这份名单上值得一提的是小加图（Cato the Younger）同母异父的姐姐塞薇利娅（Servilia），她也是恺撒最危险的对手布鲁图斯（Brutus）的母亲，而布鲁图斯参与了对恺撒的刺杀。

贵族血统也是恺撒用来增加政治影响力的筹码。公元前 69 年，他的姑姑尤莉娅和妻子科涅莉亚相继去世。虽然在古罗马为上了年纪的女性举行一场奢华的葬礼也不是什么罕见的事情，但恺撒之所以决定为二人举行隆重的葬礼，却有特殊目的。或许确实出于亲人逝去带来的悲痛，但葬礼毫无疑问也是他展现高贵血统的完美机会。尽管苏拉禁止公开纪念马略，但恺撒还是把他的塑像加入了尤莉娅的送葬队伍中，而此举则为他赢得了广泛的认可。这还不是全部。根据流传已久的说法，尤莉娅的家族——恺撒也是成员之

——不仅仅是 7 个世纪前罗马的第二位国王安库斯·马尔西乌斯（Ancus Marcius）的后裔[1]，还是维纳斯神的后代。不管恺撒本人是否相信这些古老的传说，但毫无疑问，他非常乐于利用它们来为自己服务，在葬礼上当着人群发表演说时，他毫不迟疑地赞美着高贵祖先的特别之处。

正是由于恺撒抓住一切机会展现自我，他越来越受到关注。正如他意识到的那样，这对他的政治生涯大有裨益。早年间，恺撒住在罗马破旧不堪的苏布拉，这里到处都是摇摇欲坠的公寓和破破烂烂的妓院，尽管如此，他从未放松对外在形象的管理。他精心装扮自己，头发梳得一丝不苟。有人说，他一直修剪自己的体毛，努力保持全身无毛。他形成了一种独特的着装风格，穿着长袖的元老院长袍，腰间是非传统的宽松腰带。此外，他还会收集艺术品、珍贵的宝石和雕塑。为了继续奢华的生活方式，也为了继续政治活动，他开始借钱。据普鲁塔克称，在他获得第一个民选职位——约公元前 71 年的军事保民官——之前，他的债务总额已经超过 3 100 万塞斯特斯[2]。

公元前 1 世纪 60 年代，恺撒在"荣耀之路"[3] 上节节攀升，同样，他靠借来的钱来提高自己声望的做法也愈演愈烈。公元前 69 年，他被派往西班牙担任财务官[4]。据传说，正是在这里，恺撒曾

---

[1] 此处可能是本书作者的一处讹误，一般认为，安库斯·马尔西乌斯是古罗马王政时代第四代国王。

[2] 这是一笔数目庞大的债务，在公元前 1 世纪，一名军团士兵的平均年薪是 900 塞斯特斯。——作者注

[3] "荣耀之路"：拉丁文为 cursus honorum，指罗马共和国时期军队和政治官职的晋升体系，不同的官职对候选人均有最低年龄的限制。

[4] 财务官通常负责财务和审计工作。——作者注

第二章　恺撒的目标

在亚历山大大帝的雕像前慨叹自己尚未建功立业。不久之后,他被选为阿庇亚大道(Appian Way)的管理者,这条大道将罗马城与意大利半岛的东南端连接在一起。恺撒不惜重金修缮和维护大道,因为他知道,每一个经由此道穿过意大利的人,都会把道路的良好状况与它的管理者联系在一起。毫无疑问,这对他在公元前65年成功当选为市政官的确起到了促进作用。罗马每年都要从贵族中选出两名市政官,负责维护罗马的基础设施——寺庙、道路、桥梁、高架渠和下水道。市政官还负责组织3月和9月举行的传统娱乐活动,这也为他们提供了自我宣传和展示的机会。一如既往,恺撒在这些娱乐活动上一掷千金,他在公共讲坛建起临时的柱廊,展示他的私人艺术收藏。为了进一步提高自己的声望,他还组织角斗比赛。过去,只有在著名人物的葬礼上,才会有角斗比赛,角斗士在战斗中所流的血被认为可以安抚死者的灵魂。恺撒决定举行一场角斗比赛以纪念他的父亲,而后者实际上已经去世20年了。这场比赛规模空前:320名角斗士被精心挑选出来,每个人身穿特制的华丽银甲。

根据普鲁塔克的记载,在担任市政官期间,恺撒还把姑父马略的肖像放到了卡比托利欧山上的神庙中,与胜利女神的肖像放在一起。如此高调地纪念一个通过武力走上罗马权力巅峰的人,不禁让许多人对恺撒的野心心生恐惧。许多历史学家认为,正是在这一年——公元前65年——恺撒真正成为罗马最高权力的争夺者。

第二年,也就是公元前64年,恺撒的一次政治赌博使他的地位进一步提高。前任大祭司的去世使这个职位空了出来。与恺撒曾经尝试获得的朱庇特祭司职位不同,大祭司并不受宗教禁忌的阻碍，反而是一个具有政治价值的职位，主要负责制定历法。大祭司不仅能够终身享受位于罗马城中心的豪华官邸，而且有权成为元老院辩论中第一个发言的人。也正因为如此，这个职位的竞争很激烈，不少比恺撒资历高得多的元老希望获得这个职位。只要恺撒放弃竞选，他的一位竞争对手克温图斯·路泰提乌斯·加图路斯（Quintus Lutatius Catulus）甚至愿意为此支付他一笔可观的贿金。但恺撒铁了心要谋得这一职位，他不计代价地借钱，然后全部用来向选民行贿以获得必要的选票。据传，在选举日当天的早晨，当他离开家时，曾向自己的母亲说："今天，您的儿子要么会成为大祭司，要么会离开罗马。"

最终，他如愿以偿地成为新任大祭司，而他任内对历法的改革，至今仍在影响着现代人的生活。然而，当选也带来了负面后果，传统的统治阶级对他的疑虑越来越重。这份疑虑在第二年——公元前63年——变得显而易见，一场阴谋震动了罗马政坛。事件的主人公是一名债务缠身的元老喀提林（Catiline），他曾竞选过罗马共和国的最高官职——执政官，但未能成功，债台高筑和政治失意让他选择发动军事叛乱来解决困境，却以失败被俘告终。当时的执政官西塞罗向元老院提议立即处决叛乱者，但恺撒主张从长计议，先把叛乱者关押起来，直到尘埃落定，再决定他们的最终命运。

元老们原本已经被恺撒说服，准备采纳其建议，但他的对手小加图站了出来，指责他也参与了这场叛乱阴谋。恺撒的高谈阔论突然被打断，一名信使将一封信交到了他的手中，而小加图要求他当众阅读这封信，说这是他和叛乱者勾结的证据。当恺撒真的兴致勃勃地把信的内容读出来时，大家才发现原来这是小加图的姐姐塞薇利娅写给恺撒的情书。虽然引起了哄堂大笑,但小加图还是提醒元老院,恺撒在为了自己的政治利益而操纵局势。

尽管小加图试图让元老院"认清"恺撒的野心,却并没能阻止恺撒继续步步高升。公元前62年,恺撒被选为八名裁判官之一,这已经是执政官之下的最高官职。第二年,也就是公元前61年,他被任命为远西班牙行省总督,正是在这个职位上,恺撒第一次真正体验了拥有长期军事指挥权的滋味。也是在这一年,他成功发动了针对卢西塔尼亚(Lusitania)的军事行动,这是一个叛乱的行省,包括今天的葡萄牙和西班牙西部的一部分。优秀的战绩为他赢得了享受凯旋式的机会:这将是一场盛大的军事游行,他将在民众的欢呼声中穿过罗马城的街道。凯旋式不仅仅是共和国授予取得重大军事成果的指挥官的最高荣誉,还是恺撒竞选公元前59年执政官的绝佳筹码。然而,他面临着一个艰难的选择:按照惯例,竞选公职者先要放弃军事指挥权,但这就意味着他要放弃凯旋式的殊荣。恺撒要求元老院为他破例,但在小加图的坚持下,未获批准。最终,日益膨胀的权力野心战胜了对最宝贵荣誉的渴望,恺撒放弃了军事指挥权,以普通公民的身份进入罗马竞选公职。

恺撒并不是唯一一个被元老院和贵族派视为威胁的政治巨头。在过去的几年里,庞培(Pompey)一直在东方指挥军队。在公元前1世纪60年代,他征服了黎凡特和小亚细亚一带的大片领土,包括现在的土耳其、黎巴嫩、叙利亚、以色列和巴勒斯坦。庞培需要元老院批准他为新领土所安排的临时性的行政模式,还需要元老院为复员士兵分配一部分土地养老。但在这些问题上,元老院的处理始终拖拖拉拉。

为恺撒的政治生涯提供资金支持的克拉苏也有自己的困扰。古罗马没有专门负责收税的行政机构，特别是在边远的行省更是如此。国家将收税的权力拍卖给商业机构，为获得征税权，这些机构需要向政府支付一笔费用，而它们的收入则来自征收上来的税款与这笔费用之间的差额。这些商业机构正是克拉苏的主要投资对象。在恺撒生活的时代，这类生意越来越不好做，征收所得的税款比这些机构的预期要低得多，为了避免更严重的损失，它们寄希望于减少向政府支付的费用。作为投资人，克拉苏曾出面与元老院进行谈判，但结果却不理想。

恺撒在三人各自面对的困难中看到了一个合作共赢的机会。虽然庞培和克拉苏素来不睦，但恺撒还是说服他们和自己结成了一个秘密同盟，各取所需。他们利用各自的影响力，无论是财力上的还是其他层面的，支持恺撒当选公元前 59 年的两位执政官之一，并且在第二年获得前往一个富裕行省担任总督的机会，这个职位将帮助恺撒聚敛足够多的财富以回报克拉苏的财力支持。此外，恺撒还将展示自己的政治手腕，让庞培和克拉苏的提案在元老院获得通过。

恺撒刚刚获得候选人资格，贵族派便尽全力破坏他上述的计划。他们促成了一项法律，规定公元前 59 年的执政官在卸任后，不得前往富裕行省担任总督。然而，这并没有阻止恺撒在公元前 59 年 1 月初被选为两个执政官之一。

这一年，与恺撒共同担任执政官的是小加图的女婿毕布路斯（Bibulus），与其岳父一样，他也是贵族派的成员。在这里，我们很容易就能看出罗马共和国体制上的问题：当一个执政官与另一个执政官对立时，就不可能通过合法的手段达成任何重大决策——两

第二章 恺撒的目标

个执政官拥有同等的权力，都有权否决对方的决定。几个世纪之前，共和国诞生之初，这一套模式行之有效，可以避免罗马重回王政时代。然而，随着罗马一天天壮大，逐渐成为一个幅员辽阔的"帝国"，这套过于平衡的模式只会导致行政瘫痪。当恺撒着手兑现承诺，通过庞培和克拉苏的提案时，毕布路斯拒绝合作。一开始，恺撒还与毕布路斯及其在元老院的追随者们保持表面上的和谐，但他很快就开始采取不光彩的手段和暴力恐吓实现自己的目标。他绕过元老院，直接煽动民众，通过精心安排的公民投票，让庞培提出的法案获得了通过，老兵们得到了养老的土地，东方新征服地区的行政模式也获得授权。当毕布路斯试图否决其中一项法案时，恺撒的支持者砸碎了象征其执政官权力的束棒，并把一桶粪便倒在他头上。毕布路斯对自己受到的羞辱感到非常愤怒，整整一年都未曾踏出家门，只是依靠他的否决权和过时的行政机制，宣称恺撒的法令无效。尽管在名义上是违法的，恺撒还是我行我素地在执政任期内通过了庞培和克拉苏的提案。

当恺撒的执政官任期结束时，为他提供一个合适的新职位仍然是一个需要费一番脑筋的问题。经过毕布路斯的事，元老院变得更加"听话"了，恺撒将元老们每天讨论的事务公之于众，使其接受公众的监督。最终，元老院授予了他一个特别的五年指挥权，管辖伊利里库姆行省和山南高卢行省。根据这最初的任命，山北高卢行省并不归恺撒掌管，然而碰巧的是，就在此时，山北高卢的总督突然去世了。于是，元老院决定将这个行省也加入任命中，作为对恺撒执政生涯的奖励。这样一来，那片未知的、仍未被征服的高卢腹地便呈现在恺撒眼前。

在恺撒到来前的半个世纪里，罗马在山北高卢的早期殖民地并没有留下多少肉眼可见的生活痕迹。如果想要找到一些蛛丝马迹，我们就不能把眼光局限在高卢南部的城市里，而是要将视野投向城外的广袤地区。

　　博凯尔静卧于罗讷河畔，靠近条顿人被马略屠杀的地方。一条发源于这座奥克西塔尼亚①（Occitanian）小镇的运河最终将汇入拓湖（Étang de Thau），距离地中海岸边的塞特港（Sète）咫尺之遥。如果你从博凯尔的中心出发，可以找到一条向西而去的小路，顺着一路走去，你将一点点逃离单调、乏味的现代建筑，绕过尼古丁色的铁路桥和工厂仓库——它们那锈迹斑斑的颜色与附近红土地的颜色别无二致——将城郊抛在身后，最终拥抱远郊的田野。路旁的灌木丛里是一簇簇的黑莓，小而酸的果实上附着着一层灰尘；更高一些的地方，则生长着黑刺李，以及其他一些秋日里变为亮红色的浆果。那里有阿勒颇松和橄榄树，合欢树那赤铜色的种子则在微风中沙沙作响。为了避开一座低矮的农舍，小路拐了一道弯后，又重新变得笔直。年深日久，原本的路面已被细碎的砂砾取代，杂草在路旁肆无忌惮地生长，只有偶尔路过的拖拉机还能让这条小路体现一下自己的价值。再往前一些，小路戛然而止，尽头消失在一个采石场之中。路的一边是一堆被苍蝇围绕的碎石和灰泥；另一边，三根

---

　　① 奥克西塔尼亚：欧洲西南部的文化区域，大致包括法国南部、摩纳哥，还有意大利和西班牙的一小部分，在历史上，该文化区域主要讲奥克语。

石柱矗立在那里，岁月侵蚀了它们的棱角，灰尘与苔藓让上面的字迹变得斑驳。但靠近一些仔细看，仍能辨别出那些曾经清晰的罗马数字，它们像古代的幽灵一般仍嵌在石柱的表面。其实，在这些字迹还崭新时，这条路就已经很老了。

多美亚大道是高卢境内最古老的罗马工程。它是由格奈斯·多米蒂乌斯·阿耶诺巴尔布斯（Gnaeus Domitius Ahenobarbus）在公元前118年建造的，这位将军曾经亲历了马萨利亚对抗高卢人的战争。虽然在博凯尔附近发现的这三座石质里程碑——法国境内现存最大的古罗马里程碑群——并不曾见证多美亚大道的全部历史，因为其中最老的一座建于公元前3年奥古斯都（Augustus）统治时期，但它们确实可以体现这条大道的重要性。从比利牛斯山延伸向阿尔卑斯山，多美亚大道提供了一条从意大利到山北高卢再到伊比利亚诸行省的陆路通道。它最初是为军事行动服务的。从一个多世纪前的汉尼拔开始，伊比利亚始终都不是个太平的地方，现在，随着这条大道的建成，除了海上通道之外，罗马军队又多了一个前往伊比利亚的选择。公元前1世纪70年代，庞培正是沿着多美亚大道，率军前往西班牙作战，他还召集了一些高卢人辅助军队的行动。在大道的最西端，也就是如今比利牛斯山区的村庄科曼日地区圣贝特朗（Saint-Bertrand-de-Comminges），庞培建立了一处名为卢格杜努姆-科努埃纳鲁姆（Lugdunum Conuenarum）的殖民地，以纪念自己在西班牙取得的胜利。

作为其军事功能的一部分，多美亚大道可能在边境防御中体现了自己的价值。本质上，这条路体现了山北高卢在那个时代的特点——这里是名副其实的边境地带。今天的我们，对在公元前2世纪20年代左右——罗马控制这里的最初几十年——共和国管理这片土地的行政模式并不是很了解，但有一点是可以确定的，当时管

博凯尔附近多美亚大道路旁的古罗马里程碑遗迹。

理相对粗放,不是很系统。最初,这里甚至没有自己的总督,其行政管理权可能握在邻近行省总督的手中。这里的罗马官员不仅要对付条顿人的迁徙潮(公元前103年马略率军阻击他们便是移民潮达到高潮的标志),还要处理不断爆发的部落起义,以及协调与不同部落间的关系。高卢诸部落都需要得到安抚,那些徘徊在共和国势力范围之外的部落联盟,比如在今天的第戎①(Dijon)以南地区活动的埃杜维部落与莱茵河以南的阿洛布罗基部落,也需要时刻提

---

① 第戎:位于法国东部,历史悠久,其源头可以追溯到公元前6世纪,罗马人控制高卢后,这里逐渐发展为一个商业中心。

防。罗马人要思考如何保持与他们之间的权力平衡，以确保自己直接控制地区的稳定。

当然，除去麻烦，边疆也是一个能捞上一大笔财富的好地方。已知的第一位山北高卢总督是马库斯·冯提乌斯（Marcus Fonteius），他可能在公元前75年至公元前73年掌管这个行省。公元前70年后，当他回到罗马时，受到了腐败指控，控告他的是高卢人，而他的辩护律师是西塞罗。西塞罗当时的大部分辩词有幸被保存下来，不管冯提乌斯是否真的有罪，通过这些辩词，我们倒是可以一窥共和国时代晚期山北高卢的真实情况。"高卢，"西塞罗说，"满是商人，满是罗马公民。"这是一个可以做生意并快速获利的地方。各行各业的人都在这里找到了营生："商人、殖民者、税吏、牧场主"。那些跟随庞培在西班牙浴血奋战的老兵们从土著居民手中抢来了不少土地。这些罗马人一起控制了这个省的经济："高卢人做任何生意都离不开罗马公民，没有一分钱的转手不被记在罗马公民的账簿上。"葡萄酒贸易蓬勃发展，修建和维护道路，包括多美亚大道，都能赚到钱。高卢人向罗马的法官抱怨，冯提乌斯榨取该省的钱财来填满自己的腰包，高卢人已经不堪重负。

然而，西塞罗质问道：这些人的证词有什么分量呢？他们是高卢人。就在不久以前，罗马人还在和他们交战。现在，他们披着斗篷，穿着不文明的裤子，在广场上大摇大摆地走来走去，嘴里嘟囔着粗俗而难以理解的誓言。他们明白宣誓意味着什么吗？他们明白在罗马的法庭上做证意味着什么吗？正是高卢人，在三个世纪前，将罗马付之一炬，围攻卡比托利欧山，亵渎了众神的圣地。与一名罗马公民的证词相比，即使是他们一整个部落的人的证词，又算得了什么？就算他们派出骑兵辅助罗马在西班牙的军事行动，就算他们提供粮食来支持罗马的军队，那也不算什么。听了这些话，人们很难相信：就在几年后，曾来罗马投诉冯提乌斯的高卢使者会通知其警惕喀提林的叛乱阴谋；而西塞罗在他后来完成的哲学著作中，会承认一位高卢贵族兼德鲁伊祭司迪维提亚克斯（Divitiacus）是他的亲密朋友，并称赞对方拥有希腊自然科学的特殊知识。这些都不重要，重要的是，在罗马人眼中，这些高卢人的控诉，只不过是换了一种方式，延续两个民族之前的世仇。不管法庭上的证词如何，西塞罗都可以口若悬河地让他的听众偏向自己。高卢是一个天生就该被罗马剥削的地方，是一个给共和国制造恐惧的地方，这就是恺撒被派去管理的行省。

在今天日内瓦的市中心，在日内瓦的湖水汇入罗讷河的地方，有一座岛屿横亘在河口。这座岛屿是一个天然的交通枢纽，也是这里最古老的交通枢纽。中世纪时，岛上修建起一座城堡以控制南北的交通往来。如今，原来的城堡只留存下来一座孤零零的塔楼，映在旁边一家钟表店的玻璃窗上，不远处还有一尊文艺复兴时期日内瓦的城市英雄菲利伯特·贝特利埃（Philibert Berthelier）的雕像，他曾努力使这座城市免于被萨伏依公爵统治。

塔楼的一侧，在密集交错的电车缆线的遮挡中，在建筑物的石制外墙上隐约可以看到一块乳白色的牌匾。与河对岸可以找到的一块写着"日内瓦，避难之城"的牌匾不同，它传达了截然不同的信息。上面的文字写道，恺撒在他的《高卢战记》的开头提到了自己的日内瓦之旅,还引用了一些拉丁文原文。在书中,恺撒告诉我们,日内瓦当时是一座属于阿洛布罗基部落的边境小城,因为这个部落效忠于罗马,所以,这里也在山北高卢治下。一座跨河大桥通往北岸,那里是赫尔维蒂部落居住的地方。公元前58年,恺撒来到这里,下令将桥拆除。当时那座桥的位置可能离保存至今的那座塔楼非常近。

在公元前1世纪,如果一个居住在日内瓦附近罗讷河北岸的人想去高卢南部,最自然的路线就是在这里渡河后转向西南方向一条通往瓦朗斯①(Valence)的路,顺着这条路一直走下去,他将在更远的地方重新"遇上"罗讷河的下游河道。要是没有这座桥,就只能沿着罗讷河北岸一直向西,大约20英里后,穿过汝拉山②(Jura Mountains)的一处狭窄的峡谷——莱克吕斯隘口③(L'Écluse),最终到达今天里昂(Lyon)所在地东北方向的平原。

出了日内瓦城,向北的这条路算得上是一条景色优美的道路。春天,沿着这条路出城,穿过一片低矮的"白色"村庄,就可以来到罗讷河北岸宽阔的草场。散发着春天气息的青草在田野里郁郁葱葱;在乡间的路旁,遍布着紫色的红豆草和黄色的龙胆草;棕色和白色的奶牛在这片水草丰美的牧场上心满意足地大快朵颐;远处被积雪覆盖的汝拉山,就像一座银色的堡垒,守卫着这片富饶的谷地。

---

① 瓦朗斯:法国东南部城市,位于罗讷河谷中部,在古罗马时期就已成为一个区域性的交通枢纽和战略要地。

② 汝拉山:又译侏罗山,位于阿尔卑斯山脉以北,横跨法国、瑞士和德国三国。

③ 莱克吕斯隘口:位于法国东部的关隘,它控制着罗讷河谷,是由东进入法国的天然入口,自古便具有重要的军事价值。

但是，再向前走，用不了多远，到了科隆日①（Collonges）附近，草场就让位给了一片变得越来越窄的林地，步行者不得不面对时而挡住去路的粗壮树木，小路被挤向了罗讷河泥泞的河岸。望向南岸，满眼仍是一片广阔的绿色，杂草丛生，让人觉得仿佛身处亚马孙河，而不是罗讷河。然而，随着河谷的急剧收缩，这片绿色也很快消失在远方，取而代之的是从地平线上隆起的高耸山峰。越来越狭窄的河道中，遍布岩石和暗流，河水的颜色也变得更蓝。此时，原来的小路已经变成一条崎岖不平的石道，宽度几乎不足以让一辆马车通过——这倒是和恺撒的回忆相符。往前不远，莱克昌斯隘口的白色堡垒和垛口就会映入眼帘，这座被建在山坡之上的堡垒扼守着山口，监视着往来的通行者。但这条路实在是太狭窄、太难走了，以至于堡垒似乎也失去了存在的意义。沿着这条路再向前，便会被一片鹅卵石挡住去路。

　　这条道路见证了被同时代历史学家们记录下来的欧洲历史上第一次移民危机，而这些迁徙者便是赫尔维蒂人。如果恺撒记录的数字是可信的，那他们的人数是 36 万。这个部落的全体成员，无论男女老少，全部从日内瓦湖以北的故乡迁徙而来，想在高卢西南部——罗马的领土之外——找到一处新家园。赫尔维蒂人带着一种破釜沉舟的勇气，将家乡那些带不走的东西都付之一炬，将所有能移动的财产连同三个月的口粮搬上了马车，开始漫长的旅程。他们的计划是走一条相对容易的路线，取道日内瓦，穿过阿洛布罗基部落的领地，这也意味着穿过罗马的山北高卢。他们出发前的准备工作开始于公元前 58 年 3 月，就在恺撒被任命为伊利里库姆行省和

---

① 科隆日：位于法国东部与瑞士的边境，距离日内瓦 20 公里。

莱克吕斯隘口附近的罗讷河，这里是公元前 58 年赫尔维蒂人迁徙之中的必经之路。

山南高卢行省的总督之后。

据说，恺撒一开始并没有把高卢当作建功立业的理想去处，而是计划率领一支部队前往伊利里库姆，在那里，盖塔人（Getae）（色雷斯人的一支，定居在多瑙河下游）正在入侵罗马的领土。但是，当听说赫尔维蒂人准备穿越山北高卢的消息时，他惊呆了。伊利里库姆的计划被抛诸脑后，他派人前往日内瓦下达拆毁罗讷河上桥梁的命令，以阻止赫尔维蒂人取道这里渡河。恺撒可以支配的军队很少（在高卢地区只有一个军团），但他调动了另外的军队，并向日内瓦进发。

赫尔维蒂人发出了希望渡河的请求，而人手不足的恺撒选择拖延时间以待援军。在他的指挥下，他手下仅有的部队沿罗讷河南岸修筑了一道 5 米高的长土堤，从日内瓦一直延伸到莱克吕斯隘口，全长接近 20 英里。他在河堤上部署了军队，防止赫尔维蒂人越过河堤。

到了 4 月中旬，部分抵达的援军让恺撒的实力有所增强，于是，他给了赫尔维蒂人一个明确的答复：不允许他们进入罗马领土。然而，后者没有理会他的命令，尝试着用绑在一起的木筏或船只渡河。他们以家庭为单位，有时选在白天渡河，更多时候会在夜里渡河，罗马人则用弩炮攻击船只，阻止他们靠近南岸。

这样一来，赫尔维蒂人只剩下唯一的选择——沿着罗讷河北岸穿越莱克吕斯隘口。这是一个艰难而令人生畏的选择，36 万人沿着一条狭窄的小路艰难地向前移动，而这条小路的宽度甚至不足以通过一辆马车。不仅路况不好，这条路线还吉凶未卜，因为它通向罗马领土之外被另一个高卢部落——塞夸尼人（Sequani）——占据的领土，想通过同样需要得到他们的允许。在埃杜维部落——这个部落虽然生活在罗马领土之外，却是罗马的盟友——贵族游说下，双方达成了一项协议：塞夸尼人准许赫尔维蒂人穿过自己的领土，而后者只能选择拖着他们装满全部家当的马车，通过狭窄到令人窒息的莱克吕斯隘口。

第二章 恺撒的目标

我们对赫尔维蒂人所知甚少——他们的政治，他们的意图，甚至他们为什么要离开原来的家园，什么样的压力迫使他们踏上了漫长而危险的旅程——这些都不清楚。为什么他们会被视为严重的威胁并因此被拒绝穿过罗马共和国的边境？关于这个问题，除了西塞罗在书信中曾几次语焉不详地提及，我们现在还能找到的依据来自恺撒。仅存的详细描述赫尔维蒂人在迁徙中与罗马人冲突的一手资料是恺撒的《高卢战记》。其他参与过这场冲突的罗马军官并没有留下有价值的记录，也没有任何一份资料谈过这场发生在高卢边境的冲突对罗马城产生了什么影响。尽管赫尔维蒂人并不是"大字不识"的真正"野蛮人"，但这个部落没有留下任何有关这场迁徙的书面内容，甚至连最原始的口头传说都没有流传下来。牵涉其中的其他高卢部落，比如塞夸尼人和埃杜维人，也没有留下有价值的文献。恺撒针对赫尔维蒂人取得的军事胜利如此卓越，不仅帮助他获得了象征荣誉的桂冠，还让他成为一段流传多年的征服故事的主角。

恺撒的《高卢战记》是一部拉丁语杰作，他用简洁明了的笔法写作，避免使用令人费解的修辞和晦涩难懂的词汇。这部书分为八卷，前七卷由恺撒本人撰写，第八卷则由他麾下的将领奥路斯·希尔提乌斯（Aulus Hirtius）撰写，描写的是公元前 52 年之后征服的最后阶段。这部书仅仅使用了 1300 多个词汇，正是这种平实的语言风格，以及清晰和直接的表述，让《高卢战记》成为学习拉丁语的必读书。这部书直截了当的写作风格也许暗示了——尽管我们不确定——它的目标读者是哪些人。恺撒在书中没有将笔墨过多集中在自己身上,而是把普通士兵当成描写对象,他述说了他们的忧虑,他们在战场上的英勇表现,以及他们的忠诚。与之相比,贵族军官的事迹没有多少篇幅,并且,根据现存的版本,恺撒对他们的描写也并不总是褒义的。不管是为了赢得元老院的关注而完成的"年度报告",还是为了吸引公众目光而在军事行动后收集整理的资料汇编,总之,我们有理由相信,恺撒的目标读者是一个需要被取悦的群体,同时,这部书的目的是强化他作为公民之子的形象。

当恺撒详细描述赫尔维蒂人时,他想到的是罗马的政客以及他自己的政治地位。他说赫尔维蒂人好战,他们的凶悍超过了其他高卢部落。他们最初生活在以莱茵河、日内瓦湖和汝拉山脉为边界的那片区域,面积有4万多平方英里[①]。尽管如此,在他们看来,这片土地仍不足以容纳部落的人口,他们感到生存空间被限制了。这是一个渴望战争的部落,他们想要在一个"可以随时与邻居开战"的地方安家落户。

根据恺撒的说法,一个名叫奥格托里克斯(Orgetorix)的贵族想成为赫尔维蒂人的首领,他说服部落的人相信,只要他们离开老家,向西迁徙,便可以成为高卢部落中最强大的一支。他与其他几名贵族一起,组织部落的人开始了一项为期三年的迁徙计划,最终目标是举族迁到高卢的中心地区。为了给长距离迁徙做准备,赫尔维蒂人买了大量的牛,增加了粮食种植。与此同时,他们的领导者与周围那些同样有志于统一高卢诸部的酋长们——塞夸尼部落的卡斯提库斯(Casticus)和埃杜维部落的杜诺列克斯

---

① 1平方英里约合2.59平方千米。

(Dumnorix)——达成了协议,为他们的迁徙提供帮助。似乎没有什么能阻止这项迁徙大计,就连奥格托克斯被部众指控意图独裁并自杀,也没有改变已经制订的计划,准备工作依旧有条不紊地开展。当公元前58年——原本计划好的动身时间——到来后,赫尔维蒂人毫无异议地烧毁了他们的住所和城镇,义无反顾地踏上了艰苦的旅程。

恺撒说,不能允许像赫尔维蒂人这样的"蛮族"进入罗马的领土。即使只是路过,沿途的抢劫和掠夺也会带来混乱和不安。他们不仅会危害罗马,还会影响到与罗马结盟的高卢部落——尽管已经有不少高卢部落承诺支持赫尔维蒂人的迁徙。就算他们不打算直接定居在罗马领土之内,也不能容忍他们根据自己的计划在托洛萨附近安家,因为这样一来,附近行省富饶的粮食产区将持续受到来自他们的威胁。

恺撒所描述的情况,仿佛他的姑父马略当年遇到的情况再一次上演,连剧情都相差无几。如果说在《高卢战记》的开头,还不容易将条顿人的迁徙与赫尔维蒂人的迁徙联系在一起,那么当书中直接提及条顿人在50年前穿越高卢,以及罗马因此而遭受的影响时,二者的相似之处就显而易见了。恺撒提到,当得知赫尔维蒂人希望穿过罗马行省时,他马上想到了条顿人带来的那次危机,而这两个部落还曾组建联盟,一起在阿劳西奥击败罗马军队。后来,恺撒会见了一位名叫迪维科(Divico)的赫尔维蒂使者,据《高卢战记》记载,这位使者曾经指挥了半个世纪前对抗罗马军队的军事行动。在恺撒的描写中,赫尔维蒂人仿佛就是50年前的条顿人,而他自己则化身为50年前的马略——罗马的英雄。就像当年将马略的肖像放到了卡比托利欧山上的神庙中一样,恺撒通过笔下的文字,再次强化了姑父的英雄形象,而彼时,他还是罗马的市政官。无论他笔下的赫尔维蒂人有着怎样的野心与目的，他的描述都不足以完全取信于人，在缺乏其他值得信赖的佐证的情况下，这个部落无非为恺撒提供了政治宣传和自我形象美化的素材。通过精心"编织"这些素材，他把自己塑造为将罗马从"野蛮"的移民手中拯救出来的人，一个受欢迎的领袖，注定要拥有绝对的权力。

选择诉诸武力，还有一个巨大的吸引力——成功的军事行动意味着巨额的财富，这对于债台高筑的恺撒，具有致命的吸引力。而在高卢发动一场针对迁徙部落的战争看上去就不可能是一桩赔本买卖，"蛮族"的脾性和迁徙目的，就像他们的人口资源和财产一样容易被利用——这些都为恺撒把自己塑造成一个马略般的人物提供了方便，也能给他带来巨大的政治红利。如果他认为，对赫尔维蒂人采取军事行动为自己提供了一个效仿马略的绝佳机会，那么我们就不难理解，他为何选择了高卢而不是伊利里库姆作为自己施展抱负的舞台，又为何会选择采取军事行动而不是其他手段解决危机。他明白，自己有机会成为第二个马略，但，要想成为千秋万世后仍被人们铭记的第一个恺撒，他要达成的成就要远远高于前者。

当恺撒在日内瓦拆毁桥梁并拒绝赫尔维蒂人通过罗马领土时，他身边只有一个军团（大约5 000人）。当意识到他们准备取道莱克吕斯隘口时，他将指挥权交给副将提图斯·拉比埃努斯（Titus Labienus），自己则立即返回意大利征召了两个军团的兵力，又从阿奎莱亚①（Aquileia）的冬季营地调来了三个军团。颇令人感到奇

---

① 阿奎莱亚：位于意大利东北部的城市，由罗马人在公元前181年至公元前180年建立。它具有重要的军事价值，拱卫意大利和高卢；同时，因为位于亚得里亚海沿岸，它具有同样重要的商业价值。

怪的是，恺撒离开的这段时间，赫尔维蒂人可以自由通过莱克吕斯隘口，附近的军事力量本可以封锁这里，不需要战斗就可以阻止他们进一步向高卢腹地挺进，但罗马人没有这么做。这是一个关键的问题，但恺撒却没有在书中进行解释。考虑到他的记录谈到，赫尔维蒂人攻击了边境附近那些与罗马结盟的高卢部落，并且还带足了补给，恺撒没有采取措施利用天险隘口将他们阻挡在边境之外，就更加值得玩味了。有一种说法是，恺撒实际上是想让这些"蛮族"通过隘口，这样就能在更有利的地势条件下与他们交战，并且到时候，他手里还将多增加几个军团的兵力，足以取得一场引人注目的胜利。事情的走向与恺撒的计划一致，只不过是通过两场战役完成的，虽然第一场战役更像是一场屠杀。

正如当年马萨利亚人和附近的高卢人向马略求助一样，恺撒的高卢盟友现在也向他寻求帮助。增援的军团给了恺撒信心，他决定回应盟友的请求。赫尔维蒂人在准备渡过索恩河时，与罗马人遭遇了。根据恺撒的记载，当时的索恩河流速非常缓慢，你甚至判断不出这条河的流向。赫尔维蒂人乘坐船和木筏渡河，夜幕降临时，还有一部分人没有渡过河，他们被称为提古林尼人（Tigurini），是组成赫尔维蒂部落的四个氏族之一，人口大约占全部落的四分之一。午夜过后的某个时刻，这部分人正在将辎重装上船，恺撒的军队乘其不备发起了进攻，展开了无差别的杀戮。这部分赫尔维蒂人大多数死于这场屠杀，只有少数人逃进了附近的树林，侥幸留下一命。恺撒称这场冲突为"索恩河之战"，它被描述为一场伟大的胜利，不仅因为他迈出了消除迁徙者带来的威胁的第一步，而且因为这是一次罗马对"蛮族"的复仇——50年前，条顿人入侵罗马时，提古林尼人曾作为盟友一同打击罗马军队。同时，恺撒也通过这场胜利报了私仇，他岳父的祖父——将军卢修斯·卡尔普尔纽斯·皮索（Lucius Calpurnius Piso）——正是死于提古林尼人之手。

　　第二场战役被称为比布拉克特战役。相比于索恩河之战，这场战役至少算得上是一场真正意义上的战斗，而不是单方面的屠杀。在第戎南部平缓的乡间平原，罗马人与赫尔维蒂人遭遇了，大致位置很可能就在阿鲁河畔的土伦（Toulon-sur-Arroux）和蒙特莫特村（Montmort）之间的开阔地带。沿着乡间小路旁的低矮山脊，双方面对面拉开长长的阵线。在赫尔维蒂阵线右侧的高地上，妇女和孩子被安排在由辎重车辆围成的工事之后，俯瞰战场。在罗马人第一波进攻的冲击下，赫尔维蒂人被迫收缩防线。密集投出的标枪，让他们只能躲在盾牌之后，无法动弹；要想做出有效反击，他们只能选择放弃防护，向罗马军队的阵线猛冲。尽管形势不利，他们还是坚持抵抗。双方从正午一直战斗到傍晚，在平缓的原野上展开了拉锯战，最终，赫尔维蒂人被迫撤向辎重车辆所在的高地。他们依托车辆组成的工事，向罗马军队投掷长矛和飞镖，然而，他们的防线没有坚持多久，辎重被罗马人夺走，孩子成了俘虏，其中甚至还包括奥格托里克斯的孩子。

　　尽管如此，还是有13万赫尔维蒂人逃离了战场。恺撒没有足够的兵力追击他们——骑兵数量有限，而在一场苦战过后，有大量伤员需要照顾。罗马人向附近部落发出消息，如果有人胆敢为赫尔维蒂人提供任何食物或住所，就会得到和他们同样的下场。

　　三天后，逃亡的赫尔维蒂人最终被饥饿打败，来到恺撒面前，请求投降，但有6 000人担心会被集体屠杀，又惊慌失措地逃走了。恺撒命令邻近的部落把他们追捕回来，用恺撒的话说，这些人将被当作敌人对待，这可能意味着他们会被充作奴隶出售。恺撒给其余的赫尔维蒂人提供了食物,然后要求他们返回原本的家乡。他告诉他们,他担心莱茵河以北的日耳曼部落会趁机占领原本属于他们的土地,从而威胁那些与罗马结盟的高卢部落。赫尔维蒂人服从了恺撒的命令,自此成为他眼中值得信赖的盟友。

我们从罗马人缴获的辎重中,发现了赫尔维蒂人离开家园之前进行的人口普查的记录。这份记录由希腊文写就,列出了"可以战斗"的男人的数量以及"不能战斗"的女人、孩子和老人的人数。总而言之,按照恺撒的说法,这个部落原本有36.8万人,而踏上回乡之路的只有11万人。从某种意义上讲,正是因为与恺撒的相遇,导致迁徙的赫尔维蒂人减少了三分之二的人口,他们都是恺撒的政治野心的牺牲品。[①]

恺撒对自己与赫尔维蒂人战斗的描述和当年的马略与条顿人的战斗非常相似,这让我们很难相信他不是有意为之的。同样让人无法相信的还有他对这个部落情况的描述:他们的意图、政治状态、行为、与其他高卢部落的关系,甚至他们的人口。他在高卢留下的,不仅仅有成千上万被屠杀的赫尔维蒂人的鲜血,还有在这片被征服的土地上的话语权和身份认同。恺撒说,在他取得军事胜利后,几乎所有的高卢部落都派出了使者,不仅向他表达了祝贺,更重要的是传递了一种认可,即罗马人打击赫尔维蒂人是合情合理的。罗马在几十年前在这些"蛮族"身上栽过跟头,现在的军事行动是一种正义的报复,而他所做的一切都是为了让高卢这片土地获得长治久安。而赫尔维蒂人在最兴盛的时候,选择离开故土,不惜

---

① 时至今日,在瑞士的拉丁语国名(Confoederatio Helvetica)中,仍然可以看到赫尔维蒂部落的痕迹,这个词也会出现在瑞士的硬币上。——作者注

忍受迁徙之苦，为的就是发动战争，夺取高卢最肥沃的土地，同时让其他部落对他们俯首称臣。就这样，恺撒熟练地给这个部落扣上了入侵者的帽子。然而，就算是在他的笔下，也有些细节显示，这些远道而来的移民可能并不是丑恶的"战争贩子"。埃杜维人曾经恳请恺撒允许博伊人（组成赫尔维蒂部落的四个氏族之一）能够免于被遣回故乡，并愿意接纳他们定居在本族的领土之内。根据恺撒缴获的人口普查记录，博伊人有 3.2 万之众。埃杜维人称博伊是一个勇敢的民族，不仅高兴地赠予他们耕地，还愿意彻底接纳他们融入本族。在恺撒口中，赫尔维蒂人的迁徙会造成致命威胁，或者以当时的社会生产水平来看，如此规模的人口流动会耗尽高卢有限的资源。然而，从埃杜维人接纳博伊人这个例子中，我们可以得出一个结论：这两种说法都站不住脚。博伊人的定居成为一个标志，在之后几代人的时间里，罗马对境外"蛮族"内迁的态度一直比较温和。这些人为罗马提供了充沛的人力资源，从这一点上看，允许他们迁入是有利的，这一点逐渐战胜了对于"蛮族"可能带来危险的担忧，并且，自然资源也足以支撑迁入者获得足够的土地以维持生计。

既然对赫尔维蒂人进行军事打击是合理的，那么对其他企图进入高卢的部落采取行动也自然站得住脚。前来祝贺恺撒胜利的高卢使者透露，另一场移民危机即将到来。在高卢，两个敌对的部落一直在争夺霸权：其中一方是罗马人的盟友埃杜维人，他们占据着今天勃艮第地区的一部分土地；另一方是阿维尔尼人，定居在西南方向更远的地方，占据着今天奥弗涅的一部分。后者与塞夸尼人结盟，还试图邀请来自莱茵河对岸的日耳曼部落南迁，以此对抗前者。第一批日耳曼移民约有 15 000 人，这些好战的移民很快就爱

第二章　恺撒的目标

上了高卢肥沃的农田、先进的文明和诱人的财富，这并不让人感到意外。更多的人随之而来，到公元前58年，已经有12万日耳曼移民在高卢人的领土上定居下来。在他们的帮助下，塞夸尼人打破了埃杜维人的优势地位，挟持了一些埃杜维高级贵族作为人质，强迫他们发誓不再向罗马人寻求帮助。然而，颇具讽刺性的是，取得胜利的塞夸尼人处境似乎还比不上失败的埃杜维人。日耳曼移民的国王、苏维汇部落（Suebi）联盟的首领阿里奥维斯塔斯（Ariovistus）要求，塞夸尼人让出三分之一的领土供他的追随者定居，不久又提出要求，要再让出三分之一的领土给后续抵达的其他日耳曼人。阿里奥维斯塔斯是一个典型的"蛮族"领袖，急功近利且易怒。高卢部落忍无可忍，但没有罗马人的帮助，他们无力反抗，只能选择搬到远离日耳曼人的土地上居住，为此，他们要冒着失去一切的风险。恺撒似乎不需要为读者过多解释这个事件的含义，但在他的书中，还是明确地说道：一年之内，又会有一大波高卢人向边境涌来，就像当年马略曾经面对的那样。既然日耳曼人已经习惯了自由穿越莱茵河，他们就不会满足于仅仅征服高卢，他们会闯入罗马的行省，最终进入意大利，就像当年条顿人打算做的那样。

在恺撒对自己尝试与阿里奥维斯塔斯进行谈判的描述中，他以平民英雄的形象出现，带着一队普通军团士兵，骑马前往沃松蒂奥（Vesontio）[今天的贝桑松①（Besançon）附近]会见日耳曼国王。跟随他的士兵还打趣道：因为是骑马而来，自己成了骑士，从而提

---

① 贝桑松：法国东部城市，艺术与历史名城。古罗马时期为塞夸尼人的主要活动中心。

升了在军队中的层级和地位。在谈判中，阿里奥维斯塔斯警告恺撒，他会被彻底击败，而这将让许多罗马人感到高兴，尤其是那些与恺撒对抗的贵族派政敌。写到这里，恺撒又向读者"透露"了一个令人不齿的联盟——他在罗马的政敌居然和共和国的敌人勾结在一起，就为了打败他。

然而，笑到最后的却是恺撒。公元前58年，罗马人和日耳曼人在孚日战役（Battle of Vosges）中交手，地点在今天的米卢斯（Mulhouse）附近，距离莱茵河大约5英里。战斗开始之前，罗马军队紧张而恐惧，就像当年面对条顿人时那样，但恺撒向士兵们讲述了马略和手下军团的英勇事迹，激发了士气，让军队恢复了往昔的英勇。战斗过程迅速而激烈。日耳曼人被赶回了莱茵河以北，阿里奥维斯塔斯也仓皇逃窜，乘小船渡过了莱茵河。他的两个妻子和一个女儿被杀，其余的亲属则被俘虏。

恺撒以阻止危险的移民潮为借口，在他担任总督的第一年挑起并完成了两场重大战役。随着对赫尔维蒂人和阿里奥维斯塔斯的打击结束，他找到了一个完美的理由，让罗马军队驻扎在远离边境的冬季驻地。就算没有别的摩擦，光是这支军队的存在，就足以"保证"与高卢人发生进一步的冲突。任何关于罗马军队可能受到当地人攻击的说法，都可以被拿来当作发动新的军事行动的借口，打败他们，然后把他们置于罗马的统治之下。"蛮族"涌入的威胁为恺撒实现自己的目的提供了"帮助"，并将在历史上留下重要的影响。公元前58年之后，罗马人与"蛮族"相互打击的暴力循环为他继续留在高卢提供了合理性。

第三章

"驯服"高卢

……差不多全高卢人都爱闹事。

——尤利乌斯·恺撒,《高卢战记》卷三,10

比利其高卢
·
桑布尔战役
·
奥尔良
·
佩里尼亚莱萨尔利耶夫
·
奥尔塞
·
日尔戈维亚
·
沃纳雷莱洛姆
·
奥克苏瓦山
·
阿莱西亚
·
维钦托利与恺撒

第三章 "驯服"高卢

公元前 57 年,在罗马军队在长发高卢(Gallia Comata)度过了第一个冬天后,恺撒继续在远远超出罗马共和国边界的地区开展军事行动。不同的是,他改变了这么做的理由,不再暗示他把部队留在"境外"是为了应对赫尔维蒂人和阿里奥维斯塔斯领导下的苏维汇人的迁徙,现在他的目标已经变为彻底的征服。他认为没有必要为这个目标寻找额外的理由,甚至懒得为此获得必要的授权。

公元前 57 年,恺撒进攻比利其高卢(Belgic Gauls),大致范围是现在的法国北部、荷兰和比利时。他声称,生活在这些地方的高卢人正在策划一场阴谋。这些高卢人认为,当高卢中部被全部占领后,自己将不得不面对罗马军队。这些高卢人不喜欢阿里奥维斯塔斯统治下的日耳曼人在高卢定居,同样也不能忍受罗马人染指自己的家园,因此他们计划反抗恺撒。除此之外,比利其高卢的酋长们时常依靠招募来的战士维持自己的统治，威胁其他弱小的部落，可一旦他们的土地被罗马吞并，这样的做法将不再可能，这让酋长们怎么也高兴不起来。

虽然，在《高卢战记》第二卷的开头，恺撒就大言不惭地强调，共和国的扩张是罗马军事行动的根本目标，但为了证明攻击比利其高卢的正当性，他还是试图唤起条顿人在罗马民众心中留下的深深阴影。比利其高卢诸部落是唯一强大到足以击退条顿人和辛布里人的力量。如果向上追溯，其中一部分人——恺撒称他们为阿杜亚都契人（Aduatuci）——甚至与条顿人和辛布里人同源，半个世纪之前，在条顿人南迁过程中，他们分离出来，在比利其高卢定居下来。

恺撒在年初又集结了三个军团，然后向北方的比利其高卢进军。罗马军队遇到的第一个部落是雷米人（Remi）[法国城市兰斯（Reims）就是因这个部落而得名的]，他们不仅望风而降，还给恺撒提供了人质、粮草和其他部落的情报。接着，罗马人在击败了苏埃西翁部落（Suessiones）和贝洛瓦契部落（Bellovaci）之后，在桑布尔战役（Battle of the Sambre）中遭遇了最强大的内尔维人（Nervii）。这是一场艰难的战斗，罗马人陷入了困境，但根据恺撒自己的描述，他身先士卒，在前线与普通士兵并肩作战，这让原本踌躇不前的军队坚定了信心。内尔维人最终被彻底击败，他们投降时告诉恺撒，部落长老的人数从 600 人减少到了 3 人，能够战斗的男人从 6 万人减少到了 500 人。类似的灾难降临在阿杜亚都契人身上，他们在自己的定居点[可能位于现在的比利时南部城市那慕尔（Namur）附近]向罗马人投降，但还是遭到了攻击，恺撒占领了这座高卢"城市"，而那里的 53 000 名居民则成了奴隶。

第三章 "驯服"高卢

恺撒手下的军团又被派往西部,要求大西洋沿岸的高卢部落投降。毫无意外,他们不费吹灰之力就实现了这个目标。在高卢的另一边,来自莱茵河对岸日耳曼部落的信使带来了酋长们的承诺,他们将送上人质并愿意服从恺撒的命令。年底,恺撒向元老院报告了取得的战果,宣称整个高卢已经被平定。元老院的回应是:投票决定以恺撒的名义特批15天公共假期,以感谢他为共和国做出的贡献,这是一项值得引以为豪的荣誉,因为在他之前,还从未有过先例。

恺撒声称他给高卢"带来了和平",这话说得为时过早。当地的许多部落,尤其是大西洋沿岸的部落,没想到罗马人真的会留下来。公元前56年,当罗马军队在这些地区向当地部落索取粮食时,发生了严重的骚乱。粮食供应出现短缺,可能是受到了严冬的影响,但更可能是因为战争对当地的农业生产造成了冲击。罗马人在这种情况下还来索取粮食,加之当地部落意识到他们已经失去了自由,共同导致大西洋沿岸地区的部落发起了反抗。叛乱是由维尼蒂人(Veneti)领导的,他们抓住了两名被派去征粮的罗马军官,要求罗马人释放前一年带走的维尼蒂人质。

叛乱发生时,恺撒的注意力似乎已经离开高卢——至少在他心里是这样想的——他现在正考虑到伊利里库姆去,因为那里可以为他提供发起新军事行动的机会。然而,维尼蒂人反叛的消息迫使他放弃了对新荣誉的追求,他被拉回了高卢,处理更加困难的工作——巩固他已经赢得的东西。他声称被扣留的两名罗马官员是使者,而不是军官,这就意味着,维尼蒂人冒犯了外交人员由来已久的不可侵犯权。基于这个理由,当他最终战胜这个部落时,维尼蒂人的遭遇与阿杜亚都契人相似。在这一年的大部分时间里,罗马军队被拖入了一系列类似于游击战而非正规战的战斗。恺撒曾试图征服生活在布洛涅①（Boulogne）和佛兰德斯（Flanders）附近的莫里尼部落（Morini）和门奈比部落（Menapii），但始终没能将他们从沼泽和森林中驱赶出来。除了这些战场上的困难之外，罗马的贵族派也在试图解除他对高卢地区的统治权。有一段时间，他被迫离开高卢，前往卢卡②（Lucca）与庞培和克拉苏面谈，希望借助他们的影响力将他在高卢的任期延长到公元前50年，并说服元老院认可他在高卢的征服行动。

虽然三人在卢卡达成了协议，但恺撒仍然面对着来自罗马的批评声音。次年，即公元前55年，两个日耳曼部落——尤西比特人（Usipetes）和邓克特累人（Tencteri）——跨过莱茵河进入了门奈比部落的领地。根据《高卢战记》的记载，这次迁徙的规模和赫尔维蒂人那次接近。既然罗马已经正式将长发高卢纳入版图之内，恺撒就有足够的理由将这次迁徙视为一个真正的威胁。来自这两个部落的使者表达了希望在莱茵河东岸尤比人（Ubii）——一个与罗马结盟的部落——的领地定居的意愿，但恺撒没有同意。使者要求给他们一些时间，把恺撒的意思传达给部落的首领，再尝试与尤比人直接协商。但在恺撒看来，他们不过是打算利用这段时间做进攻高卢的准备。于是，这两个使者被抓了起来。恺撒的做法表现出对外交惯例的漠视，而这正是他当初指责维尼蒂人的理由。尤西比特人和邓克特累人原本打算通过外交手段解决纷争，并不打算和罗马人动武，可现在被逼到了绝境。因为对使者的无礼行为，恺撒遭到了

---

① 布洛涅：位于法国北部大西洋海滨，面对加来海峡。
② 卢卡：位于意大利中北部，利古里亚海沿岸。古代由伊特鲁里亚人建立，后来被罗马人征服。

他在元老院的主要对手小加图的痛斥，后者指责他败坏了罗马人的声誉，主张将他交给日耳曼部落处置。

当然，恺撒并没有被交给日耳曼部落，他很快就尝试发起全新的、引人注目的军事行动，显然是为了减弱来自罗马的批评，让元老们把注意力从保护高卢征服的胜利果实上转移到别的地方，毕竟保护成果远比征服本身更困难，也不那么容易出彩。公元前55年，恺撒跨过莱茵河，成为第一个完成这一成就的罗马将军。然而，这场远征没取得什么战果。对此感到沮丧的恺撒决定到不列颠去试试运气，同样，他也是第一个这样做的罗马将军，但这次远征颇为鲁莽，季节并不合适，准备也不充分。在后边的章节，我们将具体谈到发生在公元前55年和公元前54年的不列颠远征，即使用灾难来形容也毫不为过。虽然情况糟糕，但恺撒还是把这几次远征成功"描述"为罗马的伟大胜利。

恺撒跨越莱茵河和英吉利海峡的行动不过是将战火烧到了更远的地方，并没能成功地使罗马对高卢的统治更加稳固和安全。公元前54年至公元前53年，一系列混乱的起义爆发，尤其是在高卢北部。

一个名叫安比奥里克斯（Ambiorix）的首领引诱一支由15名士兵组成的罗马小队进入了一个事先准备好的陷阱，将其全部消灭，然后又盯上了一支由历史学家西塞罗的弟弟昆图斯·西塞罗（Quintus Cicero）指挥的部队。一心想要稳定局势的恺撒，面对着不小的困难，采取了越来越残暴的手段来镇压起义，村庄和耕地被烧毁，大批的部落居民被俘虏并沦为奴隶，或者被夺走粮食后，任由其自生自灭。参与反叛的高卢人在罗马军队面前，只有死路一条。

公元前 53 年底，一个名叫艾柯（Acco）的叛乱首领被处以乱棍击毙的刑罚（恺撒选择了一种古老而血腥的刑罚），这起冷酷的镇压事件导致了更广泛和更有组织的反抗。公元前 52 年初，恺撒的盟友普布利乌斯·克洛迪乌斯·普尔彻（Publius Clodius Pulcher）在罗马被谋杀。正当他将注意力转向罗马时，高卢人攻陷了塞纳布姆（Cenabum）[即今天的奥尔良（Orléans）]——一个刚刚被恺撒占领不久的城镇——屠杀了那里的罗马居民。就像那些早先建立的南方行省一样，这里最初的一批居民是富有冒险精神的商人和他们的家人。罗马势力的扩张让他们嗅到了商机，但也让他们付出了代价，在这场大屠杀中没有人幸免于难，而消息很快传遍了高卢。在那个时代，当有重大事件发生时，人们习惯于在田间地头用接力式的喊话来传播消息，就这样，信息从一处快速流向另一处。塞纳布姆的大屠杀发生在日出时，而到日落时，消息已经传到 160 英里外的日尔戈维亚[①]（Gergovia）——阿维尔尼部落的王城。这成了一场大规模起义的导火索。

这时，一名高卢首领站了出来，组织起一个联盟以反抗恺撒的征服，他的名字叫维钦托利（Vercingétorix）。关于他生平的信息——就像那个时代其他许多类似人物的生平一样——来自恺撒的记录。另外，在高卢古城阿莱西亚[②]（Alésia）（后文还将提到这座城市）附近，发现了一些有其头像和名字的铸币，可以证明他曾经

---

① 日尔戈维亚：一座高卢城镇，位于今天法国中部的奥弗涅，公元前 52 年的日尔戈维亚战役就发生在这里，恺撒率领的罗马军队被高卢人击败。
② 阿莱西亚：高卢古城，属于曼杜比部落。公元前 52 年 9 月，恺撒率领的罗马军团和维钦托利率领的高卢人在这里展开决战，被称为阿莱西亚之战。最终，罗马人击败了高卢人，这也标志着罗马彻底征服高卢。

统治这片土地。维钦托利是阿维尔尼部落的一名贵族。公元前52年起义爆发时,他就在日尔戈维亚,这座古城位于如今奥弗涅的中心地带。从恺撒的文字中,我们了解到,维钦托利的父亲名叫塞尔蒂卢斯(Celtillus),因为企图统治整个高卢而被杀死(这种说法很可能是罗马人将自身对王权的恐惧投射到了高卢人身上),而维钦托利则是一个具有"巨大影响力"的年轻人。在历史潮流的转折点上,身处这样的位置,无疑是命运的安排。

维钦托利视塞纳布姆的陷落为一个发起全面反抗的机会。根据恺撒的说法,他召集自己部落的民众,想说服他们加入反抗罗马人的起义。然而,日尔戈维亚的其他首领,包括维钦托利的叔叔,都认为发动这样的叛乱是不安全的,于是将他驱逐出了王城。维钦托利并未放弃,在农村组织起一支由"乞丐和流浪汉"组成的队伍。正是凭借这支队伍,他杀回日尔戈维亚并夺取了统治权,被拥戴为"国王"。随后,他派遣使者前往其他部落,通过提供军队、武器或者交换人质,组建起一个联盟,并被推举为起义联盟的总指挥,这些方式帮助维钦托利确保了联盟的稳固和各部落的忠诚。恺撒说,维钦托利是一个野蛮的领袖:违反了高卢部落与罗马的盟约,面对的将是火刑或者被折磨致死,轻一点的惩罚包括割耳朵或挖眼睛。

起义让恺撒措手不及,他不得不召集新的军队,并从山南高卢匆忙赶回前线对抗起义军。在追赶维钦托利的主力部队时,恺撒夺取了一批高卢人的定居点,包括维劳诺敦纳姆(Vellaunodunum)和诺维奥敦纳姆(Noviodunum)——它们的位置还未被考古学家们找到;塞纳布姆被洗劫并付之一炬。维钦托利清醒地意识到,在战场上与罗马军队硬碰硬存在巨大的风险,因此他号召各部落做出更大的牺牲以阻止罗马人前进——城镇和领土都不再设防,相反,

这幅照片中是高卢首领维钦托利的雕像，他在公元前 52 年率众反抗恺撒对高卢的征服。这尊由艾梅·米勒（Aime Millet）创作的雕像坐落于阿莱西亚，正是在这里，维钦托利领导了针对罗马人的最后一次抵抗。这尊雕像是 1865 年奉拿破仑三世（Napoleon Ⅲ）之命竖立起来的，据说外形参考了这位法国皇帝的体貌特征。

第三章 "驯服"高卢

高卢人宁可烧毁罗马人进军路线上的村庄和农作物，以拖长他们的补给线。高卢人接受了维钦托利的指令，但不愿放弃"他们最美丽的城市"阿瓦利肯（Avaricum），它位于今天的布尔日。维钦托利没有坚持自己的决定，同意了这个要求。然而，这座城市还是被罗马人攻陷，4万人口的损失以及罗马军队获得的城市储粮再一次证明，维钦托利一开始的决定具有多么高超的战略智慧。

为了镇压起义，罗马军队遍布高卢，特别是在卢泰西亚（Lutetia）——位置就在今天的巴黎。起义军通过散布错误信息扰乱恺撒的判断，并分化了罗马人与附庸他们的高卢部落之间的关系，其中就包括埃杜维人。在高卢首都的一次会议上，维钦托利被推举为全高卢部落的总指挥。他选择的策略是和罗马人玩"猫抓老鼠"的游戏，等待时机，直到在日尔戈维亚寻得与之正面交锋的好机会。

古老的日尔戈维亚位于奥弗涅大区的轮胎产业老城克莱蒙费朗（Clermont-Ferrand）以南，坐落在一片平坦的高地上，周围一片植被渲染的绿色背景中，零星点缀着暗色的火山塞。通往古城的路并不好走，要穿过克莱蒙费朗郊区的村庄佩里尼亚莱萨尔利耶夫（Pérignat-lès-Sarliève）（以下简称佩里尼亚）。一条笔直、安静的公路穿过这座法国中部的小镇，延伸向远方。公路上的车不多，让这座小镇免于被嘈杂的工业时代的交通噪声打扰。米色和奶油色的、造型各异的房屋不规则地排列在路两旁，屋外窗口点缀着金银花。电话线从一根电线杆伸向另一根，懒洋洋地随风荡来荡去，划破空气的唰唰声仿佛有着自己的节奏。

公元前52年，恺撒的军队包围了日尔戈维亚，等待这位罗马统帅的，是他军事生涯中为数不多的失败之一。我心里一直很好奇，恺撒笔下那些援助罗马军团的埃杜维骑兵当年的冲锋线路究竟是怎样的，是穿过今天的佩里尼亚，还是从村外葡萄酒庄的位置掠过，呼啸着奔向现在A75公路的方向。

我在高地南面转过了一道弯，开始了一段上坡路。当年，恺撒在A75公路另一侧的奥尔塞（Orcet）修建了一座巨大的营地，之后，又在西面大约两英里的另一个高地建立了一座稍小的营地，高地如今俯瞰着村庄拉罗什布兰奇（La Roche Blanche）。在两座营地之间，他挖了两条平行的战壕——每条战壕3.5米宽、3 000米长——为自己的部队在两个营地之间穿行提供安全保障。今天，穿过拉罗什布兰奇，可以看到整齐的花园和种植着洋葱与莴苣的菜地，而当年那些工事的痕迹早已被岁月抹去，不见了踪影。

向左转，一座桥把我送到了A75公路的另一侧，穿过迷宫般的红绿灯，我来到了奥尔塞。19世纪60年代，拿破仑三世（Napoleon Ⅲ）委派考古学家斯托费尔（Stoffel）上校在这里挖掘恺撒的营地。斯托费尔当时用石头标记了军营外墙的各个角落，直到今天，还能轻松找到其中的一些，它们仍然老老实实地待在住宅区的街道旁，但也有些已经无迹可寻了。一块灰色的石头上仍旧可以看到19世纪时篆刻的潦草字迹：尤利乌斯·恺撒的军营，公元前52年。按第二块石头指引的方向，我沿着小镇边缘一条崎岖不平的小路向前走，路两旁长满了荨麻和荆棘，后面是一层灌木。一道绿色铁丝网虽已破损严重，却仍竭力"保护着"一家生产农用金属制品的小工厂，另一块石头标记就在网后的高草丛中。这座小镇早已不见

斯托费尔在19世纪60年代为标记恺撒修建的军营外墙而竖立的石碑。这座为围困日尔戈维亚而修建的军营，位置就在今天的奥尔塞附近。

古代军营的遗迹。然而，这些石头标记至少仍然能唤起一些关于恺撒的记忆，虽然这份记忆曾经在 19 世纪被找回，但现在却又被遗忘了。

我又折返回来，寻了一条小路，爬上日尔戈维亚所在的高地，当年恺撒的第十军团在试图进攻高卢人的要塞时，选择的也许就是这条路。它沿着山崖向上延伸，一路上还能看到一些人为开凿的山洞，可能是人类早期文明的产物。在路旁的园子里，葡萄藤高高地搭在棚架上；傍晚的树荫下，两个当地人正慵懒地坐在那里，品尝着一瓶葡萄酒。天色稍暗时，便能看到一些萤火虫，它们扇动着红黑相间的翅膀，在路旁的干树皮间飞来飞去。

在距离高地山顶还有一段距离的斜坡上，小路在这里穿过今天的日尔戈维亚小镇。小镇的外围被一些颇显混乱的乡间小道环绕，中心是一片古老的石头建筑。沿着一条狭窄、蜿蜒的主干道，小镇的民居整齐排列。淡黄色的门楣上仍能看到旧时雕刻的纹章，历经风雨，仍静静地凝视着外面的街道。一个小而不规则的广场上，坐落着一座罗马式教堂。漫步在小镇中，耳边的鸡叫声算得上是小镇的背景音乐了。两个男孩在一个喷泉边玩耍，用棍子抽打着喷泉里的水。在喷泉的石台上，可以看到一块石牌，记载了拿破仑三世——这位皇帝生前致力于寻找恺撒和高卢人在法国境内留下的遗迹——在 1862 年访问这里的事迹。石牌上不仅记载了这次访问，更表达了对皇帝慷慨行为的赞美。由于年代久远，19 世纪时，这座村庄的名字已经变成了梅多涅（Merdogne），这个词在法语中的含义并不怎么文雅。于是，拿破仑三世恢复了它那古老而充满荣誉的旧名——日尔戈维亚。

第三章 "驯服"高卢

> A LA SUITE DE SA VISITE
> SUR L'OPPIDUM DE GERGOVIA EN 1862
> NAPOLEON III
> A LA DEMANDE DES HABITANTS DE MERDOGNE
> DÉCIDA D'ATTRIBUER A LEUR VILLAGE
> LE NOM DE GERGOVIE
> PAR DÉCRET DU 11 JANVIER 1865

喷泉上的石牌记录了拿破仑三世的来访,以及他把这座村庄的名字从不太文雅的梅多涅恢复为日尔戈维亚的事迹。

穿过村庄,离开乡间小路,有一条满是牛粪的石头小道通向山顶。如果恺撒的记录是准确的,那么正是在这片通往山顶的陡坡上,罗马士兵遭遇了一队高卢战士,后者驻扎在并不牢固的石墙后面。尽管指挥官下令撤退,但罗马士兵还是发起了一次进攻。地势对他们不利,阵线也拉得过长,许多士兵阵亡,进攻被击退了。我不确定空气中是否还保有当年那场战斗留下的萧杀气息,也许道路旁荆棘丛中的石头上还能依稀看到彼时的痕迹。但当时的我确实感觉到心跳加快，甚至有些许颤抖，这应该是因为我从恺撒的笔下了解到当时那场战斗的情况，而非这个地方真的让人不寒而栗。

到达山顶后，石头小道把我带向了一片建筑的废墟，这里如今只剩下一处低矮的石塔和几级石阶。从这些石阶判断，这里原本似乎是一座神庙，阶上还排列着几根残柱，建筑的其他部分已经坍塌。杂草从角落和裂缝中钻了出来。然而，其实这是第二次世界大战前，一群来自斯特拉斯堡大学的考古学生建造的宿舍楼，他们来这里研究这片古罗马时代的遗址。现在，附近还矗立着一座纪念碑，上面写着他们中的一些人被纳粹杀害了。

日尔戈维亚高地绵延不绝，苍翠而宽阔，俯瞰着下面的奥弗涅平原，火山塞点缀其间，像一个个黑色的拳头，最终，高地与平原一起消失在淡蓝色的地平线尽头。罗马军团在高地下与高卢人作战的情况被恺撒记录下来。他写道：日尔戈维亚城中的女人们将衣服和银器从城墙上抛下，乞求罗马人饶过她们和孩子。与古代不同，现在，这里变得安静而令人愉快，孩子们在长满鲜花的草地上放着彩色的风筝。遗迹的一端建了一座高卢主题的咖啡馆。我去的那天，一场婚礼正在咖啡馆后面举行，系在绿色椅子上的婚礼丝带随风而舞。不远处，耸立着一座纪念高卢首领维钦托利的纪念碑，三根石柱上是一顶巨大的带翼头盔。颇有讽刺意味的是，碑文是用拉丁语书写的，而这恰恰是这位首领与之战斗的敌人的语言。高地的边缘可以看到零星残存的黑色玄武岩堡垒，它们是为抵御罗马人而建造的。高地的中央也有一些，但毁坏得更为彻底，低矮的玄武岩碎石堆躺在那里，看上去就像一座座小石冢，若是杂草再高一些，

第三章 "驯服"高卢

就再找不见它们的痕迹了。罗马人来之前，这里曾经是一座高卢人的神殿，这里被征服后，神殿也被改造。公元1世纪起，以神殿为中心的城镇开始衰落，并最终被罗马城镇奥古斯托讷姆蒂姆（今天的克莱蒙费朗）取代。3世纪时，神殿也被遗弃，这片高地渐渐重归原始的绿色。

恺撒在这里吃了败仗，但却是笑到最后的人。高卢人最终还是没能斗得过罗马人，而他们的历史也被从日尔戈维亚抹去，连这座古城的名字都丢失在了岁月中，直到19世纪人们根据恺撒的记录才找回了它的过去和名字。恺撒的著作无疑是通向古高卢真实记忆的唯一窗口，没有他对逝去历史的记录，我们无从知晓罗马人到来之前的高卢究竟是怎么一番景象。

日尔戈维亚是一片平坦的荒原。埃杜维部落的王城比布拉克特（Bibracte）是另一座伟大的高卢城市，位置靠近今天勃艮第的欧坦①（Autun），如今早已被岁月遗忘，消失在莫尔万森林之中。公元前52年，恺撒摧毁了高卢人的城市阿瓦利肯，用恺撒自己的话说，它是整个高卢最美丽的城市。他命令士兵杀死了城中40 000名居民，只有800人逃脱。公元前55年，在尼德兰东部的瓦尔河（Waal）畔和马斯河（Maas）畔，他杀死了大约16万名尤西比特人和邓克特累人。比利其高卢的其他部落——内尔维人、塞农人、门奈比人——的遭遇也好不了多少。公元前56年，在布列塔尼的南部海岸，恺撒处决了维尼蒂部落的所有贵族，并将所有的男性人口没为奴隶。这个部落有着悠久的航海传统，控制着通过英吉利海

---

① 欧坦：位于法国中东部，法国历史最悠久的城市之一，由罗马人选址并修建，其名称源于罗马帝国的第一代皇帝奥古斯都。

峡进入不列颠群岛的贸易活动。他们建造的船只，船底平坦、船头高昂，能够适应大西洋海岸的恶劣条件和潮汐。罗马人的船只相形见绌。当恺撒猛攻他们在阿姆利卡海岸①（Armorican）的要塞时，维尼蒂人驾船出海，坚持抵抗，但当恺撒的士兵发现了克制维尼蒂船只的方法后，最后的抵抗失败了，几乎没有一只维尼蒂人的船只返回陆地。如今，我们只有通过恺撒对这个部落覆灭历史的记载，才能一窥这个古代民族的面貌。

在恺撒征服高卢一个世纪后，古罗马历史学家老普林尼写道，罗马军队在高卢的军事行动造成了大约 120 万人死亡。尽管许多古罗马历史学家会认为这是恺撒的"功劳"之一，但老普林尼却并非如此，他坦言："我不会把这看作他荣耀的标志，这实际上是对人类犯下的暴行。"如此严重的人口损失，再加上沦为奴隶的高卢人（参与征服高卢的罗马士兵都可以获得一名高卢奴隶），直接导致前罗马时代的凯尔特文化，以及高卢人对这种文化的见证，被简单地从历史上抹去了。自此之后的高卢人，甚至无法了解自己民族的历史，除非通过已经被罗马人修改得面目全非的"记录"。恺撒对高卢人不屑一顾，认为他们是一个自吹自擂、喋喋不休的民族，甚至不懂得如何贯彻一个真正的计划——这就是今天人们眼中高卢人的形象。可实际上，我们对他们的民族性格一无所知。高卢德鲁伊教的本质、他们的哲学和他们的神，都成了未解之谜。在高卢被毁灭后，这个民族变成了一个空的容器，任由现代人主观地将典型的"蛮族"作风、对古代智慧和神奇过往的浪漫幻想倒入其中。卢坎

---

① 阿姆利卡：高卢古地名，指塞纳河和卢瓦尔河之间包括布列塔尼半岛在内的大西洋海岸地区。

(Lucan)是公元 1 世纪的史诗诗人,他这样描述高卢文化:德鲁伊祭司们居住在古老的、没有阳光的树林里,缺乏日照让他们变得苍白。在那里,巨大的石头上涂满了人祭的鲜血,而用腐朽木头雕刻的神像则带给人一种因为不理解而产生的恐惧。对于高卢的社会、历史、故事,我们如今了解的大都是恺撒希望我们了解的,除此之外,只有很少的古代作品、考古学碎片,以及他们那些生活在爱尔兰的"近亲"在中世纪写下的记录,可以给我们提供一个遥远的、扭曲的画面。恺撒将高卢人完全带入了罗马和地中海文化圈,这在历史上产生了深远的影响,但这样做的同时,他也为之前几个世纪积累的高卢本土文化蒙上了一层无法穿透的面纱。正是这种文化上的损失和缺失,让我们至今仍能感到恺撒留下的影响。

恺撒虽然一手摧毁了旧高卢,却也为新高卢打下了基础。无论是对被他击败的民族,还是被他夷为平地的城市和征服的领土来说,这一点都表现得淋漓尽致。

沃纳雷莱洛姆(Venarey-les-Laumes)是一个位于第戎西北草木繁茂的丘陵地带的乡村,其火车站是一个不起眼的地方:安静的售票处,碎石铺就的人行道,尘土飞扬的铁路,错综复杂的铁轨相互缠绕着通向老旧发灰的机车车棚。如果你到过车站月台,或是碰巧作为游客乘坐火车到达这里,就有机会看到,在这不起眼的老旧车站旁,还有一些东西逃不过有心人的观察。

从佩里尼亚莱萨尔利耶夫眺望日尔戈维亚山顶。

在铁轨的另一侧有一间工厂,一个大型仓库建在工厂旁边。工厂已经老旧不堪,整体呈米黄色,而仓库的外墙却刚刚粉刷一新,上面新绘上的既不是工厂产品的广告,也不是汽车、日用品或饲料的广告,白色的背景上,用红色勾勒出一个男人像。他拥有高昂的头颅和宽阔的肩膀,头发和胡子都很长,身躯强壮,额头布满皱纹。他回头凝视,仿佛在沉思未来和即将到来的苦难。男人头像上方绘有一条红色缎带,上面写着"阿莱西亚"。这个男人就是维钦

第三章 "驯服"高卢

托利。公元前52年,在离车站不远的高地上,他在这个高卢定居点领导了对抗恺撒和罗马军队的战役。正是他在这场战役中的失利导致恺撒最终征服了高卢,并将高卢并入罗马世界。

在日尔戈维亚与恺撒交手之后,维钦托利令人不解地选择了向北转移。他没有继续早期坚壁清野的战术,而是来到了阿莱西亚这个位于山顶的定居点,它属于一个小部落——曼杜比(Mandubii)。

阿莱西亚坐落在奥克苏瓦山(Mont Auxois)山顶,周围被巴斯山(Montagne de Bussy)、弗拉维尼山(Montagne de Flavigny)和其他一些矮山环绕,只有在西部和西南方向,高地才趋于平缓,在那里,沃纳雷莱洛姆坐落于布伦内河(River Brenne)河畔的平原上。维钦托利把他的军队驻扎在阿莱西亚周围,大约有8万人。像在日尔戈维亚时一样,他挖掘了一条壕沟,并修了一堵1.8米高的防御墙,将定居点保护起来。

恺撒选择的策略是围困阿莱西亚。正如他自己所描述的那样,罗马军队把这里围得水泄不通,其规模达到了令人难以置信的地步。如果不是考古学和现代的航空摄影技术向我们证实了这一点,恐怕没什么人会相信,围困一座高卢人的"小村庄"居然耗费了如此的精力。恺撒用两条17公里长的壕沟把奥克苏瓦山围了起来,其中一条灌满了水,又在壕沟之后筑起了高约3.6米的土墙,除了城垛,墙上每隔15米就会设置一个木制的瞭望塔。平原上的泥土被用来建造土墙。围城的壕沟则会穿过地势较高的石灰岩山地,虽然施工难度高于平原土地,但并没有阻止罗马的工兵。挖掘出的石灰岩则被用于加固那道土墙。

两道壕沟之间的布置让人想起了第一次世界大战战场上无人区的带刺铁丝网——恺撒命士兵砍下树枝,然后削尖,再把这些树枝缠在一起,将带尖的一端朝向阿莱西亚,任何试图穿越壕沟发起进攻的人都会被刺穿。这道防线之后,遍布深达一米的深坑,里面插着粗如大腿的木桩,削尖的一端朝上,坑上用灌木遮蔽,静待粗心的进攻者落入陷阱。恺撒很喜欢部下给这些防御工事起的名字:那些缠绕在一起的树枝被叫作"界碑"或"墓碑",那些隐藏着的木桩则被称为"百合花"。

在阿莱西亚公园博物馆,可以看到按原比例重建的公元前52年恺撒围困这座城市时修筑的工事。

在恺撒完成这些围城工事前,维钦托利已经向高卢的其他部落发出请求,希望他们能派遣一支援军攻击恺撒的后方。恺撒意识到了这一危险,于是采取行动加以防范。他修筑了与面向阿莱西亚的工事一样的另一道工事，这道外围防线全长超过 22 公里，可以保护他免受任何援军的攻击。从这一点上说，他既是围困者，同时也是被围困者。他手下的大约 6 万人分布在两道环形工事之间的狭窄圆环之内，最宽处不超过 120 米。今天，在车站铁路边的人行道上，放置着一些不显眼的石头标记，标明了后来被发现的防御工事遗迹的位置。

围城旷日持久，残酷无情。由于如此多的平民和战士聚集在山顶的小城中，粮食变得极度短缺，维钦托利亲自负责分配口粮。即使这样，在一个月未见援军的情况下，高卢人还是不得不冒险殊死一搏。城里的首领们举行了一次战事会议。恺撒声称记录下了其中一位首领克里托格纳图斯（Critognatus）的发言：我们的父辈在条顿人入侵时面对过目前这种严峻的情况，他们当时做出了必要的牺牲——杀死"无用的平民"，也就是妇女、儿童和老人，来充当还能战斗之人的食物。现在，恺撒的大军就围在城外，已经到了做出必要牺牲的时刻。

最终，这位首领的建议没有被采纳，阿莱西亚的防守者并没有杀死并吃掉"无用的平民"，而是选择将他们驱逐出城，赶向罗马的防线。他们认为，恺撒会允许这些老弱妇孺进入军营，至少会留下他们的性命，将之充作奴隶。数以万计的妇女、儿童、老人被赶下了山，很可能是从西侧的那条路下山，现在这条道路两旁都是现代化的平房和宜人的花园。这些人来到恺撒布置的致命防线前，恺撒在自己的书中提到自己并未允许他们进入军营，却没有提及他们最后的命运。克里托格纳图斯的野蛮建议转移了读者的注意力，让他们甚至忘记了恺撒的决定也是残忍的。这些挨饿的平民被遗弃在两军的防线之间，恺撒想利用他们向高卢人施压，迫使他们投降。

就在城中的平民被赶出去后不久，一支高卢援军从西面赶来，在阿莱西亚城外与罗马人展开了激烈的战斗，试图突破他们防线的薄弱之处。然而，经过两次实质性的交战，高卢人清楚地意识到他们没有能力突破围城部队的防线。城中的首领们又召开了一次会议，情况同样被恺撒记录了下来。维钦托利告诉聚集在他周围的首领们，他发动这场对抗罗马人的战争并不是为了他自己，而是为了全体高卢人共同的自由，但时至今日，他们不得不向命运屈服，他心甘情愿地为首领们提供了两个选择：他们可以杀了他来安抚罗马人，或者把他活着交给罗马人。

与会者派遣了使者去见恺撒，得到的回复是放下武器，并把他们的首领交出来。恺撒在营地前的防御工事上找了位置坐下，静待起义的始作俑者。维钦托利出现了，在罗马敌人面前放下了武器，恺撒命人把他捆起来带走。在接下来的一年，仍出现了零星的起义，但高卢人对罗马的有效抵抗已经结束了。关于维钦托利后来处境的记录并不多，他在罗马被囚禁了六年，最后一次出现是在庆祝高卢被征服的游行中，他身披枷锁出现在罗马城中欢呼的人群前，然后在仪式中被处决。

在奥克苏瓦山西麓一片生长着橡树和山毛榉的林间空地上，阿利斯圣雷那村（Alise-Sainte-Reine）的附近，一座维钦托利的雕像俯视着当年他战败的地方。我拜访那里的时候，这片空地空无一人，寂静无声，周围当年恺撒驻军的丘陵也隐没在雾中。青铜雕像上那海水般的绿色锈迹被雨水冲刷到了石灰岩底座上，在铅灰色的阴云映衬下，巨大的雕像显得格外阴沉黑暗。自1860年拿破仑三世下令建造以来，这座雕像就一直矗立在这里。雕像的铭文改编自

第三章 "驯服"高卢

恺撒的评论,非常切题:"高卢人,团结在一起,形成一个统一的民族,被同样的精神激励着,力量足以撼动宇宙。"恺撒打败并俘虏了维钦托利,把他关进监狱并最终处决了他,为了自己的利益篡改了他的事迹。恺撒美化自我的说辞虽然破坏了维钦托利形象的完整性,但还是为这位高卢民族英雄的身份认同打下了坚实的基础,也为高卢的民族形象打下了基础。

现代到来前的许多世纪之中,高卢人的概念一直存在于恺撒留下的阴影中。在法兰西民族意识觉醒、国家形成的时期,这个概念没起到什么作用。高卢人是被打败的民族,是易受影响的异教徒,是野蛮而蒙昧的一群人,只有在被征服的往事被提起时,他们才会被记起。恺撒到来之前,无人关注高卢人。即使是在古罗马的统治衰落之后,高卢的概念也不过是任由摆布的"素材"。在公元 5 世纪末,法兰克人和他们皈依基督教的国王克洛维(Clovis)将文明的秩序重新带到这片土地。从那时起,维钦托利这个名字便销声匿迹,直到 8 世纪末,一份恺撒的手稿在一所修道院的图书馆里被重新发现后,这个名字才重见天日,却也没有引起多少关注。法兰西的概念与法理性来自信奉天主教的墨洛温王朝,就像罗马一样,它的起源可以追溯到古代特洛伊的难民。法国国王历来希望被比作恺撒,而不是一位高卢酋长。例如,弗朗索瓦一世(François Ⅰ,1515—1547 年在位)于 1515 年在马里尼亚诺战役中战胜瑞士人后,被称为"第二个恺撒"和"赫尔维蒂人的征服者"。即使是在文艺复兴时期,维钦托利仍然没有受到多少关注。在他的故乡奥弗涅,作家们称赞他为一位民族英雄,但在来自巴黎的学者们看来,他最多不过是一个乡下的小头领。如果说他们对高卢传奇历史中的一个人感兴趣的话,那就是布伦努斯,传说中的高卢人的首领,在恺撒出生前好几代人时,他曾带领族人攻陷过罗马。

但在 18 世纪末,情况发生了变化。随着浪漫主义美学的出现,人们对凯尔特这个概念产生了浓厚的兴趣。苏格兰诗人詹姆斯·麦克弗森(James Macpherson)从讲盖尔语的高地人那里"收集"了一系列古代史诗,其作者据称是一位名叫莪相(Ossian)的凯尔特吟游诗人,这些诗作迅速风靡欧洲。在法国,君主制被推翻,随后,不同形式的政府轮番上台执政,动荡的年代促使法国人重新思考民族认同感的基础。1814—1815 年,普鲁士人和哥萨克人对法国的入侵,以及巴黎被占领的事实,激起了一场关于法国该如何应对困境的学术辩论。而学者们发现,恺撒对高卢的入侵和维钦托利的反抗为他们提供了一个完美的模板。

到 19 世纪初,将现代的法兰西与古代的高卢重新联系起来的时机已经成熟。实际上,这一趋势早在 1789 年法国大革命期间便已显现。当时,政治作家艾比·西哀士(Abbé Sieyès)将大革命描绘成本土的高卢人为了摆脱由法兰克贵族阶层强加给他们的枷锁而展开的斗争,但这个说法并没有立即得到支持。在此之后不久,两位历史学家——奥古斯丁·梯叶里(Augustin Thierry)和阿米蒂·梯叶里(Amédée Thierry)兄弟,对这一观点进行了第一次真正的、有影响力的发展。1820 年,20 岁的奥古斯丁·梯叶里愤怒地指责,法国历史学家不该把高卢人扔进几个世纪的黑暗之中。他写道:"把法兰克人的历史作为法兰西历史的起点是荒谬的,这样的选择将有关我们祖先的大量记忆抛诸脑后,我敢说,他们有正当的权利要求我们不能忘记他们的事迹。"他注意到,法国不仅仅是由法兰西岛和巴黎市组成的。他认为,一部写得很好的法国史,应该涵盖整个国家的领土,涵盖完整的时间跨度。忽略了高卢人,法国的历史将不再完整。

他的弟弟阿米蒂的观点更为鲜明。与彼时公认的法国历史始于法兰克人的观念相反,阿米蒂认为更应该注重法国历史的延续性与统一性。法兰西民族的根源应该追溯到高卢时代。"布伦努斯和维钦托利的士兵的后代,卡努图姆(Carnutum)和日尔戈维亚的公民的后代,杜罗科托鲁姆①(Durocortorum)和比布拉克特的贵族的后代,难道我们祖先留下的痕迹都被我们忘却了吗?"他视高卢人为法兰西民族的祖先。在他看来,法国和法国人的本质,或多或少源自高卢人留下的遗产:"我已经得出结论,我们的品质,无论是好的还是坏的,都不是昨天才在这片土地上产生的。"对阿米蒂·梯叶里来说,维钦托利是一位浪漫主义英雄,一个被赋予了"美德和卓越品质"的"年轻酋长",他"高贵"而充满"勇气",为当时的人们提供了一个高尚的形象,与他生活年代的法国的平庸,形成了鲜明的对比。拿破仑在滑铁卢战败后,波旁王朝卷土重来,路易十八(Louis XVIII)登上王位。在阿米蒂看来,从乘坐威灵顿公爵麾下军队运送行李的火车回到自己国家的波旁王朝君主身上,只能看到衰败而寒酸的形象,这只会让那位古代高卢英雄酋长的光辉事迹更加耀眼:"维钦托利热爱自己的故乡,不愿看到国家受到外侮,即使反抗过程为他个人带来了无限的声望;他自尊自傲,更不愿接受外族'授予'的王冠。"

阿米蒂的作品在整个 19 世纪被不断出版与转载,对法国文化风向和知识分子圈子都产生了显著的影响。那些始终否认高卢时代

---

① 杜罗科托鲁姆:高卢古城,由雷米部落建立,古罗马时代高卢的第二大城市。位于今天法国东北部的兰斯。

和现代法国之间存在联系的历史学家，以及那些坚持认为是古罗马把文明带到"野蛮"高卢的历史学家，从来都无法企及阿米蒂·梯叶里的受欢迎程度。维钦托利——从恺撒著作中走出来的英雄，让19世纪的法兰西开始重新审视民族的起源。由于与君主制和旧贵族联系在一起，法兰克源起说受到攻击：他们代表着将自己的意志强加给被征服的本土文化的入侵者。事实上，属于日耳曼民族的法兰克人在5世纪末的入侵，似乎正是19世纪同样为日耳曼民族的普鲁士人入侵的预演。法国的罗马帝国血统同样不受欢迎，因为它被认为要为拿破仑的恺撒主义和教权主义负责。只有高卢人的过去——那英勇、平等、自由的时代——才能满足重新定义法兰西民族起源的要求。此外，维钦托利的形象也非常适合被塑造为一位面对逆境的英雄——抵抗、斗争和做出必要牺牲的民族象征；就连他的失败也可以被视为希望的开端——标志着复兴、国家的重生以及罗马带来的新文明。

　　随着19世纪的继续，维钦托利的生平成为法国文学的一个主要主题。几十部戏剧、诗歌、小说和历史作品不断涌现，颂扬全新的民族英雄的美德。在欧仁·苏（Eugène Sue）的小说《人民的奥秘》（*Les Mystères du Peuple*）中，维钦托利被描写成"百谷酋长"。此外，还有亨利·马丁（Henri Martin）的五幕诗体剧《维钦托利》（*Vercingétorix*）。恺撒对这位高卢酋长生平的记录并不充分，这给后世的文学创作留下了巨大空间，让维钦托利的文学形象千变万化甚至相互冲突，事实上，传记缺乏确定性也许恰恰是其吸引力的来源之一。有些作家将他描写成支持共和的英雄，公然反抗恺撒；某些作品中，布鲁图斯刺杀恺撒甚至被说成是为维钦托利复仇。教会的支持者则赋予他高贵的形象，甚至把他描写成基督的化

第三章 "驯服"高卢

身,他向恺撒投降的做法(在《高卢战记》中仅被一笔带过)体现了基督徒式的自我牺牲精神:为了他的战友,他选择顺从,甚至为此付出生命;他的牺牲是必要的,也是值得祝福的,因为罗马对高卢的征服最终间接让这片土地皈依了基督教。相比之下,一些作者认为他的失败标志着本土文明所享有的自由的灾难性终结,带来毁灭的罗马文化——而不是高卢文化——才是真正"野蛮"的。恺撒与维钦托利的形象形成了鲜明的对比:亨利·伯纳德(Henri Bernard)说前者是"卑鄙的……一个刽子手",帕斯卡-路易斯·莱米尔(Pascal-Louis Lemière)说他是"一个有如此之多卑鄙暴行的血腥作者"。亚历山大·索梅(Alexandre Soumet)在1831年完成的诗体悲剧中,通过笔下一位女祭司之口,直言不讳地表示:"我讨厌罗马人!他们是残忍的、背信弃义的、亵渎神灵的、狡诈的/通过邪恶的布道/他们把自己的罪行暴露在天堂守卫的眼中。"这位女祭司的形象之后还出现在贝里尼(Bellini)的歌剧和菲利斯·罗曼尼(Felice Romani)的剧本中。

维钦托利被请入了法国先贤祠,受到了最高级别的礼遇。法国波旁王朝的成员,奥马勒公爵亨利·德·奥尔良(Henri d'Orléans)也常常赞美这位被奉为共和英雄的高卢酋长的美德。1859年,他曾写道:

> 我经常记起,在我还是个孩子时,维钦托利反抗恺撒的故事在我心中激起的那份情感。尽管时间的流逝改变了我对于这件事的看法,尽管罗马征服高卢不再让我感到义愤填膺,尽管我意识到了这场征服对于现代法国的重要意义,但在内心深处,我仍然对这位奥弗涅的英雄怀有那份最纯粹的崇敬。对我

来说,正是在他身上,我第一次看到了我们国家的独立精神。如果将一位异教徒英雄和一位基督教圣女相提并论是合适的话,我认为,从结局上看,维钦托利算得上是圣女贞德(Joan of Arc)的先驱。不同的是,他甚至不曾拥有殉道的光环。在被监禁六年后处死……与死在鲁昂的木桩上一样值得尊敬。既然……他为拯救同伴而献身,我向他致敬,他是第一个法国人。

还有许多名人发出过类似的声音。正如作家阿道夫·布里恩(Adolphe Bréan)在1864年所评论的那样,在法国历史的三个时代里,曾经出现过三位伟大的英雄:在中世纪,是圣女贞德;在现代,是拿破仑;在古代,是维钦托利。

法国人对维钦托利有种颇有些自相矛盾的情感,这种矛盾在拿破仑三世身上达到了顶点。在1848年波旁王朝彻底结束之时,拿破仑三世作为第二共和国唯一的总统开始掌权。1852年,当宪法规定他不能继续担任总统时,他发动了一场政变,将自己塑造为一个受欢迎的现代主义者,与恺撒别无二致。19世纪60年代,他放松了专制统治,目的是安抚反对派,进一步稳固自己取得不久的地位。也是从这一时期起,他开始对法国的早期历史和古罗马入侵高卢的历史表现出浓厚的兴趣。他下令进行大规模的研究调查,找寻恺撒在《高卢战记》中提及的那些古战场的地点和遗迹。他还着手撰写三卷本的《恺撒的生平》(*The Life of Caesar*)。这项工作最终也没有完成,但在已经出版的前两卷中,恺撒及其在高卢取得的胜利已经被刻画得非常清楚了。

拿破仑三世抨击了对伟人的诋毁:"太多的历史学家发现,丑

第三章 "驯服"高卢

化天才很容易,而通过有洞察力的描写,用慷慨的语言赋予伟人应有的高度,却并不那么容易。"很多时候,"微不足道的语言"被用来描写恺撒"最高尚的行为",正因为这样,才会出现这样的评价:"恺撒来到高卢,不过是为了掠夺财富或者用士兵的生命为自己的野心买单;他横渡大海,将罗马的鹰旗插到一个未知的国度,不是为了稳固在高卢的统治,而是为了寻找存在于不列颠海洋中的珍珠。"

拿破仑三世把自己描绘成法国人民的救世主,拥有重塑这个国家的美好愿景。事实也的确如此,奥斯曼(Haussmann)对巴黎的重新规划、第一批百货商店、巴黎的诸多火车站,以及性别平等运动都是他为法兰西留下的遗产。在他看来,尤利乌斯·恺撒和自己一样,也是一个有远见卓识的领袖,恺撒将罗马与高卢的命运联系在一起,在欧陆文明的发展中起到了影响深远的作用,这恰恰将远见卓识体现得淋漓尽致。当高卢人和罗马人的军队在"阿莱西亚旁寂静的山丘和肥沃的平原"对峙时,"正是文明的关键时刻"。我们应该钦佩维钦托利的独立精神,但拿破仑三世也表示:"但却不应为他的失败而哀悼。"如果恺撒没有战胜高卢人,这片土地上的人们可能会付出更为惨重的代价。"恺撒的失败将意味着在很长一段时间内,罗马不会再染指这片土地,的确,罗马的统治是在鲜血中实现的,但不可否认,这个帝国也带领治下的民众走向了更美好的未来……我们不应忘记,我们的文明得益于罗马军队的胜利;制度、礼仪、语言,都是由征服带来的,从这一点上来说,我们更多是征服者的后代,而不是被征服者的后代……"如果没有恺撒,"野蛮"的高卢人很可能已经征服了意大利,让地中海文明的光芒熄灭。因此,对一个想要进步的社会来说,一个仁慈的、受人爱戴的专制君主是必要的。法国皇帝在这里显然是在借古喻今。

虽然推崇恺撒的贡献，但正是拿破仑三世委托并出资建造了位于阿莱西亚的维钦托利雕像，它若有所思地凝视着当年失败的战场。那里并没有用以纪念恺撒拯救法国文明的纪念碑。走近雕像，凝视它的面孔，便能看到高卢酋长的眉头在灰白的天空下皱起，在那浓密的头发和下垂的胡须的遮盖下，隐约能看到拿破仑三世本人的影子。政治家亨利·罗克福尔（Henri Rochefort）评论道，皇帝用笔墨赞美恺撒，而用雕像向维钦托利表达钦佩之情。许多人和历史学家安德烈·西芒（André Simon）持有相同的观点，这种矛盾仍然存在于法国社会和法国人的身份认同中——为古罗马对高卢的征服和殖民统治所带来的好处而感到欣喜，同时在内心深处又无比敬仰维钦托利那份顽强的反抗精神。

阿莱西亚的陷落与法国在1870年普法战争中的战败被放在了一起。莱昂·甘必大（Léon Gambetta）在拿破仑三世战败后领导法国人民继续抵抗侵略，被视为当代的维钦托利，反抗德意志的恺撒——俾斯麦（Bismarck）。支持共和的左派将古高卢视为一个政治模板，声称其首领是由部落民众选举产生的；这是一种民族遗产，它赋予法兰西民族与欧洲其他国家的君主政府完全不同的色彩。全新的象征民主的维钦托利雕像在克莱蒙费朗和日尔戈维亚被竖立起来，其建造经费不再来自君主，而是来自广大民众的捐款。

然而，1940年，法国在面对纳粹时，遭遇了更惨痛的失败，此时，维钦托利和阿莱西亚彻底成为民族的象征。当时法国的情况比1870年严峻得多，德国占领者、贝当（Pétain）元帅领导下的维希政府和戴高乐（de Gaulle）领导下的自由法国组织三方相互对

第三章 "驯服"高卢

抗。维钦托利的形象再一次被用来为处在危急存亡之中的法兰西民族提供光明和方向。新闻界的一些人认为,贝当就是那个时代的维钦托利,他曾在1916年第一次世界大战中领导法国军队成功地挫败了德国人在凡尔登的血腥攻势。像维钦托利一样,"为了所有人的自由",他拿起了武器。雷内·吉斯卡尔·德斯坦(René Giscard d'Estaing)[法国总统瓦莱里·吉斯卡尔·德斯坦(Valéry Giscard d'Estaing)的叔叔]认为,贝当像维钦托利一样,将自己献给了法国。为了从失败中获得长期的胜利,我们可以从高卢酋长身上吸取教训:需要避免疲倦、绝望和退缩,需要有自我牺牲的精神和民族团结的意识。这位贝当的支持者甚至将纳粹德国的胜利与恺撒的胜利相提并论:一种新的文明征服了法国,但是——如果法国人在战败后与征服者合作——一个更加光明的未来就在他们的面前。

民众对维钦托利的景仰之情被贝当毫不犹豫地利用,换取民众对其政府的信赖和支持。他更看重日尔戈维亚的象征意义,而不是阿莱西亚。日尔戈维亚的位置靠近维希和奥弗涅,这里被视为法兰西古老的心脏地带,正是在这里,高卢人战胜了入侵者恺撒。在法国向纳粹德国投降后不久,贝当就为退伍军人设立了"法国战士军团",希望赋予这个组织"道德复兴""民族革命"的象征意义,而这正是高卢酋长在阿莱西亚曾经体现的原则。它在粮食生产和解决粮食紧缺方面起到了作用,并填补了因取缔政党而造成的意识形态和社会活动的缺失。1942年,该组织成立两年之时,在日尔戈维亚举行了一场盛大的庆典,以期提高民族团结度和对领袖的忠诚度,而这两点被视为恺撒入侵时维钦托利所倡导的。来自法国及其殖民地各处的土壤被放在罐子中带到日尔戈维亚,包括吉布提、马达加斯加，甚至是法国在远东的属地。在日尔戈维亚，在3万名士兵面前，贝当将这些土壤混合在一起并点燃，用以表示法国永不可被分割（尽管还有大片国土被纳粹占领，尽管还有反对派流亡在海外），同时也象征着1942年的法国与恺撒征服时的高卢合而为一。

1945年德国战败后，恺撒对维钦托利的胜利再次被重新解读，用以配合新的政治语境。一种与贝当及其支持者相对立的声音现在占了上风。1949年，一块大理石碑竖立于阿莱西亚附近的火车站，上面的文字这样写道："两千年前，在这片平原，高卢人团结在一起捍卫自己的荣誉，在维钦托利的带领下，对抗恺撒的军团。他们因失败而放下了武器，选择与敌人和解，然后站在一起，共同对抗日耳曼人的入侵。在古希腊和古罗马文明的光辉下，这片土地经历了三个世纪的和平。"

第二次世界大战结束后，戴高乐将军进一步纠正了贝当对维钦托利的刻板定义。在他眼中，这位高卢酋长是"我们民族第一个勇于反抗的斗士"。他的戴高乐主义意识形态——"法国的特定观念"——将法国视为一个永恒而不朽的国家，在整个历史进程中，始终存在。虽然法兰西国家是以克洛维国王和墨洛温王朝为起点的，但法兰西民族的起源则可以追溯到恺撒到来之前的高卢人。在他看来，高卢人的性格已经遗传给当代的法国人——勇敢、严于律己、机智，伴有革命和国内冲突的倾向，这些性格与历史事件一同造就了一个强大的国家。维钦托利之于戴高乐的重要性不言而喻，1947—1957年，他在每年的9月5日都会造访阿莱西亚，两千多年前的这一天，恺撒俘获了高卢酋长。

在戴高乐之后，维钦托利及其与恺撒的对抗继续对当代法国的

第三章 "驯服"高卢

政治家们产生着影响。弗朗索瓦·密特朗（François Mitterrand）曾在1981—1995年担任法兰西共和国总统，他曾说维钦托利是对他个人影响最大的历史人物之一，虽然高卢诸部落并没有与罗马这台运转严密的"机器"相抗衡的实力，但他还是带领高卢人设法取得了几场胜利，仅凭这一点，就足以为后人所铭记。他认为，比布拉克特——维钦托利被选为高卢诸部最高指挥官以对抗恺撒的地方——正是第一次体现法兰西民族团结的地方。密特朗在那里两次发表重要讲话，呼吁国家团结起来。他曾表达愿望，希望死后能被葬在那里，虽然这个愿望至今仍未实现。1989年，密特朗的继任者、戴高乐主义政治家雅克·希拉克（Jacques Chirac）在日尔戈维亚高地发起欧洲选举运动，同时呼吁民众重拾法国人的身份认同。希拉克提到了高卢酋长雕像底座上的铭文，称法国拥有"非凡的人民，当他们团结在一起时，所向披靡"。他还曾拿维钦托利击败罗马将领卢修斯·法比尤斯（Lucius Fabius）的事迹开玩笑，暗讽自己的政敌洛朗·法比尤斯（Laurent Fabius）。

高卢酋长对抗罗马人入侵的故事始终为当代的政治冲突提供着素材。1990年，前"国民阵线"领导人让-玛丽·勒庞（Jean-Marie Le Pen）在阿莱西亚发表演讲，呼吁法国人抵制外来"入侵"，坚守自己的文化，找回民族的根。在勒庞看来，维钦托利是一个"具有悲剧色彩的英雄"，是法兰西民族的象征，而这个民族却"在物质上和安全上，遭受一种新型的入侵……我并不质疑移民本身，我反对的是'犯罪般的'移民政策"。与之相对，克莱蒙费朗举行的反对种族歧视的游行中，示威者同样将高卢酋长视为自己阵营的榜样，正如其中一位组织者所说，"我们选择在维钦托利的雕像前结束反对种族主义的游行,是很合适的,因为他正是象征自由的英雄"。2016 年 11 月,竞选法国总统的尼古拉·萨科齐(Nicolas Sarkozy)在关于移民和法国身份认同的辩论中,提起了维钦托利,他说:"无论你的父母来自哪里,从你成为法国人那一刻起,高卢人和维钦托利已成为你的祖先。"言外之意,新移民应该将接受法国的生活方式,作为获得法国国籍的先决条件。

虽然伟大的高卢酋长仍然不停被政治家们当作崇拜的偶像,发挥着和圣女贞德一样的作用,但有意思的是,自从 1959 年开始,他的政治象征意义在慢慢减弱,原因是他出现在了由勒内·戈西尼(René Goscinny)创作、阿尔伯特·优德佐(Albert Uderzo)绘制的系列漫画《阿斯泰利克斯》(*Astérix*)中。不过,可以肯定的是,高卢人的地位并没有被这部获得极大成功的漫画作品影响,自 19 世纪末以来,广泛使用的教材和风靡市场的通俗历史读物,已经让高卢人那程式化的理想形象扎根在法国人的共同记忆中。在当代的法国,"高卢的首领们"发现自己并没有被罗马人囚禁,而是被迫贩卖起香烟、各种奇怪的利口酒、汽油和轮胎。正是在这样的社会环境下,《阿斯泰利克斯》诞生了,它对 20 世纪法国人的生活方式进行了温和的讽刺。漫画中,古代罗马和高卢之间的冲突被表现得淋漓尽致——城市和城镇在恺撒统治下建设并繁荣起来,露天剧场、神庙和高架渠拔地而起,但与之相对的是,高卢人生活在不可战胜的、坚持抵抗的乡村,欢乐、小打小闹和邻里纠纷充斥着部落生活,但欢乐是不变的主题。在《阿斯泰利克斯与酋长的盾牌》这部作品中,这种矛盾被刻画得入木三分,这部作品还描写了维钦托利在阿莱西亚投降罗马人的情节。恺撒向他的追随者描述战败的高卢酋长如何温驯地把武器放在征服者脚下,而自己则用威严、冷漠的目光注视着这一过程,这是 19 世纪法国艺术作品中常常出现的场景。然而,在这部漫画中,恺撒的随从对事情的记忆却有所不同:维钦托利并没有谦卑地放下武器,而是骑马来到罗马对手面前,从马背上将武器扔在了恺撒跟前。

第四章

不列颠的传说

因为除了商人之外,平常没有人轻易到那边去。

——尤利乌斯·恺撒,《高卢战记》卷四,20

布洛涅
·
迪尔
·
沃尔默
·
罗姆尼镇
·
坎特伯雷
·
比格伯里山
·
"亚瑟的石屋"
·
维特普斯特德
·
卡西维拉努斯
·
里奇伯勒

公元前 1 世纪 50 年代，恺撒曾两次入侵不列颠，分别发生在公元前 55 年和公元前 54 年。他率领罗马军团踏上了不列颠的土地，然而，时至今日，想在这片岛屿找寻他的足迹，要比在海峡对岸的高卢更难。

正如苏维托尼乌斯所言，恺撒进攻不列颠的原因，不太可能真的是被高品质的珍珠吸引（实际上，其他古罗马历史学家已经指出，这片岛屿所产珍珠的质量很低）。恺撒自己说，进攻不列颠是为了阻止这里的土著向反抗的高卢部落提供援助，这个说法同样不能让人信服。在第一次入侵之前，恺撒只是粗略地提到过高卢人从不列颠获得的援助，看起来，岛民对罗马军队在大陆上的军事行动构不成多大的威胁，恺撒不值得为了这微不足道的"援助"冒着巨大的风险向一个未知海岛发动两栖攻击。

第四章 不列颠的传说

考虑到高卢已被收入囊中的背景，一个显而易见的动机似乎更有说服力。到公元前 55 年时，罗马军队已将整个高卢踩在脚下，从令人兴奋的军事征服到平淡无奇的巩固领土和镇压平叛，恺撒的工作正逐渐变得"失去吸引力"。由于总督任期还要持续几年，他很可能希望用又一个举世瞩目的胜利，向元老院——更重要的是，向罗马人民——证明自己那超长的任期是合理的，同时，进一步巩固自己的声望。

为了巩固声望，恺撒做了一次明显的尝试。公元前 55 年，他建造了一座横跨莱茵河的大桥，以攻击东岸的日耳曼部落，让他们不敢继续窥伺罗马的新领土——高卢。这次行动，尽管具有开拓性，这是罗马人第一次越过莱茵河作战（普通民众无疑理解其中的含义，莱茵河对岸是条顿人的家乡），但更像是武力展示，而不是真正意义上的军事打击。这些日耳曼人本质上是游牧部落，可以选择退向领土腹地，而对恺撒来说，继续追击意味着要保障一条过长补给线的安全，这恐怕是他无法承担的。

既然东方的敌人触不可及，恺撒便将目光投向了西方。尽管当时的季节已并不适合再发动大规模军事行动，并且高卢诸部又在蠢蠢欲动地策划叛乱，而他既缺乏关于古不列颠人的情报，也缺少一支拥有足够实力的海军支持，但他已下定决心，没有什么能改变其决定。恺撒率领自己的军团从莱茵河畔来到英吉利海峡岸边，准备渡海作战。他向罗马表示，这次远征的目标是收集情报，这样一来，在季节不合适时出征也算不上非常不合理。需要说明的是，与横跨莱茵河攻击日耳曼人以及在高卢其他地方平息不安分的部落相比，以不列颠为目标有一个显而易见的好处——取得实质性的军事胜利并不是获得荣耀的先决条件。原因在于，对当时的罗马人来说，这个岛屿与其说是一个实实在在的地方，不如说是一个神话般的存在，许多人认为，英吉利海峡是已知世界的尽头。在那片大海之外——无论是不列颠、海伯尼亚①（Hibernia），还是其他任何地方，都只存在于古怪旅行者的口中，那片土地终年被冰雪覆盖，太阳永不落山。公元前3世纪，一个叫皮西亚斯（Pytheas）的水手从马萨利亚出发，声称自己成功环游了不列颠群岛。虽然从残存的文献判断，他的话是可信的，但他显然遭到了当时地理学家们的口诛笔伐，这些学者甚至不能就不列颠是否真实存在达成共识。考虑到时代和舆论环境的限制，仅仅是率领一支军队踏上不列颠的土地，已经算得上是可以与赫拉克勒斯探访冥界相提并论的壮举，取得更进一步的军事胜利是额外的收获，算得上是苛求了。

在这种情况下，远征的准备工作仓促而不充分也就不足为奇了。恺撒想从定期往来航行的高卢商人那里了解一些不列颠的信息。然而，恺撒早年对待维尼蒂人的做法早已名声在外，同时，远征无疑会破坏大陆和群岛之间的贸易，所以高卢商人并没有告诉他任何有用的东西。相反，他们还事先向不列颠的酋长们发出了警告，从他们的立场出发，这样选择确实更为合理。酋长们希望避免遭受一场武力入侵，于是派出使节越过海峡，向恺撒表示臣服。而这样低姿态的行为显然让恺撒产生了误判，让他以为不列颠土著并不希望与罗马对抗，远征的风险也被严重低估。

由于从高卢商人的口中没得到多少不列颠岛的地理信息，恺撒只能自己想办法。他派出一支侦察小队，渡过海峡搜寻情报，但他们不怎么称职，没能找到任何适合大船停泊的地方，只发现了多佛

---

① 海伯尼亚：爱尔兰的古称。

第四章　不列颠的传说

(Dover)——一个易守难攻的港口。只要他们多花点时间，沿着海岸线再搜寻一段距离，就可以发现里奇伯勒①（Richborough）是个更好的选择——一个世纪后，罗马人真正征服不列颠时，正是利用了这个港口。侦察小队也没有尝试探索内陆，归来时并没有带回什么有用的情报，反而进一步向不列颠人泄露了恺撒即将到来的讯息。

为了赶在年内发动袭击，恺撒急切地命令他能调配的 80 艘船聚集在伊提乌斯港（Itius Portus）（今天的布洛涅附近）。他计划搭载两个军团（共 12 000 人，对于想要征服的目标而言，这支部队实在规模过小）以及他们的装备渡过英吉利海峡，而这支小型舰队，刚够完成这个任务。每艘运输船可能只有不超过 20 米长，却必须运载 150 个人，士兵们不得不一个紧挨着一个坐，重型装备被留在了海峡这一侧，连携带的口粮也被控制在最低数量。这就导致登上不列颠的土地后，罗马人要想办法从当地获得补给，这对一支规模本就不大的部队来说，并不是一件容易完成的任务。罗马运输船的构造也增加了两栖作战的难度，船的侧面很高，在海上可以保护士兵，但却不适合在海滩登陆。如果找到了一个合适的登陆点，这并不是什么要紧的问题，可一旦海滩地形不适合登陆，军团士兵将不得不选择在远离海岸的地方弃船下水，靠自己的短剑杀出一条血路。本来，要是有足够的耐心，恺撒可以利用冬季的时间建造足够的、适合登陆的船只，同时也可以搜集更多有用的情报。但他没被这些因素干扰。公元前 55 年 8 月 24 日午夜，舰队搭载着恺撒的士兵航向了未知的岛屿。

---

①　里奇伯勒：位于今天英格兰东南部的肯特郡海滨。

今天，站在英国迪尔港（Deal）回望身后，肯特海岸的全景一览无余。蜿蜒的海岸线从北面的拉姆斯盖特（Ramsgate）缓缓展开，在薄雾中一直延伸向大海，沿着桑威奇海湾（Sandwich Bay）柔和地铺向里奇伯勒，再与沃尔默①（Walmer）的海滨相交。接着，地势陡然上升，南福兰（South Foreland）长满树木的白色峭壁格外显眼，海岸线自那里转向西南方向，直指多佛。

迪尔港的码头是平淡无奇的现代风格，缺乏特色，没有装饰的铁质桥墩不均匀地没入海中，承载着一条光秃秃的人行道，伸向陆地。这片海岸地势低平，望向大海，目力所及，海水翻卷起的银色浪花不情愿地消失在那灰白色的海天交界的尽头。高大而狭窄的房屋沿平坦宽阔的陆地展开，如同海滨生出了一排排牙齿，房屋都是荷兰风格的，颜色如同它们面前的大海一样柔和。沙滩之上是沙砾铸就的高高的海堤，经年累月的海水冲刷让它变得斑驳，高水位时海浪留下的痕迹依稀可见。

在迪尔和沃尔默之间，海岸的坡度略有抬升，据记载，恺撒就是在这里登上不列颠海岸的。他本来打算让部队在多佛登陆，但清晨到达那里时，白色峭壁上已经站满了进入战备的不列颠人，石弹随时可能射向罗马人的运输船。他命令船队沿海岸线航行，寻找一

---

① 沃尔默：位于今天英格兰东南部肯特郡沿海。传说恺撒于公元前 55 年和公元前 54 年曾在这里登陆不列颠。但根据最新的研究，登陆点可能位于更北一些的地方。

第四章　不列颠的传说

处峭壁被平坦海滩取代的地方，在那里登陆。岸上，身上涂满靛蓝颜料、佩戴黄金脖饰的不列颠人乘着战车，一路跟着海上的船队移动。

对罗马士兵来说，身着铠甲，携带武器，从运输船跳入离岸边还有一定距离的深水中抢滩登陆，是一项令人生畏的任务。在《高卢战记》中，恺撒至少还可以通过对手下士兵勇气的赞扬，来转移读者对其鲁莽决策的注意力。他特别称赞了第十军团的旗手，这位纵身跃入水中的士兵，用行动履行了他对共和国和统帅的责任。战斗中，恺撒依靠卓越的临场应变力挽狂澜，他指挥船上的弩炮、投石机和弓箭手集中火力攻击不列颠人的右翼。借助掩护，罗马人成功登陆，建立起滩头营地，船只也陆续被拖上海岸用以作为掩护。

当年恺撒建立滩头营地的沃尔默海岸，现在布满了搁浅的渔船和渔具，明蓝色的防水布、堆叠的绿色板条箱、缠绕在一起的绳索和渔网以及飘扬的旗子，早已让这里没了当年肃杀的氛围。岸边小路的一张搁板桌上，一个男人正用一把砍刀似的工具切割一条鳐鱼。海风把天线和桅杆吹得吱吱作响。这片海滩自古就饱受海峡对岸军队的入侵之苦。搁浅的渔船后面，褐色的迪尔城堡仍矗立在那里，守护着英格兰的海岸，它曾击退一批又一批的敌人——法国人、荷兰人、德国人。它是都铎王朝的遗产，不是恺撒的。

因为恺撒本人没能在这里留下什么仍能找到的遗迹，所以似乎只有想象和传说，才能证明这位罗马统帅到过这里。任何可能与恺撒产生联系的线索，都被当地人一厢情愿地发挥到了极致。都铎时代的文物收集者约翰·利兰（John Leland）曾经记录了他生活的时代，迪尔当地人引以为傲的一个传说："一条人工建造的堤岸就在城镇和大海之间，起于迪尔，一直延伸向圣玛格丽特的克里夫（St.

Margaret's Clyfe），传言说，那里就是恺撒登陆的地方。"可见，当时许多人喜欢把当地的堤岸视为由恺撒建造的。在伊丽莎白一世时代的旅行家和地图绘制者威廉·兰巴德（William Lambarde）的诗中，有这样的记录："颇为人知的迪尔如此自夸／那新落成的堡垒／是向恺撒致敬的丰碑／一个在传说中闪耀的地方"。一些当地人甚至称这条堤岸为"罗马的杰作"，但实际上，它也许只是海岸逐渐向大海延伸的天然地貌。利兰的记录似乎是更可信的解释："毫无疑问，建造这样的堤岸要么是为了把敌人拒之门外，要么是为了抵御大海的狂怒。所以更可能是防御者修建的。"

要想在迪尔港附近找到一些古罗马人的痕迹，也不是难事。在沿海的里奇伯勒城堡就能找到蛛丝马迹。如果到内陆不远处的坎特伯雷（Canterbury）去参观，可以看到两千年来地壳缓慢移动对铺在地面的马赛克瓷砖的影响，还能看到石头城墙上的古罗马拱门。这里的一座建筑圣马丁教堂的墙壁基本上是古罗马时代修建的。教堂的庇护所建于4世纪之前，597年圣奥古斯丁（St. Augustine）来不列颠传教之时，教堂为他提供了栖身之所。但这只能算是43年罗马皇帝克劳狄一世（Claudius Ⅰ）征服不列颠之后留下的遗产，却不能算是恺撒的遗产。有人可能会说，正是恺撒的行动为克劳狄一世铺平了最终征服这座岛屿的道路，但也必须承认，在两次失败的入侵后，恺撒本人的事迹更多存在于故事和神话中。他登陆的地点，他的营地，他的行程和他的战斗，都是推测性的。直到20世纪初，经过大量学术辩论，沃尔默和迪尔之间的海岸才被最终认定为恺撒军队最可能的登陆点。

但流行文学还是不断将恺撒登陆的地点"安排"在别的地方。例如，位于肯特郡更西边的罗姆尼镇的居民们就坚持认为自己的家

坎特伯雷的圣马丁教堂,其墙壁被认为建于古罗马时代晚期。

乡才是当年恺撒登陆的地点。伊丽莎白一世时代的草药学家约翰·帕金森(John Parkinson)将当地出现的罗马荨麻与登陆联系了起来。尽管同时代的历史学家威廉·卡姆登(William Camden)并不同意帕金森的说法,但还是为后人把它记录了下来:

> 记录显示(据他说),尤利乌斯·恺撒和他的士兵是在罗姆尼登陆的,还在这里驻扎了一段时间。那时此地(很可能)被他们称为罗姆尼亚,在后来的岁月中才逐渐演变为罗姆尼。

据说，罗马荨麻之所以生长在这里，是因为罗马士兵带来了一些种子并把它们种在了这里。不列颠的气候十分寒冷，士兵们可以用这些荨麻摩擦被冻僵的四肢，促进血液循环。人们认为，自那时起，这种荨麻才开始在这一带生长。

公元前55年的冬季风暴差点要了恺撒的命，能够安全逃回高卢已是幸运女神的眷顾。但第二年，这位罗马统帅卷土重来。考古学家认为，他在不列颠土地上进行的第一场战役发生在比格伯里山堡垒（Bigbury Hill Fort）附近，就位于坎特伯雷以西几英里远的地方。斯陶尔河（River Stour）环绕的山坡上，这座铁器时代的要塞巍然屹立。它占地几公顷，周围有栅栏防护，一条古道在其注视下延伸向远方，几个世纪后的朝圣者们沿着这条路前往坎特伯雷。根据恺撒的描述，其麾下的第七军团曾经为夺取一个位于树木繁茂的山丘之上的堡垒浴血奋战，而比格伯里山堡垒被学术界认为是这一带最符合文字记载的地方。考古记录表明，大约在公元前1世纪中叶，这里居民的生活痕迹突然消失。19世纪10年代末的挖掘发现了一些古时的武器——矛和斧头，以及农业和烹饪用具——犁和锅。除此之外，还有一些枷锁出现，证明这里曾经与罗马人的奴隶贸易有着某种联系。至于恺撒本人是否真的在这里出现过，则只是猜测。也有传说表明他与当地部落的交战地点在别处。卡姆登认为，战役发生在坎特伯雷西南的奇勒姆村（Chilham）。他赞许地记录道，奇勒姆当地人认为他们家乡的名字是由"朱勒姆（Julham）演变而来的，而这个词的意思是尤利乌斯居住的地方或房子，如果我没有弄错的话，他们的说法应该是对的"。这个地方充满了"魔力"，卡姆登忍不住为当地的罗马传说添加了自己的推测：

第四章 不列颠的传说

这个小镇的地下有一座古墓,据说埋葬的是很久以前一个叫朱勒·拉布(Jul-Laber)的人。有人说他是一个巨人,也有人说她是一个女巫。而我认为,这个名字之下隐藏的是一个真正古老的秘密。我几乎可以肯定,葬在这里的是被不列颠人杀死的罗马保民官拉贝里乌斯·德鲁苏斯(Laberius Drusus),因为经年日久,才会被讹传为朱勒·拉布。

去往坎特伯雷的朝圣之路上的比格伯里山堡垒。这里被认为最有可能是公元前54年恺撒第二次入侵不列颠时,与当地部族发生第一次战斗的地方。

第一次入侵不列颠时，恺撒无力向远离海岸的内陆进军。在渡海时，由于准备仓促和不协调，搭载骑兵的船只与步兵的船只驶向了不同的方向，因为逆风，骑兵并没有抵达不列颠。缺少骑兵的辅助，恺撒无法挺进内陆。第二次入侵的路线很可能是从沃尔默海岸出发，经过坎特伯雷，在某个不知名的浅滩渡过泰晤士河，然后穿过圣奥尔本斯（St. Albans），与不列颠部落的首领卡西维拉努斯（Cassivellaunus）战斗。正如维钦托利在高卢所做的那样，这位酋长团结了当地各部落共同抵抗罗马人。传说扩大了恺撒的活动范围，也夸大了他的成就。虽然他没能在多佛登陆，但当地人还是相信他在那里留下了自己的印记。中世纪时，多佛城堡旁的一座古罗马灯塔被改造成毗邻的卡斯特罗圣玛丽教堂的钟楼。灯塔建于公元50年左右，是在克劳狄一世征服不列颠之后，但传说把它"划给"了恺撒。13世纪前，由多佛修道院的僧侣编写的《多佛圣马丁编年史》（*Chronicle of St. Martin of Dover*）中记载，灯塔最初是一座用来储存物资的塔楼，由恺撒建造，旁边的多佛城堡则是由库诺贝林[①]（Cunobeline）之子阿维拉古斯[②]（Arviragus）建造的。伊丽莎白一世时代的约翰·利兰说他在卡斯特罗圣玛丽教堂里看到了相关的拉丁文铭文。威廉·兰巴德则说，城堡里"有保存着古老葡萄酒和盐的容器"，它们将关于恺撒的记忆唤起，这些"一定是他带到不列颠的"。

　　恺撒在"建筑领域"的成就远不限于多佛。坎特伯雷城堡和罗

[①] 库诺贝林（约9—40）：罗马征服不列颠之前的部落国王，苏维托尼乌斯称他为"不列颠人的国王"。

[②] 阿维拉古斯：传说中生活在公元1世纪的不列颠国王，可能在历史上真实存在过，与罗马皇帝克劳狄一世大约同时代。

第四章　不列颠的传说　　　　　　　　　　　　　　　　　　　　　125

切斯特城堡都是由诺曼人修建的，但在都铎王朝时期，它们都被"上溯"到了这位罗马统帅的时代。12 世纪的盎格鲁-诺曼诗人韦斯（Wace）和后来的编年史学家们都认为，埃克塞特（Exeter）这个名字同样源于恺撒，因为他曾在埃克斯河（River Exe）畔修建营地。连著名的伦敦塔也被和恺撒联系在一起，在莎士比亚笔下，它是"由尤利乌斯·恺撒竖立起来的塔"。在英国各地，许多铁器时代的堡垒和其他古代建筑，都被冠以"恺撒的营地"之类的名字，可实际上，它们和恺撒甚至罗马人都没什么关系。

在口口相传的传说中，恺撒不仅修建了诸多堡垒和高塔，还为这片岛屿带来了舒适的生活。12 世纪编年史学家马姆斯伯里的威廉[①]（William of Malmesbury）将巴斯温泉的诞生归功于这位罗马统帅。有时候，这些传说听起来已经接近荒诞的神话了：在 14 世纪盎格鲁-诺曼编年史作家尼古拉斯·特里维特（Nicholas Trivet）的笔下，奇切斯特[②]（Chichester）也是恺撒一手建成的。城市建好后，缺少一条提供活水的河流，为了解决这个问题，恺撒给诗人维吉尔（当时应该身在希腊）寄去了一幅描绘城市景貌的画和一份华丽的礼物，请他用魔法为这座城市提供水源。维吉尔把一条被施了魔法的蛇封在盒子里，送了回来，说是一定要到需要水源的地方才能把盒子打开。信使好奇维吉尔到底送来了什么，还没回到奇切斯特就迫不及待地打开了盒子，蛇跳了出来，一头钻进土里，水从那里涌了出来，便是拉凡特河（River Lavant），为新建成的城市提供

[①] 马姆斯伯里的威廉：生活在约 11 世纪末至 12 世纪前半叶的英格兰，被视为该时代最优秀的历史学家之一，代表作有《盎格鲁国王史》（*Gesta Regum Anglorum*）。

[②] 奇切斯特：位于今天英格兰东南部西萨塞克斯郡。

了水源。

从地理位置上看，奇切斯特根本不可能出现在恺撒在不列颠的行程轨迹上，毫无疑问，苏格兰更是如此，然而，这并不影响关于他的传说在那里生根发芽。中世纪时，在斯坦豪斯缪尔①（Stenhousemuir）附近的卡隆河（River Carron）岸边，矗立着一座奇特的圆顶石头建筑。它被称为"亚瑟的石屋"，在当地人的口中，这里是亚瑟王探访苏格兰时经常停驻的地方。还有一个传说追溯到更古老的年代，称这个建筑是"尤利乌斯的石屋"。一位诺森伯兰的编年史学家托马斯·格雷②（Thomas Grey）爵士在14世纪50年代写道，这是一座恺撒修建的石亭。几代人之后，福敦的约翰③（John of Fordun）记录了恺撒建造这座建筑的理由：

> 恺撒修建这座不大的建筑，作为罗马领土的标志，在"世界的尽头"，作为他那将被万世传颂的丰功伟业的象征。就像赫拉克勒斯在位于欧洲最西端的加的斯（Cádiz）竖立起的石柱一样④，这座建筑将使恺撒的声名不朽。故事还有一个版本，在普通民众中流传甚广，恺撒命令士兵们携带着一块一块的石头，每到一处扎营，就命令用这些石块搭起一座石屋，因为在里面休息比在普通的帐篷中更安全，拔营时再拆掉运走。而返

---

① 斯坦豪斯缪尔：位于苏格兰中部谷地。
② 托马斯·格雷：编年史学家，曾作为士兵参与14世纪英格兰对苏格兰的征伐，被俘并囚禁在爱丁堡时期，开始撰写《阶梯编年史》（Scalacronica），这本书记载了1363年之前的不列颠历史。
③ 福敦的约翰：大约生活在14世纪下半叶，苏格兰编年史学家。
④ 传说中，赫拉克勒斯在杀死巨人革律翁后建立了加的斯。这座位于西班牙最南端的海滨城市，有一座腓尼基庙宇，一般认为，这座建筑的石柱，就是"赫拉克勒斯之柱"传说的来源。

第四章 不列颠的传说

回高卢时，过于匆忙，便把这座"临时"建筑留在了苏格兰。

16 世纪的历史学家约翰·莱斯利（John Leslie）为后一种更为流行的说法找到了一些佐证：建筑的每一块石头都有编号，以便于士兵们"能够识别石头的位置，并按照编号搭建起石屋"。后来的文物学家推测，这座石头建筑实际上是在公元 2 世纪由一位名为昆图斯·洛留斯·乌尔比库斯（Quintus Lollius Urbicus）的罗马将军修建的，目的是纪念建造安东尼长城的伟业，而安东尼长城就在距此不远的地方。关于这座石屋究竟是由谁建造的，人们始终也没有结论。1742 年，实业家迈克尔·布鲁斯（Michael Bruce）爵士拆除了这座塔，这些石头被用来修建了卡隆钢铁厂附近的水坝。

苏格兰的石屋只能算是一个"小插曲"，恺撒与不列颠首领卡西维拉努斯在泰晤士河畔展开的对抗，才是各种传说最钟爱的题材。正如前文提到的，恺撒率领军团从肯特一路推进到泰晤士河畔。根据他的记录，卡西维拉努斯在某个河段的水下，埋设了一些木桩，试图阻挡罗马人过河，但并没有成功。然而，在继续向泰晤士河北岸部落的核心地带挺进的过程中，恺撒的士兵还是遭到了不列颠人的持续侵扰。然而，卡西维拉努斯却不具备维钦托利的外交手段，恺撒利用了不列颠诸部之间的分歧，通过承诺提供保护换取了一些部落酋长的效忠。卡西维拉努斯曾试图发动肯特诸部从罗马人的后方发起袭击，但这一策略也以失败告终。双方军队在卡西维拉努斯的要塞展开了决战，在恺撒笔下，那是一个"被树林和沼泽包围着的地方"，不列颠人在那里聚集了大量的人和牲畜。"不列颠人声称自己的'要塞'坚不可摧，虽然那只不过是用一些矮墙和浅沟围起来的林地"，恺撒写到这里，甚至不屑于"夸大"自己的战

出现在 18 世纪版画中的"亚瑟的石屋",不久之后的 1742 年,它就被拆毁了。

绩,"虽然他们的确很好地利用了地利,也花了一些人力和物力",但战斗纪律严明的罗马军团并不需要付出多大的努力,就可以攻陷这里。在溃败中,不少不列颠战士被俘获并处死,恺撒这么做,也许只

第四章 不列颠的传说

是因为缺乏有效的方法把这些俘虏作为奴隶运回高卢卖掉。

卡西维拉努斯在泰晤士河中设置的木桩，以及恺撒可能的渡河地点，这些对后世作家都有着特别的吸引力。8世纪时，"可尊敬的"比德[①]（The Venerable Bede）写道，在他生活的年代，依然可以看到这些木桩，"像人的大腿般粗细，用铅包裹着，深深地埋在河道里"，但他并没有提及它们所在的位置。阿尔弗雷德（Alfred）大帝在翻译罗马帝国晚期历史学家奥罗修斯（Orosius）的作品时写道，恺撒在沃林福德（Wallingford）（位置在牛津郡南部）渡过了泰晤士河。从文艺复兴时期到当代，其他历史学者也曾提出过其他的可能地点，包括特丁顿（Teddington）、布伦特福德（Brentford）、萨瑟克（Southwark）、温莎（Windsor）、泰晤士河畔的金斯顿（Kingston-upon-Thames）。威廉·卡姆登认为渡河地点在一个名叫考威斯特克斯（Coway Stakes）的地方，离今天泰晤士河上的沃尔顿大桥不远，河水在这一带很浅，据他称，在彼时只有几米深，很适合通过。不少人和他看法一致，并增加了许多细节。在一部作者不详的13世纪法国浪漫小说《罗马人的事迹》（Li Fet des Romains）中，恺撒用"希腊火"[②]烧毁了设在河中的木桩。英国文物学家和诗人约翰·威弗（John Weever）在1767年写道，恺撒的军队中有战象，"据我听说的情况，当罗马人在考威斯特克斯渡河时，他们军中的战象把不列颠人吓得魂不附体"。

[①] 比德（672—735）：英国编年史学家及神学家，享有"可尊敬的"称号，被尊为"英国史学之父"。他的拉丁文著作《英吉利教会史》（Ecclesiastical History of the English Nation）被视为英国盎格鲁-撒克逊时期，乃至中世纪早期的重要历史文献。

[②] "希腊火"：拜占庭人发明的一种可在水上燃烧的易燃液体，被用于海战。出现在小说中被恺撒使用，显然搞错了时代，只能理解为"文学夸张"。——作者注

卡西维拉努斯的"矮墙和浅沟围起来的林地"要塞的位置也是一个谜。《多佛修道院编年史》(*Chronicle of Dover Monastery*)记载,这座要塞不在圣奥尔本斯附近,而在肯特郡的巴勒姆附近。在这部作品成书的年代,不列颠人与罗马人争锋的古战场已经被掩埋在土层之下。在接下来的几个世纪里,历史作品把要塞与圣奥尔本斯、赫特福德郡的凯西奥伯里(Cassiobury)[有人认为,这个名字源自卡图韦劳尼部落(Catuvellauni),这个部落忠于卡西维拉努斯]、温多弗(Wendover)、平纳(Pinner)或哈罗(Harrow),甚至是伦敦联系在一起。1932年,考古学家莫蒂默·惠勒爵士(Sir Mortimer Wheeler)发掘了维特普斯特德[①](Wheathampstead)附近的一处被称为"魔鬼堤坝"(Devil's Dyke)的古老遗迹,他认为这个地方就是卡西维拉努斯最后的据点。茂盛的荆棘和山毛榉树冠投下的阴影覆盖着这处古代工事,不远处,20世纪50年代建好的现代住宅的红砖墙似乎让这里产生了一丝穿越感,但到过那里的人,还是能够感觉到这处古代战场的氛围。尽管没有确凿的证据证明恺撒确实到过这里,但20世纪30年代这处遗迹已经建立起自己的声望,遗迹所在地的拥有者布罗克特勋爵(Lord Brockket)将它赠予了国家,以庆祝英王乔治六世(George Ⅵ)加冕。遗迹入口处的石碑上写着:尤利乌斯·恺撒很可能就是在这里打败了不列颠人的领袖卡西维拉努斯。正如弗朗索瓦·密特朗曾把比布拉克特——维钦托利被选为高卢诸部最高指挥官的地方——比作法国的第一个首都,维特普斯特德——一个令人愉快的赫特福德郡小镇——也自诩为"英国的第一个首都"。然而,与法国的情况不同,没有一位英

---

① 维特普斯特德:位于英格兰南部的赫特福德郡。

国政客曾经试图利用这一点作为政治资本。

位于维特普斯特德的"魔鬼堤坝"遗迹入口处的石碑,这里被认为是公元前54年恺撒与不列颠人首领卡西维拉努斯战斗的地方。

虽然恺撒和卡西维拉努斯发生正面冲突的地点已经无法确定,只能在民间传说中寻觅到蛛丝马迹,但冲突本身的魅力才是强大吸引力的来源。1136年，威尔士牧师蒙茅斯的杰弗里（Geoffrey of Monmouth）完成了一部作品，希望为笼罩在黑暗之中的不列颠早期历史带来一缕光亮。他声称自己得到了一本用"不列颠语"（即威尔士语）写就的古书，详细讲述了自古代到撒克逊人征服这片岛屿的历史。这本古书奠定了他的著作《不列颠诸王史》（*Historia Regum Britanniae*）的基础。这部作品实际上是利用可信的资料"编织"完整的历史，除了这部"不列颠语"古书，这些资料还包括恺撒的《高卢战记》和比德的一些作品，当然，其中也掺杂了一些奇怪而虚构的故事，它们可能源自杰弗里生动的想象力。撰写这部书的目的之一，可能是为诺曼人征服之后，英格兰新主人对这片土地的统治提供一些法理性"支持"，而要完成这一点，自然绕不开罗马人。和罗马人一样，不列颠人也将自己的起源追溯至特洛伊城。特洛伊王子埃涅阿斯的孙子布鲁图斯（Brutus）逃难来到这个岛屿，在这里建立了一个王国，在今天伦敦的位置修建了自己的都城，命名为新特洛伊（Troia Nova），后来逐渐演变为特里诺万图姆（Trinovantum）。根据杰弗里的说法，在布鲁图斯的后代的统治下，不列颠成为一个先进和文明的国度：这里的人们是"罗马人之前的罗马人"。这个岛国出现了城市、道路，甚至露天剧场。两位早期的统治者——邓瓦洛·莫尔穆蒂乌斯（Dunvallo Molmutius）和马西娅女王（Queen Marcia）——制定了供人民遵守的法律。然而，后来爆发了一场内战，反叛者就是布伦努斯——那位在公元前390年洗劫罗马城的领袖，不过，在杰弗里的描述中，他是不列颠人，而不是高卢人。

如此说来，当恺撒踏上这座岛屿的时候，不列颠是一个和罗马一样文明和古老的国家，拥有同样的尊严和统治权。根据传说，不列颠人是埃涅阿斯和布鲁图斯的后裔，所以恺撒认为他们和罗马人

第四章　不列颠的传说

是"亲戚",虽然在他眼中,这些"亲戚"并不体面,是自甘堕落的,"孤悬海外,与世隔绝"。他觉得,迫使不列颠人向罗马进贡是一件轻而易举的事。相比通过武力实现这一点,他更希望依靠平和的手段——比如一个简单的"命令",毕竟,与"亲戚"同室操戈并不是他希望看到的。

因此,他给卡西维拉努斯写了一封信,希望不列颠人放下武器,向罗马人投降,得到的却是不列颠首领态度轻蔑的回复。卡西维拉努斯先是阐明双方血脉相连的同源关系,然后说:"你们应该索取的是我们的友谊,而不是将奴役强加给我们……我们已经习惯了自由,不知道如何屈服于奴役……我们将为自己的自由和王国而战。"

就这样,恺撒开始了对不列颠的第一次入侵。罗马军队在一个名为多罗贝拉姆（Dorobellum）的地方登上海岸,这地方离迪尔并不近。刚一上岸,他们便要面对由不列颠贵族们率领的抵抗部队,卡西维拉努斯的两个侄子——统治特里诺万图姆的安德罗格斯（Androgeus）和统治康沃尔（Cornwall）的滕万提乌斯（Tenvantius）,以及统治奥尔巴尼[①]（Albany）的克莱多斯（Cridous）、统治维内多蒂亚[②]（Venedotia）的盖塔特（Gueithaet）、统治德米蒂亚[③]（Demetia）的布里塔赫尔（Brittahel）,卡西维拉努斯的兄弟内尼厄斯（Nennius）都前来参战。传说在接下来的恶战中,内尼厄斯与恺撒面对面遭遇,他本有机会给后者致命一击,却反被击中了头盔,受了伤。当恺撒试图杀死他时,剑却卡在了内尼厄斯的

[①] 奥尔巴尼:苏格兰古称,源自盖尔语中对苏格兰的称谓 Alba。
[②] 维内多蒂亚:指今天威尔士西北部一带。
[③] 德米蒂亚:指今天威尔士西南部一带。

盾牌上，慌乱中，不列颠人扔掉了手中的盾牌，拾起了那把剑，凭借这把被称为"黄色死神"的利器，内尼厄斯在战场大显身手，杀死了恺撒的副将提图斯·拉比埃努斯。那天结束时，凭借内尼厄斯的神勇，不列颠人成了战场的主人，恺撒被迫退回高卢。然而，内尼厄斯也身负重伤，15天后便去世了。卡西维拉努斯悲痛欲绝，将兄弟葬在了特里诺万图姆的北门外，和他一起下葬的还有恺撒的那把佩剑。

根据蒙茅斯的杰弗里的说法，这次失败让恺撒陷入了颇有些尴尬的境地，在他返回欧洲大陆后，高卢人中间开始流传一个谣言，说是卡西维拉努斯已经派出一支舰队渡过英吉利海峡，而罗马统帅就是他的目标。一场新的叛乱正在酝酿之中。恺撒担心陷入两线作战的境地，于是"打开宝箱"收买高卢部落的首领，希望他们不要拿起武器："对失去自由的人，他许之以自由；对被剥夺继承权的人，他许之以财产；甚至愿意释放一部分奴隶"。杰弗里轻蔑地评论道："当初，他从高卢人手中夺走他们的一切时，像一只凶猛的狮子；如今，他又说非常乐意将夺走的一切归还给他们，像一只不停咩咩叫的羊羔。"

两年后，当蠢蠢欲动的高卢人被安抚妥之后，恺撒第二次入侵不列颠。他组建了一支庞大的舰队，搭载着一支庞大的军队沿着泰晤士河向特里诺万图姆驶去。然而，他的舰队误打误撞地开向了卡西维拉努斯用木桩在河中设下的陷阱。"河水涌入了被木桩撞穿的船舱，几千名士兵被河水吞没。"恺撒竭尽全力指挥剩余的部队登上河岸，列阵备战，但罗马人要面对的是数量三倍于己的不列颠人。又一次，恺撒能做的只是收拢残部，逃回大陆。

蒙茅斯的杰弗里在自己的著作中指出，恺撒最后是靠内部争斗才战胜不列颠人的。在第二次击败罗马人之后，卡西维拉努斯召集不列颠的首领们在特里诺万图姆举行庆典，向赐予他们胜利的神明表示敬意。庆典当天以献祭开始，"不列颠人向神明献上了四万头牛、十万只羊，以及他们能够捉到的各种飞禽，难以计数，除此之外，还有三十万头从林中捉来的各种野兽"。一场欢宴过后，人们把注意力转向了娱乐活动，卡西维拉努斯的一个侄子和一个忠于安德罗格斯的人进行了一场摔跤比赛，但关于到底是谁赢了，双方显然没有达成一致。于是，两人大打出手，争执以这个侄子被杀告终。卡西维拉努斯得知消息后，大为光火。这场饮宴后的娱乐活动演变为一场冲突，最终让卡西维拉努斯与安德罗格斯走向了内战。作为弱势的一方，安德罗格斯意识到，只有得到恺撒的支援，他才有机会获胜；急于一雪前耻的恺撒则迫不及待地伸出了援手。这一次，恺撒在里奇伯勒登陆，卡西维拉努斯及时赶到阻击了罗马人，双方势均力敌，战事胶着。然而，就在关键时刻，躲在树林里的安德罗格斯率领五千人从后方袭击了卡西维拉努斯部队，迫使其撤退到山顶上的堡垒中，但不列颠首领并没有放弃，仍然继续顽强抵抗。恺撒的军队围在山下，打算以饥饿迫使敌人投降。安德罗格斯乐于见到对手被削弱，却不希望他被消灭，于是向罗马人求情，让他们放卡西维拉努斯一条生路。恺撒担心安德罗格斯再次倒戈，于是答应了他的请求。卡西维拉努斯同意每年向罗马人进贡3 000磅白银，作为回报，他将保留他的王位。值得一提的是，恺撒和卡西维拉努斯后来成了朋友。他在不列颠岛度过了一个安稳的冬天，然后返回高卢，集结起一支"由各个种族组成的"军队，向罗马进军，与庞培一决雌雄。

从中世纪一直到文艺复兴时期，《不列颠诸王史》在欧洲大陆和英国都广受欢迎。它的记载将这个岛国的王权传统上溯到古代，在古老性与尊贵性上与古罗马平起平坐，这使它成为英格兰王国以及之后的联合王国最受欢迎的编年史。直到17世纪，这片岛屿的国王和女王们仍然将蒙茅斯的杰弗里的著作当作他们手中权力正统性的有力依据。通过对卡西维拉努斯抵抗恺撒侵略的描写，实际上，通过对更早时代的布伦努斯摧毁罗马的描写，这部书的作者在阐述这样一个论点——不列颠的力量要凌驾于欧洲大陆之上。

《不列颠诸王史》的吸引力并不仅限于此。蒙茅斯的杰弗里还普及了亚瑟王的故事，在此之前，亚瑟王只是一个曾经出现在一些编年史中的模糊人物。就像对卡西维拉努斯所做的那样，他将亚瑟王塑造为一个有血有肉的角色，使其成为欧洲文学中最常被提及的人物之一。在他的笔下，恺撒与卡西维拉努斯是亚瑟王及其圆桌骑士出现之前曾在这个岛国叱咤风云的人物，而他们的传奇将被浪漫的中世纪传说继承。恺撒的入侵与卡西维拉努斯的抵抗在全欧洲引起了回响，它们被用英语、法语、拉丁语、威尔士语记载和传颂着。在欧洲大陆，作者们对恺撒形象的刻画要比蒙茅斯的杰弗里更正面一些。使用法语写作的韦斯将恺撒描写成一个睿智、勇敢和慷慨的领袖，他进攻不列颠的动机——为被布伦努斯摧毁的罗马复仇——不仅是正面的，而且是崇高的。在现存的使用威尔士语写作的文献中，恺撒的形象并没有这么高大，而为他登陆提供帮助的卢德（Lludd）之子阿法维（Afarwy）（可能指的就是安德罗格斯）被《赫吉斯特红皮书》[①]（Red Book of Hergest）视为"不列颠最为人所不齿的三个人"之一。而卡西维拉努斯则是一个英雄人物，

[①] 《赫吉斯特红皮书》：一部羊皮纸手稿，约成书于1382年之后，是用威尔士语写成的最重要的中世纪手稿之一，其中收录了大量威尔士散文和诗歌。

第四章　不列颠的传说

他率领一支 6 万人的军队来到高卢解救一位高卢王子的女儿弗洛尔（Fflur）。他不仅击败了罗马人的军队，还在加斯科涅定居下来，根据《密维瑞安考古》①（*The Myvyrian Archaiology*）的记载，他的后人在中世纪时还有迹可循。

在 15 世纪的法国浪漫小说《佩塞福雷传奇》（*Perceforest*）中，恺撒入侵不列颠，是为了支持他的一名骑士卢塞斯（Luces）的阴谋。这名骑士与一位不列颠女王密谋夺取其丈夫的王国。他们说服已经历过一次失败入侵的恺撒再次出兵。这次入侵过程中，恺撒将不列颠的贵族屠戮殆尽，将岛屿的城镇夷为平地——就算走上 6 个月也找不到任何"城市、小镇或房子"，入侵的幸存者"犹如丧家之犬"，只穿着鹿皮生活。一名叫乌索（Ourseau）的不列颠人发誓要报仇。他设法得到了恺撒的长矛，它已经被诅咒，将成为终结恺撒生命的凶器。乌索的兄弟将这把长矛做成了 12 把匕首，送给了罗马的布鲁图斯和他的同伙。最终，他们一同在元老院用匕首刺杀了恺撒。

恺撒也出现在德国文学中。在恩克尔（Enikel）于 13 世纪末完成的《撒克逊世界编年史》（*Sächsische Weltchronik*）中，恺撒赶走了日耳曼人领土上的"独眼巨人"和"大脚怪"，然后授予生活在这片土地上的人们特殊荣誉，以表彰他们帮助他从元老院手中夺取了绝对权力。而这也为日耳曼人最终继承恺撒的遗产埋下了伏笔，神圣罗马帝国——古罗马帝国的继承者——最终将由日耳曼民族建立。

---

① 《密维瑞安考古》：一部中世纪威尔士文学的汇编。

《高卢战记》记载,恺撒在不列颠取得的功绩——两次因为准备不足和低估高卢反叛可能性而算不上成功的仓促远征——让他从元老院那里又捞到了不少荣誉。之所以能获得这些荣誉,并不是因为他取得了多么了不起的军事胜利,而是因为他登陆了那片遥远而神秘的岛屿。这也解释了,为何他在不列颠的足迹晦暗不明,更多时候我们只能在想象、故事和神话中找到蛛丝马迹。

位于里奇伯勒的古罗马防御工事的遗迹。

第五章

新行省的秩序

他抱有一个具体的目的,即保持跟各国的友好。

——尤利乌斯·恺撒,《高卢战记》卷八,49

普罗旺斯的圣雷米

·

格拉诺姆

·

恺撒的殖民地

·

阿格里帕道路网

·

高卢的"三部分"

·

分化部落

·

里昂

·

康德特

·

"三个高卢"

第五章　新行省的秩序

博凯尔以东，离普罗旺斯的圣雷米不远的地方，罗马人修建的多美亚大道分出一条岔路，通往格拉诺姆，这是一座希腊化的高卢城镇。今天，想要辨认出这条古道并不容易，现代的公路网交叉纵横，时而要绕过新规划的地产项目，但这些乡间别墅并不是这条古老路线上唯一会让你留意的东西。

通往格拉诺姆的路上，一些记录着逝去岁月的纪念碑总是能抓住行人的目光：有纪念来自西班牙的250名政治难民的，他们在第二次世界大战期间，曾在这里协助修建基础设施；也有让人回忆起1936—1939年的西班牙内战的，10 000名来自法国的国际纵队战士曾前往邻国参战。附近的一座高大的石墙之后，是一片长满杂草、橡树和苏格兰松的墓地。这片古老的犹太人墓地建于14世纪初，曾断断续续使用了几个世纪的时间。1500年，法国国王路易十二（Louis Ⅻ）驱逐犹太人时，这里被弃用，直到法国大革命后才再次接收逝者，但到了 20 世纪，这个地方再次被关闭。

再向前走，会出现一条古老的沟壑，伴在古道一旁，沼泽贝母沐浴在盛夏的阳光之中，给这片荒地点缀上了斑驳的橙色。古道向前延伸向一片高地，在那里还残存着一些古罗马时代的遗迹，在青金石色的天空下，15 米高的拱门仍散发着古时的荣光。一条由小镇莱博（Les Baux）通往圣雷米的现代公路把这些遗迹与格拉诺姆分隔开来，虽然让它们显得多少有些孤独，却无法减损其价值。多美亚大道分出的古道从拱门下穿过，通往古城。拱门起到的作用，便是让文明而神圣的罗马城镇与野蛮而危险的"蛮族"领地划清界限。尽管拱门饱经岁月侵蚀——顶部只有部分保留下来，外立面的大理石雕刻也所剩无几——但仍可以一窥其最初作为神圣门户的职能。

然而，将野蛮阻挡在文明之外并不是这道拱门唯一的作用，它也是古代记忆真实存在的证明。不可否认，因为年代久远，对大多数与恺撒有关的事迹来说，想要补全历史的拼图，不得不辅以必要的想象力。在 19 世纪，人们普遍认为，这道拱门和与之毗邻的塔是恺撒本人下令修建的，建在高卢被征服之后不久，这不仅是为了彰显他的丰功伟绩，也是为了纪念马略几十年前的胜利。附近的一堵古墙至今还被称为"马略的墙"。然而，从建筑风格判断，这道拱门应该修建于稍晚一些的时期，大约在公元前 20 年，它与奥古斯都统治下的类似建筑有着相近的风格。因此，拱门不是恺撒为了纪念当下的胜利而修建的，而是奥古斯都——作为罗马的第一位皇帝——为了弥合长期内战带给罗马的创伤，同时同化新征服的高卢而修建的。

第五章 新行省的秩序

位于格拉诺姆的一座陵墓，大约建于公元前40—公元前20年，属于一个名为"朱力"的高卢贵族家族。在恺撒征服高卢后不久，这个家族就罗马化了，甚至还拥有了一个新的罗马式名字——"朱利叶斯"。

这道拱门的雕饰向人们展示着截然相反的含义。无论你是从格拉诺姆古城一侧，还是从上文提到的古道一侧走近这道拱门，首先

格拉诺姆的拱门,建于公元前 20 年左右,外立面上曾经装饰着各种果实和戴着镣铐的高卢人的浮雕。

注意到的必然是四根带有凹纹的石柱,左右两侧各有两根。在每侧的两根石柱之间,可以看到两个人形浮雕,比真人尺寸略大,所以,在拱门上一共有四组这样的双人浮雕。这些浮雕有些保存较好,有些则被严重侵蚀。尽管如此,还是不难看出它们的共同点。两人之中,肯定有一个是男性、强壮、身形健美、几乎裸体,以坚定的姿势站立着。这些是高卢人的形象。每个人都披枷戴锁,脖子上、手腕上都有锁链,手臂也被绑在背后。一旁是被堆在一起的武器,曾经属于这些俘虏,现在是罗马人的战利品。战利品上方雕刻

第五章　新行省的秩序

着两个女性形象：其中一个是高卢女人，正在为即将与爱人分离而哭泣；另一个衣着更加华美，象征着罗马，盯着那些从反叛部落缴获的武器，这些部落将永远失去这些武器。值得一提的是，那些高卢战士的形象并不是人们印象中的那种"蛮族"打扮，而是身着一种类似托加长袍的外套，这是类似罗马人的装束，象征着这些人曾经接触到"文明"，却又愚蠢地选择放弃它。

这并不是戴着镣铐的高卢人唯一一次以类似罗马风格的形象出现。就在格拉诺姆古城的一处喷泉遗迹中，发现了一尊战败高卢战士的雕像，跪在地上，身负枷锁。在卡庞特拉①（Carpentras）和奥朗日发现的罗马钱币上，也都发现过被俘虏的高卢人形象。它们无不在提醒人们这样一个事实：高卢是一片被套上了枷锁的土地，受制于强大的罗马。

拱门浮雕还体现了另一层含义，与那些被俘虏的高卢人形象所表现的意味截然不同。当人们穿过拱门时，抬头便能看到一些完全不同的装饰。与拱门表面的光滑平面不同，它的边缘和拱顶被由鲜花、植物和水果组成的浮雕覆盖。这些浮雕风格鲜明，不再收敛、克制，处处体现着奔放的热情。石榴、苹果、结满葡萄的藤蔓、长满橡子的橡树、挂满果实的月桂树，所有这些相互缠绕，充斥着每一寸空间，好像拱门的空间过于狭窄已经无法容纳它们。

类似的装饰一直延伸到拱顶。花朵从石缝中冒出，生机勃勃的藤萝和枝叶卷曲着把触手伸向每一个角落，这些令人眼花缭乱的浮雕让拱门看起来比其所在的尘土飞扬的高地更有生气和活力。而这一切美好都源于罗马对这片土地的征服与统治。这一层含义与身负

---

① 卡庞特拉：位于法国东南部。古代希腊商人曾在这里建立商站。

枷锁的高卢人形象形成了鲜明的对比。

格拉诺姆的拱门的细节，雕刻着各种水果、鲜花和植被，寓意罗马的仁慈。

随着恺撒的征服，高卢处处都被戴上了枷锁，但是这枷锁的松紧程度却不尽相同。这些套在高卢人身上的枷锁因时而变，因地而异。有时它们表现为对本土文化和生活方式的直接破坏，有时又以更温和的形式出现，通过诱导、给予奖励和声望、赋予有限权力的

第五章　新行省的秩序

方式，换取被奴役者对罗马的效忠和支持。

恺撒在公元前50年离开了高卢。随着他在阿莱西亚取得的胜利，一场针对罗马的大规模反叛被镇压了下去。然而，这并没有妨碍当地部族发起一些零星的小规模反抗。因此，恺撒和他的将领们在高卢度过的时间，基本上都在疲于奔命地打击不安分的力量。卡尔努特斯部落（Carnutes）居住在塞纳河和卢瓦尔河（Loire）之间，他们在隆冬时节被赶出家园，在暴风雪中忍受严寒和饥饿，连栖身之所都找不到。在高卢东北部，贝洛瓦契人坚持的游击战术被粉碎，在乌克塞洛顿诺（Uxellodunum）［靠近今天的卡奥尔①（Cahors）］坚持抵抗的战士在投降后，全部被斩断右手，以威慑反抗者。

在行省取得的军事胜利为恺撒带来了巨大声望，而这位罗马统帅却开始厌倦这缺乏挑战性的工作。他的任期即将结束，不想继续被束缚在高卢"维持治安"。他现在关心的是罗马，那里有他在元老院的对手，有想和他争夺最高权力的庞培。似乎这些外部因素才是恺撒以惊人的速度平息高卢叛乱的原因。公元前50年的冬天起，在总督任期的最后一年，恺撒放弃了长期以来一直使用的铁腕，转而以仁慈的手段稳固罗马对高卢的统治。完成《高卢战记》最后一卷的奥路斯·希尔提乌斯简要地提到了恺撒使用的方法——"向各部落授予荣誉，向首领们赠送大量礼物，再没有新的税赋被强加给高卢人"。经历了多年的残酷镇压之后，在冲突中早已疲惫不堪的高卢酋长们显然愿意"在这些宽仁的政策下"与罗马保持和平，希尔提乌斯这样说道。

---

① 卡奥尔：位于法国南方的比利牛斯大区北部。

希尔提乌斯留下的只言片语，向我们揭示了罗马在高卢建立稳固统治的最初尝试。高卢被征服后，罗马并没有立即着手展开大规模的同化政策。对于怀有异心的高卢首领，无情的经济政策将会把他们逼向死角；而对于易于驾驭的首领，一方面，罗马会提供经济上的资助，另一方面，也会帮助他们巩固在高卢人内部的地位。恺撒会利用高卢社会中已经存在的等级制度，以此代表罗马的意志行使政府的职能。事实上，除此之外，他别无选择。罗马正处于剧烈动荡的边缘，那场旷日持久的内战一触即发，恺撒与庞培的正面对决已经在所难免。在遥远的高卢边境地区，建立正式的行政体系，体现罗马至高无上的权威，这些都需要时间和资源，但这二者此时是恺撒所无法提供的。此外，考虑到高卢在战争中被破坏的程度，在短时间内将罗马那套精细的行政体系移植到新征服的土地上，显然是不现实的。

因此，在这片土地被征服后的头几年中，长发高卢一直作为山北高卢的一部分被管理，二者由一位总督管辖。没有迹象表明罗马人试图在这一时期做出任何改变，他们心中盘算的是如何让长发高卢不发生叛乱。一些现代历史学家曾提出，在一段时间内，这个地区甚至存在着某种程度的军事管制，这也解释了为什么当地居民的敌意一直在发酵。公元前46年，恺撒之后的第一任总督朱尼厄斯·布鲁图·阿尔比努斯（Junius Brutus Albinus）不得不着手镇压贝洛瓦契人的又一次起义，而几年前最后一批反抗恺撒的部落中，就有他们的身影。公元前44年，高卢部落向当时的总督奥路斯·希尔提乌斯承诺，他们不会在恺撒遇刺后制造麻烦，这让紧张的罗马人松了一口气。然而，和平并没有持续多久，第二年，将军卢修斯·穆纳提乌斯·普朗斯（Lucius Munatius Plancus）被派往莱茵河畔对

第五章　新行省的秩序

抗一个盘踞在阿尔卑斯山的部落联盟。之后的三十年中，这类叛乱从未停歇。

　　在长发高卢被征服后，罗马人对山北高卢的控制变得更加明显，也比在新占领的地区更加严格。其中，部分原因在于在与庞培的较量中，恺撒需要高卢为他提供人力和资源。公元前 49 年，因为拒绝在内战中支持恺撒，马萨利亚——这座虽然地处罗马行省的腹地，却依然是一座独立的希腊化城市——被罗马军队包围并最终攻陷。它原本控制的领土被夺走，仅剩下名义上的独立。随着罗马人对这座城市的影响稳步提升，他们在山北高卢的存在感也不断加深。公元前 46 年，恺撒战胜了庞培，在那之后，许多忠于他的部属被安置在了山北高卢的几个罗马殖民城镇——纳博马蒂尤斯、贝济耶①（Béziers）和奥朗日。罗讷河畔的维埃纳和尼姆②（Nîmes）的居民也被赋予了拉丁公民权，而处于权力阶层的居民甚至可以获得罗马公民的身份。

　　在山北高卢建立这些城镇可能是恺撒针对高卢制订的长期规划的一部分。如果他在公元前 44 年躲过那次致命的暗杀，那么随后罗马在高卢进行的一系列活动可能会由他本人来亲自完成，然而，这种可能性随着他的死亡而永远消失了。我们只能猜测，他曾经构思过一个在山北高卢建立一套完善的行政体系的宏伟计划。考虑到他于公元前 46 年在共和国内部进行的一系列改革——从历法到中央行政机构，这样的计划可能的确在他的脑海里出现过。然而，在

---

　　①　贝济耶：位于法国南部的奥尔布河畔，距离地中海海岸大约 11 千米。
　　②　尼姆：位于法国南部，自公元前 118 年起便成为多美亚大道上的重要城镇，也是山北高卢行省最大的城镇之一。

没有任何事实的情况下，高卢融入罗马的功劳不应该归于恺撒，而应该记在后人头上。

恺撒被刺杀后不久，长发高卢建立起了第一批永久性的罗马城镇。公元前43年，普朗斯击败了盘踞在阿尔卑斯山的部落联盟，建起了两个新的殖民城镇——卢格杜努姆（Lugdunum）（也就是今天的里昂）和今天巴塞尔①（Basel）的前身奥古斯塔·劳里卡（Augusta Raurica）。建立它们首先是为了保护阿尔卑斯山外的地区免受长发高卢潜在不稳定性的影响。其次，它们也可以供养一部分军队，而在内战中，这些军队将派上用场。

公元前40年，罗马的权力掌握在屋大维（Octavian）（恺撒的甥孙和养子，更为人所熟知的名字是奥古斯都）和马克·安东尼（Mark Antony）的手中。这两人有一个共同点——都非常关注新征服的领土，前者掌管罗马西部的领土，后者则紧握着东部。高卢，作为屋大维手中新征服不久且非常重要的地区，需要他的特别关注。对他来说，有两个问题同等重要：第一，他不仅要留意高卢内部随时可能爆发的起义，还要提防觊觎这片土地的外部入侵者；第二，在长发高卢建立一个行之有效的长期行政机构刻不容缓。就像当初这片罗马的新领地给予恺撒的一样，它也给予屋大维难得的机遇。这片土地很辽阔，有能力提供大量的人力和物力。他已经意识到，这里将成为他的基地，为他提供源源不断的资源，它们至关重要，因为他与马克·安东尼的新一轮内战已经在所难免。

屋大维在公元前39年第一次来到高卢，任命他最能干和最信任的副手阿格里帕（Agrippa）为总督。越来越清晰的迹象表明，

---

① 巴塞尔：位于瑞士北部边境，与法国、德国接壤。

第五章 新行省的秩序

高卢东北部和西南部最有可能出现新一轮动荡，与它们接壤的地区要么完全处于罗马势力范围之外，要么并不完全受控于罗马。东北部以莱茵河为界，与对岸的日耳曼部落隔河相望；西南部毗邻西班牙诸省，而在那里，罗马的权威并没有那么稳固。在这两个方向上，蠢蠢欲动的"邻居"都在试图煽动高卢部落发动叛乱。正是由于这个原因，新总督开始建设基础设施，以提高高卢的防御能力，同时稳固内部的安全。

构建一套完备的道路网成了首要任务。最初，这个任务显然具有军事层面的意义。有了这套道路网，罗马军队就能够从意大利心脏地带出发，快速到达遍布高卢的殖民城镇，进而再前往东北部和西南部不稳定的边境。很明显，早在古罗马时代到来之前，高卢就已经有了道路，而且在某些情况下，彼时的道路质量并不差，足以满足轮式交通工具的需求。事实上，如果没有这些基础性的道路，恺撒恐怕无法顺利征服高卢。然而，那些在阿格里帕当上总督之前所铺设的道路，其坚固和安全程度都无法与之后新修的道路相提并论——罗马人的新道路网由碎石铺设，能够应对不同气候的挑战，还有专人定期维护。

阿格里帕对待工作向来一丝不苟。有证据表明，他曾对高卢进行过一次勘测，得到了海岸线长度和东西海岸之间的距离。有了这些信息，在公元前39年到公元前27年，他一手勾画出了高卢第一套道路网。正如古罗马地理学家斯特拉波所观察到的，阿格里帕将新建立的殖民城镇卢格杜努姆选为这套道路网的核心枢纽，因为它"位于高卢的中心，是一座设防城镇，不仅是各大河流的交汇处，通往高卢各地也很便捷"。有好几条道路从这里辐射向高卢各地：其中一条通往罗讷河沿岸的罗马城镇，包括阿尔勒、尼姆、奥朗日和维埃纳，与更早修建的多美亚大道相连；另一条分支延伸向西海岸阿基坦地区的桑特（Saintes），为罗马人提供了通往高卢西南部的道路；西北方向的支线道路通向布洛涅，一方面促进了与不列颠的贸易活动，另一方面也为将来征服这座岛屿打下了基础；东线支路将卢格杜努姆与奥古斯塔·劳里卡连接在一起，靠近赫尔维蒂人的领地；最后，还有一条通往东北方向的支路，一直延伸到今天的科隆（Cologne）[彼时被称为尤比奥罗姆（Ubiorum），是由尤比部落在公元前38年建立的一座坚固要塞]。

当罗马的军队实实在在地出现在高卢的地平线上之时，通过调动军队就可以很容易地贯彻罗马的意志，此时，建立起更有效的行政机构便指日可待了。在吞并广袤的长发高卢之后，罗马人重置了这片土地的行政区划。原本的山外高卢行省被更名为纳尔邦高卢，名字源自高卢南部海岸的发达殖民城镇纳博马蒂尤斯。恺撒在《高卢战记》中提及的长发高卢被分为了三部分：在中部，塞纳河与加龙河之间的土地被划为卢格敦高卢（Gallia Lugdunensis），也被称为里昂高卢（Lyonese Gaul）；在北部，斯海尔德河（Scheldt）与塞纳河之间的土地被划为比利其高卢；在西南部，加龙河到比利牛斯山脉之间的土地被划为阿基坦高卢（Gallica Aquitania）。这便是三个新的高卢行省。

用今天的眼光看，这种划分方式并不让人感到意外，但其中也可以发现恺撒征服高卢过程中有意"偷换概念"的痕迹。一种观点认为，在古罗马人——或许也包括当时生活在今天法国境内的原始居民——眼中，"高卢"作为一个地理概念，原本仅仅包括卢格敦高卢和纳尔邦高卢，虽然在语言和文化上存在着共性，但高卢原本并不包含比利其高卢和阿基坦高卢地区。当恺撒以那句著名的论述——

第五章　新行省的秩序

安布鲁苏姆（Ambrussum）附近保存完好的多美亚大道，旧时战车留下的车辙还依稀可见。

"高卢作为一个整体，由三部分组成"——开启《高卢战记》之时，他"搞错"了高卢原本的地理范围。他将这个概念扩大到今天的比利时和阿基坦地区，可能只是为他征服这些土地提供法理上的支持。作为山南高卢和山北高卢的总督，恺撒似乎没什么理由主动进攻这两片土地；然而，如果它们被视为高卢的一部分，那么恺撒显然就拥有了足够的理由到那些更遥远的土地上行使权力。尽管原本高卢的概念只是地中海世界扩张思想的产物，指的仅仅是一片"分散的""模糊的"地区，但恺撒的"错误"赋予了高卢全新的定义，而这一定义则被古罗马人的继承者法国人接受。

做地理层面的行政划分算不上什么难事，真正的难题在于：如何让高卢诸部落接受并融入罗马的行政体系？他们都有自己的文化与传统，并不愿意轻易接受罗马人的思维模式。对付地中海沿岸那些小规模的城邦，罗马得心应手。通常情况下，这些城邦由一座城市和一片不大的领地组成，但不会再拥有稍小规模的城镇和定居点。高卢部落却完全不同：首先，它们往往占据着范围大得多的领地；其次，领地之内还会并存着许多政治影响力不相上下的聚居点。只有通过设计巧妙的法律条款，罗马才能把这些部落更好地"消化"在自己原本成形的等级制度之中。每个部落被标记为一个城邦，其全部领地被视为这个城邦的范围，从中选出一个聚居点作为其首府，发挥着地方政府的职能。罗马的"生活模式"与行政命令将从这些首府出发被更广泛地加到高卢人身上。

这次"城邦划分"让被征服者体会到了失败的代价。罗马人利用这次机会"更合理地"重新规划了高卢诸部落。许多在恺撒征服之前就存在的部落"消失不见了"。参加了阿莱西亚之战的曼杜比人再也没有作为一个独立的部落而存在，不断被划归别的较大的部落；与此同时，另外一些部落则被合并在一起。在比利其高卢，阿杜亚都契人、埃布隆人（Eburones）、康德鲁西人（Condrusi）和其他几个部落一起组成了一个被称为"佟古累"（Tungri）的新部落。在阿基坦高卢，原本存在的 30 个独立部落，现在被合并为 9 个。这类部落合并不仅仅是出于方便管理的目的，恺撒对高卢的征服带来的人口减少,也是原因之一。很多高卢人在战争中死去、沦为奴隶或者被迫充军为曾经的敌人而战。许多部落饱受战乱之苦,规模萎缩,再也无法独立存在。而3个新建立的高卢行省的边界划分,就是为了让最强大的3个部落——埃杜维人、阿维尔尼人、塞夸尼人——被分割开来,任何一个行省都不能同时出现两个强大部落。

伴随部落的重新划分,公元前22年,罗马人对3个新的高卢行省进行了一次普查,在此之后,每隔15～25年,都会进行一次这种普查。普查结果推进了税收制度的确立。可以肯定的是,罗马人从一开始就有对被征服的领土和民众征税的传统,但在管理上却并不十分成熟。所有被征服的民族都必须向罗马进贡,这进一步确认了他们名义上的俘虏身份。从法理上讲,任何被征服者最初都是奴隶,而纳贡则可以让他们避免真的成为奴隶。恺撒当初留下的一些传统并没有一直保持下去。比如,他在离开高卢重返意大利争夺权力之前,曾将减免贡品作为一种手段来安抚一些部落首领,以防这些人在自己走后发动叛乱,但随着时间的推移,这些个人特权都被逐渐收回。新建立的税制品类多样,土地税的税率是10%,每个高卢人都要缴纳一定额度的人头税,陆地或海上的边境贸易会被征收21%的关税,商品都会被收取1%的销售税,除此之外,奴隶主释放奴隶也要缴税,税率是奴隶价值的5%。

与税收制度一同建立起来的还有压迫性的官僚制度。历史学家卡修斯·迪奥(Cassius Dio)记录了一位名叫李锡尼(Licinius)的官员的事迹,他在公元前15年左右奥古斯都统治初期已经颇具声望。他的行政风格十分专横,传说他即将上任之时,众神甚至向高卢人发出了一个示警:一个巨大的海怪——6米宽,18米长,

"看上去像一个女人，除了脑袋以外"——被冲上了高卢的海岸，这算不上好兆头。李锡尼本是高卢人，被恺撒俘虏后成了他的私人奴隶，后来被重新赋予了自由身。大概是由于他对高卢的熟悉和丰富的人脉，他得以在新建立起来的行政系统中占据了一席之地。卡修斯·迪奥写道，李锡尼"将'蛮族'的贪婪和罗马人的傲慢集于一身，不允许任何人挑战自己的权威，只要对他稍有威胁，便会被清除掉"。为了中饱私囊，他勾结身边的人策划了许多阴谋，其中，最臭名昭著的做法是要求高卢人按月缴纳贡品，却告诉他们一年实际上有 14 个月，而 12 月①实际上是一年中的第 10 个月，后面还有 4 个月。迪奥暗示奥古斯都对李锡尼的做法心知肚明却睁一只眼闭一只眼，甚至接受了后者奉上的大量贿赂，这保护他不会因为在任期内的腐败而受到惩罚。

高卢的灾难甚至可能直接来自皇帝本身。根据卡修斯·迪奥的记录，皇帝卡里古拉（Caligula）奢侈成性，甚至到了意大利本土收入难以支撑的地步。公元 40 年，他以欲向莱茵河北岸发动军事行动为名，率军前往高卢，实际上是打算搜刮这里的财富，部队中"充斥着演员、角斗士、女人以及各种奢华的物品"。他先是做出准备跨过莱茵河的姿态，然后又转而佯攻不列颠，所有这一切无非以征收军需为由对高卢诸省横征暴敛，稍微富裕一些的民众就会被索要贡品，卡里古拉甚至不惜以杀戮为手段制造恐慌，威胁高卢人服从。除此之外，他还想出一个荒唐的主意，举办了一场装模作样的

---

① 12 月（December）源自拉丁语词汇 decem，原意为 10。在古罗马最初使用的罗慕路斯历中，December 本是 10 月，而该月之后的冬天不包括在任何一个月里，直到后来才创造了 1 月和 2 月填补空白，从而 December 成为 12 月，但仍保留了原本的名称。

第五章　新行省的秩序

拍卖，把皇室的古董卖给卢格杜努姆的高卢人。每一件物品都被他巧立名目，为的就是能卖出去："这曾属于我父亲""这是我母亲的""我的祖父曾使用它""这是我曾祖父的""这幅埃及画曾属于安东尼，后来成了奥古斯都的战利品"。所有这些横征暴敛来的财物都被用来在卢格杜努姆举办一场盛大的军事游行，以纪念这位皇帝从未取得的"军事胜利"。

令人惊讶的是，虽然罗马向高卢征收沉重的赋税，但鲜有公开反抗发生。根据塔西佗的说法，公元 21 年，两个高卢贵族——弗洛鲁斯（Florus）和萨克罗维尔（Sacrovir）——发动了一场起义，想从沉重的税收和高利率的债务中挣脱出来。然而，高卢人债台高筑，不仅仅是为了缴税而借贷，还有一个原因，他们被罗马人高大宏伟的建筑和先进的军事装备吸引，不惜借钱修造建筑和购买装备。也许正是由于这个原因，这场起义并没有得到多少支持，很快就被镇压和遗忘了。

除了严苛的税收制度，在文化方面，罗马人也不遗余力地压迫高卢人。恺撒曾记载德鲁伊教的活人祭祀活动，他们会用树枝编成巨大的人像，然后将罪犯甚至是无辜的人放进去活活烧死，以此向"不朽之神的权威"致敬。这样原始的做法显然会让罗马人反感。罗马人可能将德鲁伊教视为一个潜在的威胁，认为它具有巨大的号召力，足以将高卢人统一起来，掀翻他们的统治：它提供了一种将法律、世界观和宗教仪式通通囊括的古老秩序，足以弥合高卢诸部之间的巨大隔阂，让他们团结在一起，形成一股挑战罗马权威的力量。不管原因是什么，总之，罗马人开始逐步压制德鲁伊教。奥古斯都禁止任何罗马公民从事德鲁伊教活动。其后的两位皇帝——提比略（Tiberius）和克劳狄一世——直接采取措施，在公元 1 世纪，将德鲁伊教彻底取缔。"事实就是这样,"老普林尼说道,"罗马人民终结了那些可怕的仪式,我们对他们做出的贡献再怎么赞赏也不过分,那些可怕的仪式将杀人视作一种最虔诚的行为。"

因此,可以这么说,在恺撒身后,罗马人制造的阴影笼罩在高卢人的生活之中,仿佛让后者生活在牢狱之中,在宗教、税收、政府和部落组织方面,无不如此。

然而,格拉诺姆的拱门上的那些精美雕饰,也不完全是为了炫耀对高卢的征服。高卢的罗马化可能让这里的原住民付出了可怕的代价,但最终也让这片土地的文化之花盛开。

如果你在公元前 12 年仲夏从格拉诺姆出发向北旅行,就会发现此言非虚。格拉诺姆本身刚刚被大规模重建,除此之外,不仅罗马大道沿途经过的殖民城市——阿劳西奥、维埃纳(刚刚修建了新城墙)——日益繁荣,阿格里帕修建的道路网也催生了一些新城镇,比如卢格杜努姆。

斯特拉波用"卫城"这个词来形容卢格杜努姆并不是没有原因的。在老城的中心,富维耶山矗立在索恩河的转角处,它那巨大的石灰岩峭壁向西北方向延伸,缓缓地下降,最终融入新城所在的平原。公元前 43 年,罗马人在这里建起了殖民城镇。今天,在开放的罗马老城的废墟周围,被粉刷为白色的小巷和石阶还是会带给人们一种历史的沉重感。

第五章 新行省的秩序

富维耶山南侧的罗马剧院和山顶附近的奥德翁剧院①，都是由奥古斯都捐建的，这也说明了这一时期，高卢在文化方面的确在快速发展。由卢格杜努姆的创建者卢修斯·穆纳提乌斯·普朗斯修建的城市广场和原始的网格街道，虽然已经湮没在古剧院之后那一排排的商店之中，但也并非难觅踪迹。当年的那些方砖修葺的石墙仍旧矗立在那里，虽已破败，却仍守望着菱形花岗岩石板铺设的道路和道旁的陶制水管。

但卢格杜努姆最繁荣的地方却在罗马古城的中心之外。沿着今天里昂的街道从富维耶山向东走，就来到了一处夹在索恩河和罗讷河之间的狭长半岛，正是在这里，曾经有一座名叫康德特（Condate）的高卢村庄，这个名字本身就含有"河流交汇之处"的意思。这座村庄是一个繁荣的贸易中转地，也串联着两条河流的航运。现如今，这里是里昂的一个重要郊区，虽然比一河之隔的富维耶山显得忙碌许多，但仍然保留着一丝郊区原本的悠然气质。再往北走上一小段距离，可以看到一条蜿蜒曲折的中世纪窄巷，那便是著名的大岸坡道。街两旁的建筑像是被岁月扑上了一层珍珠粉，狭长的拱门和高高的窗棂装扮着不规则的墙壁，让它们显得既亲切又疏远。这一带后来被称为红十字区，在几个世纪的时间里，一直是里昂丝绸工人的聚居地和表达不满的大本营，他们总是高喊着"要么在自由中工作，要么在斗争中死亡"。有心人还能在这里找到一块纪念1835年法国第一家工人合作商店成立的牌匾。在这里，斗争的喧嚣似乎比自由的平静更常见。

---

① 奥德翁剧院：一类拥有屋顶的小型剧院，一般只有正常剧院的四分之一大小，主要用于音乐和诗歌表演。

拐过一个街角，就进入了布尔多路，这里与宁静、轻松的大岸坡道完全不同，街道规整、笔直，闪着柏油的光亮。街两旁满是店铺，开门营业的却寥寥无几，上锁的门上多半挂有政治标语。墙上的涂鸦毫不避讳政治倾向："英国有玛吉·撒切尔（Maggie Thatcher），法国有玛吉·奥朗德（Maggie Hollande）、玛吉·瓦尔斯（Maggie Valls）和玛吉·马克龙（Maggie Macron）。"布尔多路似乎再也看不到古罗马时代的影子，虽然有一种说法指出，公元前12年，这里曾发生了一件影响高卢的重要事件。

富维耶山上的罗马剧院和奥德翁剧院。

屋大维掌握罗马的最高权力之后，高卢发生内乱的地区——正

第五章　新行省的秩序

如阿格里帕所预见的——主要集中在东北部和西南部，其中东北部的问题尤为严重，公元前 30—公元前 29 年和公元前 19—公元前 17 年，这里发生了两次大规模的反叛。公元前 16 年，莱茵河北岸的日耳曼部落抓获了一些在他们领土内旅行的罗马公民（据推测是商人），并将他们钉死在十字架上，除此之外还屡屡发起向高卢内陆的进攻。一支罗马骑兵奉命前去击退日耳曼人，却遭到了伏击，当时，罗马的高卢总督洛利乌斯·波利纳斯（Lollius Paulinus）也在军中。这场失利给罗马的荣耀带来了污点，也让皇帝对北方边境的安全感到担忧。从公元前 16 年开始，他在高卢待了足足三年。一方面，这让他有机会亲自监督对阿尔卑斯山区的征服，在拿下这一小块仍然坚持抵抗罗马的土地之后，高卢和意大利之间的道路安全终于得到了保障，为庆祝这一胜利，罗马人还在靠近摩纳哥的拉蒂尔比耶镇修建了一座纪念碑；另一方面，屋大维已经将目光投向了高卢的西北方向，筹划着打击日耳曼部落的计划，由他的继子德鲁苏斯（Drusus）负责。皇帝自然不会对这种规模的军事行动掉以轻心，因为通常情况下，军队的大规模调动和集结很可能引起当地的动乱，甚至部队本身的叛乱。此外，要支撑起一支规模大到足以击败日耳曼人的军队，就必须想办法征到一大笔税款，为此，帝国政府计划在公元前 12 年进行一次人口普查，而这无疑会导致又一波不满情绪的爆发。在这种情况下，任何一位足够明智的统治者都会采取措施确保高卢人保持忠诚。

公元前 12 年，德鲁苏斯动身征伐日耳曼人之前，邀请了 3 个高卢行省的 60 个新划分"城邦"的代表齐聚卢格杜努姆，参加一座新祭坛的落成典礼，位置就在今天的布尔多路。这是一场盛大的典礼。新祭坛由大理石雕刻而成，大约有 50 米高。斯特拉波记录道，祭坛上刻有"60个部落的名字"和"描绘每个部落特色的浮雕，一个也没有落下"，虽然这些浮雕可能是祭坛落成后，才逐渐加上去的。祭坛两侧是高大的爱奥尼亚石柱，材质是颜色鲜红的埃及斑岩，每根石柱的顶部都可以看到胜利女神雕像。祭坛旁边是一座小的圆形剧场，市民可以在那里集会。这座祭坛是献给罗马和奥古斯都的，自此之后，每年的8月1日，来自高卢各地的代表都会来此集会，因为这天是奥古斯都击败埃及艳后克利奥帕特拉的纪念日。

随着罗马日益强大，这处祭坛也被翻修得越来越精美，比如那些后来添加上去的浮雕，但盛极必衰，它也随着帝国的崩溃而最终损毁消失了。11世纪时，斑岩石柱再次被发现，但被用来修建了位于附近的圣玛尔定德埃纳圣殿（Basilica of Saint-Martin d'Ainay）。从文字记载、碑文和古钱币上，都可以找寻到这座祭坛曾经存在的蛛丝马迹，但它的消失掩盖了其重要意义。让被打败的高卢首领们参与罗马式的皇权崇拜活动，罗马人的初衷应该是想压被征服者的锐气，可是，把全高卢的领袖邀请到这里，以这种方式让他们仅剩的尊严在罗马的荣耀面前被彻底踩在脚下，似乎算不上确保他们持久忠诚的最有效方法。然而，换个积极的角度，这样的活动，一方面可以让高卢人展现自己对罗马的效忠，另一方面也向他们表达了一种态度——他们也被视为帝国的一分子。

在高卢，卢格杜努姆并不是唯一一座拥有这类祭坛的城市，然而，它在许多方面又有独特之处。没过多久，祭祀活动的参与者就变得越来越多，担任祭司者的身份也越来越复杂（他们的头衔很难与今天人们熟悉的官职相对应），他们每个人都会为祭祀活动筹集资金，甚至直接提供资助，以期活动可以发挥其原本的政治价值。除了参与祭祀，他们在卢格杜努姆的市政管理方面，也会发挥一定作用。这些人拥有罗马公民身份,但实际上一般都是高卢人出身,是由高卢"城邦"的代表选出的。

许多祭司的名字被刻在石碑上,保留了下来。今天,在里昂的高卢-罗马博物馆,还可以找到很多这样的石碑。走在博物馆略显阴冷的地窖中,就可以看到这些石碑,上面那些雕刻精美的文字仍在向人们诉说着当年这些高卢人祭司的事迹,他们身着罗马装束,沉浸在祭祀罗马君主的活动中。"凯厄斯·乌拉修斯,乌拉修斯·普利斯库斯之子,在彰显罗马与奥古斯都荣耀的神庙担任祭司,在索恩河和罗讷河交汇之处,第一个获得如此殊荣的塞古西阿维人(Segusiavi)","昆图斯·利西纽斯·乌尔托,利西纽斯·陶鲁斯之子,在二十二岁时,继承其父祭司的职务"。

高卢地区的祭坛,被描绘在奥古斯都统治时期发行的硬币上。

帝国祭坛的祭司们不但要赞美罗马,更要在高卢人的心中培养起对帝国的忠诚。表面上，祭司拥有的地位与权威都是罗马赋予的，但实际上这些紧要的职位都被高卢人占据着。一个缺乏信心的帝国，绝对不会创造这样一个地方权力中心，特别是在这个中心还有可能被心存不满者利用时。显然，罗马不缺乏这方面的自信。甚至，它有意建立这样的地方权威，这与其相对薄弱的行政体系有关。直到恺撒生活的年代，罗马的地方行政机构与它必须管理的广阔地区以及必须承担的职责相比，还是规模过小的。从罗马派来的官员和行政人员屈指可数，所以，在高卢，地方行政的大部分工作都被移交给了高卢人。新划分的各城邦的内部事务名义上是由各部落管理的，它们模仿罗马的地方行政机构和殖民地模式发展起了自己的机构，由接受了罗马风俗的高卢人担任要职。高卢人开始夸耀自己的"市政官员"和"市政委员会"。通过氏族仇杀的"战绩"、扈从人数或房前门梁上悬挂的人头数量来获得声望的传统很快被抛到了脑后。现在，一个高卢人的地位很大程度上取决于他拥有的市政职务，就像罗马的贵族一样。担任要职的人可能对自己部落中的民众拥有比前罗马时代更有效、更复杂和更稳定的权力。

这种变化可以追溯到恺撒征服高卢时期。那些最幸运的高卢人，不仅可以担任地方行政官员，甚至有机会参与更多的"罗马事务"。恺撒向那些支持他的高卢贵族授予罗马公民权。埃杜维部落的首领托吉里克斯（Togirix），将恺撒的名字与自己的名字融合在一起，从而拥有了自己的拉丁名字——盖乌斯·尤利乌斯·托吉里克斯。这样的高卢贵族并不在少数，他们中的许多人还跟随恺撒参加了与庞培的内战。普通的高卢战士会选择加入罗马军团作为辅助部队作战，从而获得前往帝国各地的机会，释放他们的好战本性、积累财富、学习拉丁语、获得公民权，然后带着军事生涯获得的声

第五章 新行省的秩序

望和后天培养的罗马生活方式回到高卢。

与罗马皇室的接触同样提高了高卢三省的地位，这里的许多殖民地和定居点都以皇室成员的名字命名：奥古斯托杜努姆（Augustodunum）（今天的欧坦）、奥古斯托内梅图姆（Augustonemetum）（今天的克莱蒙费朗）、阿格里皮那（Agrippinensium）（今天的科隆）。帝国早期的几位皇帝也与高卢有千丝万缕的联系。奥古斯都在这里逗留了许多年；卡里古拉从小就在边境的军营中长大；公元前10年8月1日，克劳狄一世出生于卢格杜努姆，而这一天恰巧是城市中的那座祭坛建成两周年的日子。克劳狄一世执政时期，高卢人在帝国的地位被提升到了前所未有的高度，他们不再仅仅在地方担任官员或祭司，皇帝授权拥有公民权的高卢人可以进入元老院，甚至竞选帝国的高级官职。他就这一授权发表的演讲被刻在一块巨大的铜板上，挂在祭坛附近，16世纪时，这块铜板在布尔多路附近被挖掘出来。不难理解为何高卢的祭司们选择用铜板记录下皇帝的演讲，后者做出这一决定时，面对着帝国内部巨大的反对声音，但他也有自己的理由，认为自己的决定恰恰是建立在罗马的光荣传统之上的：

> 斯巴达和雅典为何会毁灭？它们在战争中曾经那么强大，却把被它们征服的人当作异族看待，从未接纳他们。与之相反，我们的祖先罗慕路斯（Romulus）却是如此聪明，他与敌对的城邦战斗，然后又与之以同胞的关系相处。对陌生人的恐惧主宰了我们……直到（高卢人）通过礼仪、教育和通婚与我们团结在一起，现在，让高卢人把他们的黄金和财富带给我们，而不是独自享受。元老们，我们眼中最古老的传统，曾经也是

新的，而今天的决定在未来也将变成古老的传统……我们今天遵循先例做出决定，而这一决定在将来就是可以遵循的先例。

就像克劳狄一世不认为允许高卢人担任罗马公职是对罗马人身份认同的挑战一样，担任罗马公职的高卢人也不认为这样做是抛弃了自己的高卢身份。他们可能选择了罗马化的名字，获得了罗马公民的身份，使用拉丁语交流和工作（拉丁语学校迅速在高卢各地涌现，最明显的就是埃杜维人的新首都奥古斯托杜努姆），但这一切都没有减损他们作为高卢人的身份认同。这一点从许多仍然存世的铭文中便可以看出来，在歌颂某位官员的丰功伟绩之时，都会提及他来自哪个部落："一位埃杜维祭司"，"塞古西阿维部落中第一位担此官职的人"，"尤利乌斯·塞维里努斯，来自塞夸尼部落，在他的城市中备受赞誉"。高卢出身是值得炫耀的。这些官员浸淫在罗马化的环境中，但同样忠于自己的部落，罗马官职给予他们的荣誉使他们在自己的部落中获得了威望。罗马文化与高卢文化找到了一种和谐共存的模式。

除了为祭坛上的祭司和罗马人创造的许多市政职位提供工作之外，卢格杜努姆还扮演着另一个重要的角色——这里是"高卢人大会"的举办地。高卢三省的地位不仅由祭司和官员体现，也由来自各部落的代表体现，他们共同组成了"高卢人大会"。早在罗马征服这里之前，高卢部落就有举行大会的传统——比如他们曾在比布拉克特举行的会议中推举维钦托利为领袖——而罗马选择延续这一传统。每年8月1日，卢格杜努姆的祭坛前，"高卢人大会"不仅要负责选出祭司，还会在这场年度庆典上举办各种活动，其中也包括一些荒唐的"娱乐项目"。卡里古拉曾在这里举行一场修辞比赛，输的一方被要求用自己的舌头擦掉自己写下的作品，否则就要被棍棒击打或者被扔进索恩河。据说，一位名为泰图斯·森尼乌斯·瑟穆尼斯（Titus Sennius Solemnis）的祭司曾在邻近的竞技场举办过角斗士表演，花费了33.2万塞斯特斯。但除了举办这些"娱乐项目"，大会也有正经事要做。虽然没有被授予什么实际权力，但作为一个聚集了高卢三省最杰出代表的组织，它必然拥有引领高卢舆论的作用。大会对皇帝的功绩表示祝贺，也会因皇帝去世而致以哀悼，当然，也会表达高卢人的不满，一些有关腐败官员在高卢恶劣行径的报告可能就是由大会整理并提交的。有证据表明，除了铺张浪费地举行角斗士表演，瑟穆尼斯还曾利用自己的影响力来转移大会代表的注意力，以此帮一位罗马总督免受治理不善的指控，由此可看出大会的影响力不容小觑。

以上种种都说明"高卢人大会"发挥着多种职能，也预示着它最终会发展为一股不可忽视的力量。但正如刚刚提到的，罗马人并不惧怕赋予高卢人一定的政治空间，虽然这种空间会催生对抗罗马本身的机会。此外，大会的存在也有助于高卢人发展出集体的民族认同感。恺撒曾表示，在他生活的时代之前，就曾有一些首领试图统治整个高卢，甚至他们中的一些人已经取得了某种程度的成功。显然，恺撒口中的"整个高卢"，并非只包括纳尔邦高卢和卢格敦高卢这两个行省的范围，而在罗马人的强势下，将全高卢收入囊中似乎也只是时间问题。

在里昂的高卢-罗马博物馆收藏的石碑中，可以找到一组巨大的、没有文字的大理石碎片，上面没有记载某位祭司的出身与光辉仕途，只刻有一个橡树花环，尽管如此，却依然可以看出雕工的细腻，花环圆润，茂盛的树叶上还点缀着橡果。与格拉诺姆那座拱门上的雕刻一样,这个花环同样代表着生气与活力,之所以相像,原因在于它们模仿的都是同一座建筑。就在卢格杜努姆的祭坛修建前不久,另一座祭坛——和平祭坛——在罗马举行了落成典礼。修建这座祭坛是为了庆祝困扰罗马一个多世纪的内战终于结束,同时向为罗马带来和平与安宁的第一位皇帝奥古斯都表达敬意,感谢他为帝国开启一个黄金时代。而祭坛上那些枝叶和果实则寓意新时代的繁荣,这份繁荣不仅仅依靠残酷的军事胜利,皇帝"神圣而卓越"的领导力才是这一切的保障。和平祭坛的浮雕刻画了皇室的祭祀活动,虽然拥有最尊贵的地位,但皇室成员却毫不张扬,他们穿着克制、低调,非常传统。浮雕彰显的不是他们的地位,而是他们的虔诚。正如诗人贺拉斯(Horace)所言,他们认为一切都归功于诸神:只有在神的面前保持谦卑——而非对权势的炫耀或对财富的贪婪——才能得到神的偏爱与恩惠。

和平祭坛的落成预示着一个新时代的到来。奥古斯都在"恢复共和国"的名义下获得了帝位,以合法的形式继承了共和国的官僚制度,将之与自己手中的最高权力相结合。以牺牲公共利益为代价谋求巨大的私利是不值得推崇的,但在刚刚过去的内战中发生的正是这样的情况。和平时代重新到来,罗马人朴素、节俭和坚韧的传统美德得到了恢复和发扬。在他们看来,这些美德遵循了罗马神明的意志,让这个国家得到了神明的眷顾,也正是这些美德让罗马人缔造了如今的帝国。维吉尔在这个时候刚刚完成了《埃涅阿斯纪》(Aeneid),他在书中给出了罗马何以成为罗马的原因:众神之王朱庇特赋予罗马一个使命——以权力统御四方之民,让法律保障和平,用征服消灭骄傲。罗马人心中不应只有自己,还要敬畏诸神,还肩负用征服"教化"周边异族的责任。

第五章 新行省的秩序

用如今的价值标准来判断，这无疑是为帝国主义辩护的标志性理由——与英国的麦考莱（Macaulay）男爵[①]这类帝国官员所奉行的准则一致。但在恺撒征服高卢时，这样的说法似乎还没有产生，"教化"自然也并非征服的动机。征服高卢，让罗马的版图在公元前58年至公元前50年激增了30％。这样的成功一定冲击了罗马人的认知，让他们不得不思考自己拥有如此非凡力量的原因，而编造一个自圆其说的关于"神赋责任"的理由，显然是不错的选择。在卢格杜努姆建造一个和平祭坛的仿制品无疑具有明显的象征意义，通过这座祭坛，罗马不仅想表明赋予高卢人自由权利的意愿，还希望让后者相信——尽管他们自己也许都不相信——虽然罗马要求高卢忠诚，但也愿意承担"教化"高卢的责任。在格拉诺姆、卢格杜努姆和高卢其他地方修建的各类建筑上的花环浮雕，传达的也是这样的含义。

罗马向高卢传达的关于"给予"与"索取"的信息看上去非常真诚，也算得上比较合理，随着时间的推移，这一信息似乎也产生了效果。公元1世纪，无论高卢还是整个帝国，最动荡的时期肯定要数"四帝之年"，也就是公元68—69年。由于尼禄暴政，帝国又经历了一场短暂的内战，其影响同样波及高卢。卢格敦高卢的总督盖乌斯·尤利乌斯·文德克斯（Gaius Julius Vindex）是一位高卢酋长的后裔，从名字上判断，他的家族应该是在恺撒时代获得公民权的。他是罗马元老院的一员，可能是在克劳狄一世的改革中获得这一身份的。他曾前往罗马，在那里和其他罗马公民一起工作，沿

[①] 麦考莱男爵：托马斯·巴宾顿·麦考莱，英国诗人、历史学家、辉格党政治家，曾在印度推行西方教育体系。

着"荣耀之路"积累自己的政治资本。文德克斯站出来反抗尼禄的暴政时,没想过建立一个独立的政权,也没打算让高卢脱离罗马。尽管拥有高卢贵族的血统,但他的脑袋里不存在复兴高卢的念头,有的只是作为一名尽职的罗马元老的身份认同。他谴责尼禄可耻的非罗马行径,宣称要寻找一个更合适的人担任皇帝。文德克斯没有推举一名高卢出身的人登上帝位,而是支持西班牙一个行省的总督加尔巴(Galba)——一名典型的罗马元老院成员——成为新皇帝。在罗马征服高卢后一个世纪,高卢人在为维护罗马帝国的秩序而战。

就在同一时期,一个罗马化的日耳曼部落的领袖——尤利乌斯·西维利斯(Julius Civilis)——曾企图煽动高卢人起义,建立独立政权。尽管最初取得了一些成功,但大多数高卢人还是站在了罗马一边。以下是塔西佗引用的一名负责镇压起义的罗马指挥官对两个高卢部落的讲话:

> 高卢一直饱受政治混乱与战争之苦,直到你们开始遵守我们的法律。虽然经常受到你们的挑衅,但我们,作为征服者,仅仅向你们索要维护和平的最低代价——没有军队,就无法保证这片土地的安宁;没有军饷,就无法养活一支军队;没有赋税,就无法支付军饷。除此之外,我们完全没有什么不同。高卢出身的人曾经统帅罗马的军团,也曾掌管罗马的行省。我们不曾要求任何特权,而你们不曾遭受任何排斥……因此,热爱并珍惜和平,热爱这座城市,在这里,我们——征服者和被征服者——享有平等的权利。

卢格杜努姆祭坛上的雕饰所传达的含义并不鲜见。它不仅体现

第五章　新行省的秩序　　　　　　　　　　　　　　　　　171

在罗马政权的官方表达上,在随后的几个世纪中,也体现在高卢的城市、乡村和文化发展中。随着恺撒的到来,独立存在的高卢已成为过去,而罗马化的高卢则是这片土地的未来。

位于阿尔勒的圆形竞技场内的步道。

第六章

贵族的生活和城市的风尚

> 并且也是商贩们往来最少、那些使人萎靡不振的东西输入也最少的地方……
>
> ——尤利乌斯·恺撒,《高卢战记》卷一,1

阿尔勒
·
"狮子之城"
·
中心广场
·
卡多街与戴克曼努斯街
·
地下内庭
·
圆形竞技场
·
剧院
·
奥朗日的剧院
·
君士坦丁浴场
·
桑特的拱门
·
韦松拉罗迈讷

如今，在阿尔勒的圆形竞技场里，不再上演人类战斗至死的戏码。角斗士殊死搏斗，罪犯被野兽撕碎，而观众从中满足嗜血欲望的时代早已远去。然而，在某种意义上，圆形竞技场仍然发挥着古罗马人希望它发挥的作用。

　　阿尔勒的街道上满是岁月的痕迹。傍晚的最后一缕阳光从天空中洒下，斜斜地覆在风化的石头建筑上，勾勒出富有颗粒感的细微之处。旧时骑士团驻地的大门早已腐朽破败，只有上面那骑士和僧侣的纹章还依稀可辨。圣特罗菲姆教堂的回廊中，灰色大理石雕刻的使徒像凝视着走过的人群，仍然恪尽职守地传递着关于天堂的知识。斑驳的中世纪城墙庄严而冷漠，注视着筋疲力尽的罗讷河转过最后一道弯，消失在远方卡马格（Camargue）三角洲的沼泽之中。

　　这座城市的高贵气息长久以来一直让造访这里的艺术家和作家

们流连忘返。曾经在这里生活过的文森特·梵高，一次又一次地在骑士门（Porte de la Cavalerie）旁边的广场上作画，而这一带曾经属于圣殿骑士团。19 世纪，使用普罗旺斯语的伟大诗人弗雷德里克·米斯特拉尔[①]（Frédéric Mistral）称赞阿尔勒为"狮子之城，像一位可敬而威严的女王般，伫立在罗讷河畔，沐浴在古代遗迹的荣耀中"。米斯特拉尔和大仲马（Dumas）都曾言说这里的女人是法国最美的。或许原因是自罗马帝国灭亡后，这座城市便与世隔绝，本土居民的优秀遗传基因被完好地传承了下来。19、20 世纪的作家大都怀有这样的想法。"这些美丽的生物，她们走起路来如同女神，古罗马人的风采呼之欲出"，她们有"大眼睛和漂亮的鼻子，像希腊人一样笔直，美丽的希腊式下巴和轮廓清晰的耳朵……那匀称的五官与高傲的步态相得益彰，举止就像马儿一样骄傲，似乎让你不得不表达无限的尊敬，因为她们身上流淌着最高贵帝国的最尊贵的血液"。塞西尔·黑德勒姆[②]（Cecil Headlam）这样称赞这里的女性。劳伦斯·达雷尔甚至在 1990 年——他生命的最后一年——仍到访阿尔勒，称这里"以美丽和忧伤而卓尔不群"。

但是，仅仅从欣赏女性美的角度去品读古罗马在阿尔勒留下的印记，似乎就狭隘了。时至今日，这里的古代遗迹仍然向人们开放。当我第一次来到这里，转过一个街角，在两排建筑的夹缝中，古罗马时代修建的圆形竞技场豁然而现，它那一面面雄伟的拱门，仍在向今天的游客展示着当年高卢人曾经感受过的罗马帝国的

[①] 弗雷德里克·米斯特拉尔（1830—1914）：法国诗人，曾引领 19 世纪奥克语（普罗旺斯语）的文学复兴。1904 年获诺贝尔文学奖。

[②] 塞西尔·黑德勒姆（1872—1934）：英国板球运动员，热爱旅行，曾出版过游记和历史题材作品。

力量。

　　像阿尔勒这样的城市成了这片土地的榜样，有了它们，高卢注定会改变。过去，这里以农业为主导，只有混乱而不完善的原始定居点；今后，这里将由几个组织良好的行省组成，摇身一变，成为一个地中海式的国家。罗马化的殖民地上的罗马化的制度将负责治理，罗马的商业、秩序和永恒将留下自己的印记。

　　阿尔勒并非罗马征服的产物，早在公元前 550 年左右，这里已经出现了一些定居点。在古希腊地理学家的口中，这里拥有两个名字。一个是 Theline，可能源于一个希腊语词汇，意思是"肥沃的"，要么代表着这处位于罗讷河口的土地拥有的农业价值，要么意指它拥有的潜在商业价值，因为这里是通往高卢腹地的河流贸易线路的起点。另一个名字是 Arelate，明显源于凯尔特语，意思是"在沼泽旁边"或"靠近水源的地方"。

　　然而，是恺撒真正成就了这座城市。公元前 49 年，罗马内战正酣，在恺撒围攻马萨利亚期间，阿尔勒成了其军队的一个重要基地。就是在这里，恺撒下令建造 12 艘"长船"来辅助攻城。三年后，这里正式成为罗马殖民地，被用来安置第六军团的退伍士兵。由于恺撒对这座城市的重视，它被以他的名字来命名——"第六军团在阿尔勒的尤利乌斯殖民地"。恺撒很可能是想通过提升阿尔勒的地位来制衡"不忠的"马萨利亚，并且，他还明白，由于位于罗讷河口的绝佳地理位置，阿尔勒不仅能够发挥军事上的作用，在贸

第六章 贵族的生活和城市的风尚

易和农业方面也具有很大潜力。意识到这块土地的肥沃与多产后，罗马人像希腊人一样，给这里起了一个绰号 Mamillaria，这个词的意思是"哺乳"。然而，罗马人留给这里的真正遗产不是农田，而是城市。后来的一位诗人奥索尼乌斯[①]（Ausonius），甚至称这座城市为"高卢的罗马"。

与当时许多其他罗马殖民城镇一样，这个定居点的过去似乎被完全抛弃，一切都推倒重来。城镇建设的第一步是修建两条主干道：一条南北向的，按惯例被命名为卡多街（Cardo）；一条东西向，同样按惯例被命名为戴克曼努斯街（Decumanus）。它们的交汇处将是市中心。罗马人的军营也是如此布置的。

身处今天的阿尔勒，市政厅街就建在原来的卡多街之上，而与之交会的卡拉德街则是离原本的戴克曼努斯街最近的一条东西向街道。如今市中心的狭窄的街道上遍布商铺，小而精致的咖啡馆点缀其间。日头西斜，被文艺复兴时期的建筑挡在了身后，只有零散的阳光从建筑边沿漏出，洒在街上的圣母玛利亚或某位圣人的雕像上。坐落在市中心的是殖民城镇的心脏——中心广场：面积达到3 000平方米，大量廊柱排列其间，这里不仅有古罗马公民生活的核心建筑——用来祭祀神明和展现帝国荣耀的神殿、法院、商业活动场所——也是商铺和餐馆聚集的地方。

阿尔勒中心广场上的建筑很可能是在公元前25年左右奥古斯都当政时期建造的，公元1世纪初，他的继任者提比略又进行了完善与改造。这里也是展示与皇室有关的雕像的地方，皇帝的宏图伟

[①] 奥索尼乌斯（310—395）：生于高卢的古罗马诗人，其作品多为咏叹诗、田园诗、讽刺诗。

业、恺撒家族的伟大故事，不仅会在卢格杜努姆的祭坛上被传唱，也会在阿尔勒的中心广场上被一遍遍地讲述。这里发现的每一件雕塑背后的故事都是帝国神话的一部分，代代相传。广场上有一块黄色的突尼斯大理石，曾经是柱廊的横梁，上面雕刻着一只目如彗星的海豚，代表着恺撒被刺杀后，灵魂升入天堂的故事；一块用卡拉拉大理石雕刻而成的圆盾上的铭文告诉我们，这是一面黄金盾牌的复制品，而那面黄金盾牌则是公元前 26 年由元老院和罗马公民赠予奥古斯都的，被悬挂在元老院之中，以赞扬"他的美德、仁慈、正义和他对神明的虔诚及对祖国的忠诚"。这里还陆续出土了奥古斯都的孙子盖乌斯和卢修斯的半身像，以及提比略的。这种中心广场，向殖民城镇的居民和城外那些偶尔进城的高卢人不停地灌输着关于帝国光荣的记忆。

从这些遗迹中也可以看出当地高卢人对这种文化输入的态度。阿尔勒中心广场发现的铭文，以及卢格杜努姆祭坛的铭文，都记载了当地人的生活，他们把帝国授予的祭司职位作为他们罗马化的重要荣誉。在铭文中可以找到一个名为提图斯·尤利乌斯（Titus Julius）的人的事迹，从这个名字就可以判断出，他出身于一个被恺撒授予公民权的高卢家族。铭文的时间则可以追溯到公元 1 世纪初。提图斯曾被授予骑士资格，担任过百夫长、军事护民官、海军将领、市议员等，最后成了祭司。通过这类成功的例子，罗马向当地人保证，只要对帝国忠诚，就可以通过努力获得这些官职与荣誉，而这样的生活可比高卢人原本那种"野蛮的"打打杀杀要来得体面得多，也更令人感到愉悦。

如今的阿尔勒市中心也有一座广场，这是一个热闹却不显忙碌的地方。散步的人可以在这里找到座椅和小桌，点上一杯咖啡，路旁的梧桐树可以为他们提供荫凉。古罗马时代的痕迹仍然存留在广场，却已所剩无几。几根柱子支撑着一面残破的山墙，是这里可以看到的古代建筑遗迹之一，灰色的大理石柱子上还可以看到刻有花边的科林斯式柱头，而山墙早已成为杂草布成的迷宫。到了晚上，隔壁酒店耀眼的荧光灯饰亮起，让这里愈发显得不协调。

即便如此，也还是能够找到一些没有"被现代污染"的地方，可以一窥古时中心广场的风貌。一座市政建筑拥有一个面积不小的地下内庭，这里潮湿而凉爽，适合躲避夏日午后阳光的炙烤。内庭有一条长达几百米的拱形隧道，延伸向广场的三个方向。隧道的一边是一座拱廊，低矮而坚固，用石块砌成，切割仔细，棱角分明。拱廊上有一些矩形廊洞，通往一些没有出口的小密室。一些廊柱早已破败，变成一堆堆的大理石碎块，散落在周围，上面雕刻有叶片、卷轴等纹饰，十几个世纪的岁月把它们打磨得光滑无比。奥古斯都的大理石圆盾就是在这里被发现的，还有许多其他皇室成员的半身像以及一些祭司的铭文。它们曾经都被当作废物堆在这里，无人问津。

这个地下内庭也被称为隐廊（Cryptoporticus），先于中心广场修建，起着建筑工程方面的特殊作用。卡多街与戴克曼努斯街交会的地方位于山坡之上，因此，中心广场自然也是建在斜坡上，有一定的倾斜角度。如此一来，要想让广场位于一个水平面上，同时使建筑的柱子高度一致，就必须把斜坡"垫平"。隐廊便是古代建筑师想到的对策，它的存在，填补了斜坡，让广场可以处于一个水平面上，同时，还为地面建筑提供了坚实的地基。它很可能还有一个附加用途，作为广场上商铺储存货物的仓库，还有一些人认为，这里是供奴隶休息睡觉的地方。无论如何，隐廊是一个古代的工程奇迹，其历史几乎可以追溯到这座古罗马殖民城镇刚刚开始修建时。

除了中心广场，阿尔勒还有三个用于公众活动和娱乐的空间：剧院、圆形竞技场和马戏团。其中，剧院算得上是这座城市历史最悠久的建筑，建于这里成为罗马殖民地之初。这座半圆形建筑直径100米，高20米，比当时周围的建筑都要高。今天，这座剧院留存于世的部分仍然保持着原本的高度。像圆形竞技场一样，剧院半圆形的这面墙由三层拱廊构成，雕刻精美的大理石石柱起到了装饰作用。和广场一样，它也建在山坡上，如此一来，按同心圆排列的、层层上升的观众席与山坡的倾角并不匹配。为了解决这个问题，建筑师不得不为它建造了复杂的地基和隧道，但这些隧道也起到了另一个作用，让观众——剧院最多可以容纳1万人——能够更方便、快捷地走到他们的座位。

如今的游客可以在剧院的隧道内漫步，欣赏古代建筑的美以及藏在外观背后的旧时荣耀。公元6世纪后，剧院就被废弃了，甚至部分还被拆除，用以修建圣斯蒂芬大教堂，也就是后来的圣特罗菲姆大教堂的前身。如今残留的遗迹，只有部分外墙还能达到原本的高度，面对着南城墙，构成了城市防御体系的一部分。这面墙的外侧保留了原有拱廊的特点，虽然墙面留下了岁月的痕迹，但还是可以看到一些小巧精致的古罗马雕刻，如人像和花饰。

原本的剧院舞台区域被单独围了起来，在18世纪时被改造成了修道院的花园。舞台的后面曾经有一面巨大的幕墙，呈半圆形，装饰精美，宛如宫殿。现在却只剩下两根柱子，它们仍矗立在那里，孤独而雄伟，一根的石材是灰色大理石，另一根则是用从小亚细亚运来的花岗岩雕成，上面曾用珍珠和白银装饰。虽然它们有七八个人么高，但相比于已经消失的幕墙，依然只是微不足道的"碎

第六章 贵族的生活和城市的风尚

阿尔勒古罗马剧院的遗迹。

片"。位于奥朗日的古罗马剧院的幕墙被保存了下来,从它身上,我们还能一窥昔日的辉煌。幕墙的大部分柱子已经损毁,这让它看起来像一个略显臃肿的蜂蜜色悬崖,仿佛是被神力从某处峡谷或海岸搬到了奥朗日,高大而威严,怒视着脚下那些现代咖啡馆的小桌子和遮阳伞。路易十四(Louis XIV)曾说,奥朗日剧院的幕墙是他的王国中最好的一面。如果阿尔勒的剧院幸免于难,它恐怕就要遇上对手了。

生活在今天的我们,无法了解在当时的阿尔勒剧院或者高卢的

位于奥朗日的古罗马剧院的幕墙,仅存的柱子和奥古斯都的雕像诉说着这处建筑过去的样貌。

其他剧院上演过什么样的节目,很可能是一些罗马人熟悉的剧目。普劳图斯①(Plautus)和泰伦斯②(Terence)等作家的喜剧可能是

---

① 普劳图斯(公元前254—公元前184):古罗马剧作家,同时也被视为音乐剧最早的先驱者之一。

② 泰伦斯:生活在公元前2世纪,罗马共和国时期的剧作家,擅长写作喜剧。

第六章 贵族的生活和城市的风尚

这些剧院的保留剧目,里面大多是一些老套的角色,聪明的奴隶、富有但专横的父亲、愚蠢但浪漫的儿子……慢慢地,喜剧为哑剧和舞剧所取代,前者更像是一种粗俗的闹剧,女演员可能会裸体表演,而后者类似一种悲剧芭蕾,由一个演员在乐队和合唱团的配合下表演一个故事。

因为这些表演的首要目的是宣传罗马的伟大,所以形式其实并不重要,重要的是这样的表演必须在高卢存在。帝国统治者能够同时为数万人提供娱乐,远远超出了任何一个土著酋长在高卢宴会上所能做的。表演本身就是信息。剧院,作为群众聚集的场所,本质上传达的是罗马至高无上的信息,它通过上演戏剧来实现这个目标。在古代,剧院起源于神秘的宗教仪式,归根结底和崇拜相关,因此,在它附近往往能找到祭坛。通常,这些剧院旁的祭坛是献给戏剧之神狄俄尼索斯的,但阿尔勒剧院旁的祭坛供奉的是狄俄尼索斯的兄弟阿波罗——诗歌与灵感之神,这显然是因为阿波罗保佑着作家们的创作行为。除此之外,还有一层含义:阿波罗的身份更为尊贵,奥古斯都认为,这位神在决定罗马命运的亚克兴海战中护佑了自己的安全,帮他击败了对手。奥古斯都在内战中的对手马克·安东尼,曾被比作狄俄尼索斯。因此,维吉尔曾写道,这位"聒噪的神"也被视为代表着埃及和东方的混乱,这与罗马和西方的秩序形成了对比。这么看来,供奉阿波罗的祭坛出现在建于奥古斯都时代的阿尔勒剧院附近,也就不足为奇了。

其中一处小祭坛上装饰着天鹅雕塑。传说中,当阿波罗在提洛斯岛出生时,曾有天鹅从天空中飞过。这些天鹅雕塑口中衔着月桂花环,将它们奉献给阿波罗,其中还有一层含义,象征着奥古斯都取得的丰功伟绩。另一处小祭坛则装饰着橡树叶做成的花冠,和卢格杜努姆的祭坛上的雕饰一样。剧院舞台前原本应该还有一个更大的祭坛,阿波罗的神像斜倚在他的七弦琴旁。神像并没有头,这是为了可以将皇帝的头像安在神像的身体上,每当强有力的统治者登上皇位时,头像都会被替换一次。仿佛是担心还有观众会忘记奥古斯都、阿波罗和宏伟壮观的剧院之间密不可分的关系,在舞台幕墙的中央,有一处壁龛,里面是一尊巨大的奥古斯都雕像。旁边还有一尊维纳斯的雕像,在"帝国的传说"中,她是恺撒的祖先埃涅阿斯的母亲,因为奥古斯都是恺撒的养子,他自然也与这位"女神祖先"存在着密不可分的联系。这尊雕像于 1651 年在剧院遗址中被发现,罗马人是按公元前 360 年由古希腊雕塑家普拉克西特利斯(Praxiteles)创作的雕像仿制的。被发现时,雕像保存完好,于是,市政府将它作为礼物赠送给了路易十四来装饰他新建的凡尔赛宫。现如今,这尊雕像由卢浮宫收藏。

阿尔勒还有三处具有古罗马特色的大型场所——公共浴场,其中两个在今天还能找到一些遗迹。一处于 2000 年在市政厅路的南端被发掘了出来,如今已被重新填埋,其上是一个每周开放一次的农贸市场。另一处位于卡多街的一端,大部分遗迹仍留存在那里,算得上是欧洲保存最完好的古罗马浴场之一。虽然不是在高卢被征服后马上建造的,但这处浴场的历史仍然可以追溯到公元 4 世纪左右,它被称为"君士坦丁浴场"。浴场类建筑带给高卢人的,是一种罗马和地中海文化的气息,这种新颖而刻意的感觉正是罗马人希望营造的,用以威慑和吸引这些"北方的臣民"。

公共浴场位于罗讷河岸边,其侧是一片曾经属于马耳他骑士团的建筑群。单单从外观上看,如果不是事先了解,很难想到它们是古代的浴场。建筑的墙壁由石头和砖红色的陶土砖砌成,向罗讷河的方向凸出，半圆形的后殿与高大的拱形窗户相得益彰。这里保存得并不完好，建筑的大部分屋顶已经不见踪影，墙壁也不完整，人们站在外边就可以看到内部空间。乍一看，它更像是一座曾备受崇敬的、古老的、被人遗弃了的教堂，就连早期的专家也曾这样认为。在 16 世纪，这附近的建筑曾经被认为是皇帝君士坦丁（Constantine）的行宫。这里确实曾经被当作宫殿使用，但不是在古罗马时代，而是在中世纪时期，几代普罗旺斯伯爵曾经把这里改建成宫殿居住，并命名为"特鲁利宫"。后来逐渐荒废，在最终被邻近的建筑"吞没"之前，这里曾经是流浪动物的庇护所。直到 19 世纪，一项旨在清除中世纪和文艺复兴时期建筑的市政工程启动后，它作为浴场的原始功能才被重新揭开。

如今，浴场中功能各异的房间已经重新被识别出来，包括温水浴室（tepidarium）、高温浴室（caldarium）、蒸汽浴室（laconicum）。还有一间面积不小的大厅，后来成了建于中世纪的一座建筑的一部分，它曾是冷水浴室（frigidarium）。它可能是至今仍屹立着的最大的古罗马时代建筑之一。19 世纪那次还原古建筑的市政工程，后来因为第一次世界大战的爆发而停止，再也没有重新开始。尽管如此，针对古罗马浴场中隐含的那些技术的研究并没有中断。一排排已经松动的砖墩支撑着不完整的地面，墙壁中仍然保存着一些陶土制成的管道，这些都是古罗马浴场供暖系统残存的证据，正是它们曾经将地下锅炉的热量传递给整个浴场。墙中的管道并不是古罗马人掌握的唯一技术。阿尔勒的水源来自城市北面几英里处的低矮石灰岩山——阿尔皮勒山，浴场中的水则由一条古代水渠从山中输送而来。水渠早已失去功能，如今成了枯草与糖果包装纸的容身之所。在被征服后的那段时间里，高卢人一定惊叹于如此高超的水利技术。在恺撒征服高卢的最后阶段，在一处名为乌克塞洛顿诺的要塞，罗马人和高卢人曾经为了争夺一处水源展开激烈战斗。而就在不久之后，正是凭借这种水渠，水已经可以在全高卢自由流动，充满了罗马别墅的游泳池。从此之后，水不再仅仅是生活必需品，也成为日常乐趣的源泉。

和公共浴场一样，圆形竞技场在后罗马时代也不复往昔的辉煌，但直到6世纪，这里仍有表演上演。在那个时代的一场布道中，阿尔勒的圣凯撒利乌斯[①]（Saint Caesarius of Arles）将人性比作"精神上的圆形剧场"，称之为"罪恶的森林"。他的形容如此生动，让人很难相信，他仅仅是凭借对古代竞技表演的想象做出的这番描写："我在人们的品性中看到了狮子的野性……从语言中听到了野猪的嫉妒，在良心中看到了老虎的斑纹……我们的罪恶甚至超过了大象的重量……"有了来自宗教上层的抨击，加之社会经济的全面倒退，圆形竞技场最终被废弃也就不足为奇了。它的命运，与古剧院不同，没有变成一处采石场，而是成了一座堡垒。四座方形塔楼在周围修建了起来，外部的拱门被用砖块封堵，原本的看台被房屋、作坊覆盖，场地内甚至还建了一个露天广场和一座小教堂，用来存放生于阿尔勒的殉道者圣杰尼修斯（St. Genesius）的遗物。当城市遭到撒拉逊人入侵时，这里便成了市民的堡垒。

1826年，市政府下令拆除圆形竞技场中总共212处的民居，自此之后，这座古老的历史建筑才逐渐找回昔日的荣耀。到1844年时，它已经被尽可能地恢复到公元1世纪的状态，可以容纳21 000

[①] 阿尔勒的圣凯撒利乌斯：生活在5世纪末到6世纪中叶，是墨洛温王朝时期高卢重要的教会领袖。

第六章　贵族的生活和城市的风尚

名观众。竞技场大致是一个 70 米 × 40 米的椭圆形场地，长轴有 136 米。它最初建于公元 70 年左右，与著名的罗马斗兽场是同时代的建筑，设计相似，但规模小一些。就其规模和位置而言，它显得与以卡多街与戴克曼努斯街为基础规划的网格街道有些格格不入，一部分甚至越过了恺撒时代规划的城市边界。站在竞技场雄伟的大门前，或是漫步在上层回廊中，你一定会感受到这座建筑带来的巨大震撼。那些羊皮纸色的石块看上去是那么沉重、巨大，古代的建筑者们凭借难以置信的技艺用它们建成了这座至今仍坚实地矗立在这座城市之中的伟大地标。夕阳的光线似乎都被它吸引，为它戴上了一顶华丽的光冠。如今，那简陋的贫民窟和破败的水渠编织的"外衣"早已被它脱去，中世纪的阴霾被一扫而光，虽然部分结构已经损毁，却掩盖不了它身上散发出的属于古罗马时代的坚韧不拔和辉煌灿烂。

今天，我们已经无从知晓，到底有哪些人为修建这座圆形竞技场出资，只能从建筑遗迹中找到些许蛛丝马迹。环绕竞技场的步道上，可以看到一些大理石板，它们已经破损，颜色也像是被烟熏过一般，却仍可以看到一些上面断断续续的铭文，其中一块写着，一个名叫盖乌斯·穆尼乌斯·普里斯库斯（Gaius Munius Priscus）的市政官——同时也是奥古斯都神庙的祭司——出资修建了部分看台、一扇大门、海神尼普顿的银质雕像以及其他四个青铜雕像。这位市政官还为自己举办了两天的运动会和一场公共宴会。从担任的职务来看，他很可能是一名高卢出身的贵族。

这些大理石上的铭文表明，在高卢，诸如阿尔勒这样的殖民城市中，罗马化的过程并不仅仅是由帝国政府推动和出资的。对于这些体现罗马生活方式的建筑——剧院、浴场、圆形竞技场——的修建，高卢贵族们出的力，并不比罗马君主少。这从另一件事上也能看出来。在阿基坦高卢行省的首府桑特，许多于恺撒征服高卢后不久修建的建筑还没有被完全损毁，其中就包括一座为纪念罗马将军日尔曼尼库斯而修建的双门凯旋门，它是由盖乌斯·朱利叶斯·鲁弗斯（Gaius Julius Rufus）在公元 1 世纪初修建的，他是盖乌斯·朱利叶斯·杰多莫（Caius Julius Gedomo）的孙子，而后者的罗马公民权则是恺撒亲自授予的。高卢的贵族们不再推崇过去那种展示权威的方式——搞军事突袭、被武士们前呼后拥、收集敌人的头颅、在部落大厅举办宴会，他们用新的罗马化的方式展示自己的财富和地位——使用拉丁语、担任罗马市政官员、出资修建罗马化的公共建筑。

罗马的殖民城镇就是由这些宏伟的公共建筑组成的。但是，要想了解罗马人如何改变了高卢人（至少是比较幸运的那部分高卢人）的家庭生活，你必须离开阿尔勒，因为只有在那些地处高卢腹地的城市才能找到你想要的答案。沿着罗讷河向北穿过奥朗日，然后折向东北，穿过乌韦兹河谷，最终便能到达韦松拉罗迈讷（Vaison-la-Romaine，下文称"韦松"）。在这座小镇，当年罗马人带给高卢的巨变更加明显。

我是在 9 月的一个集市开放日到韦松的。那时，普罗旺斯一年中的薰衣草花季已经结束，但暑热依然未消，夏天带给法国南部的缤纷色彩还没有褪去。小镇的街上挤满了来赶集的人，摊位上的西

第六章　贵族的生活和城市的风尚

红柿和辣椒在阳光下闪闪发亮；刚摘下来的葡萄呈暗紫色，上面还覆着一层薄霜；旁边堆着夏末的鲜红浆果；茶色或褐色的大蒜腊肠，一串串地挂在摊位上，仿佛是为了凸显摆在前排的一盒包装精致的糖果和一排色彩鲜艳的肥皂。

再往前走，集市上的摊位让位给主街上的商店和住宅。这条街通向一处高耸的悬崖，从那里可以俯瞰乌韦兹河谷。在古罗马时代，乌韦兹河水量充沛，可以通航，但今天已经成了一条供孩子嬉戏的小溪。河对岸是一座高耸的石灰岩山，名叫城堡山。山上有一座建于中世纪的堡垒，俯瞰着河右岸平坦宽阔的现代街道。一座罗马拱桥横跨河上，连接着两岸，至今仍支撑着小镇的交通。一辆灰色的布加迪跑车轰鸣着引擎，从山上驶下，穿过古桥，给人一种时空穿梭的感觉。

这座拱桥是追溯韦松历史的最佳选择。高卢的韦康蒂部落曾聚居在这里，在罗马人征服之前，定居点似乎局限在山顶一带不大的区域。在"罗马和平"①（Pax Romana）时期，城镇迁移到山下，河畔平坦而不设防的土地上建起了一批建筑，山上的旧址被废弃。公元6世纪左右，随着帝国的崩溃，城镇又迁回了便于防守的山上。直到19世纪中期，除了教堂等少数建筑，小镇主体一直在山上。近代以来，小镇才再次向山下的平地扩展，那里在几个世纪的时间里一直是农田，而田地之下，则隐藏着古罗马城镇的秘密。

从16世纪起，韦松附近就陆续有古代遗迹被发现，但除了19世纪中期有过几次正式的考古工作之外，直到20世纪初，这里都

---

① "罗马和平"：从奥古斯都建立帝国到公元2世纪，罗马经历了一段较长的和平时期，相对稳定，这段时间就被称为"罗马和平"时期。

韦松残留的古罗马时代建筑遗迹。

没有什么系统性的发掘活动。从那时到 20 世纪 60 年代，在小镇的戴高乐将军大道两侧，几个世纪中积累下的土层被清理，埋藏其下的古罗马建筑重见天日。尽管只有一些私人住宅被发现，但其面积之大、保存之完好，还是令当地考古学家为之惊叹，并通过一场运动为小镇争取了一个更能体现其"罗马传统"的名字——韦松拉罗迈讷，意为"罗马的韦松"。

这些古建筑呈白色，和附近的山体一样，是石灰岩的，显然，当年罗马人修建它们时是就地取材。这些看上去有点破败的遗迹友好地矗立着，周围环绕着现代建筑，却并没有不协调。丰富的农产品、美丽的环境和通达的地理位置，看上去让这座罗马古镇和现代生活完美地融为一体。这里被公元 1 世纪的地理学家庞波尼厄斯·梅拉（Pomponius Mela）描述为高卢最富有的城市之一，同时代的老普林尼则曾盛赞这里出产的甜葡萄酒。

韦松出了一些很有名的人，在全罗马都享有盛名。1884 年，在这里发现的一段可以追溯到公元 1 世纪的铭文显示，阿夫拉尼乌斯·布鲁斯（Afranius Burrus）应该就出生在这里，至少韦松将这位显赫的人物视作自己的庇护者。布鲁斯出身行伍，在公元 51 年被任命为禁卫军长官。他和哲学家塞涅卡（Seneca）一同担任少年皇帝尼禄的老师，算是帝国最有权势的人之一。公元 1 世纪的 50 年代，当年轻的尼禄还没有把注意力放在政治权力上时，布鲁斯的影响让帝国维持了一段治理相对良好的时期。从现存的资料看，布鲁斯与年轻皇帝的关系也并不稳固，尼禄曾试图诬陷他阴谋支持篡位者，却也曾在杀死母亲小阿格里皮娜（Agrippina the Younger）的计划败露后惊慌失措地向他求助。布鲁斯死于公元 62 年，有一种说法是他死于中毒。历史学家塔西佗一向以客观公允的评价而闻名，而对于布鲁斯的死亡，他的评论是，全罗马都感到了深深的遗憾。

布鲁斯并不是那个时代唯一著名的"韦松之子"。卢修斯·杜威乌斯·阿维图斯（Lucius Duvius Avitus）于公元 56 年担任罗马执政官。在乌韦兹河边出土的一块石板记载了他的政治生涯，他曾担任阿基坦高卢行省的长官和日耳曼边境的军事指挥官。再往前一代人，颇有影响力的学者庞佩厄斯·特洛古斯也出身韦松。他的家族本是高卢贵族，由庞培授予了罗马公民身份，在恺撒征服高卢期

韦松的"海豚宫"遗迹。

间,为罗马效力。特洛古斯的学术著作涉及不同学科——本书中也引用了一些——包括关于东方历史的有影响力的著作和关于动植物的科学著作。他被视为比同时代学者更为严谨的历史学家,他的书至今仍是重要的史料来源。

在韦松,住宅的功能很好地满足了居民的需求。这里曾发现了一座古罗马时代的花园,园中出土的一块公元3世纪的石碑显示,这里曾属于一个名叫庞丕亚的家族。如今,花园已得到很大程度的

第六章 贵族的生活和城市的风尚

修复。一堵新建的墙取代了古罗马时代的托斯卡纳圆柱，雕像被重新放置到壁龛里，虽然新旧一目了然，但终归是还原了花园古代的风貌。门廊围起了一个四方形的院子，规模之大，以至于有人指出，这座花园一定是一处公共建筑，而非私人所有。然而，出土的证据显示，它的确属于一处私宅的一部分，而私宅的其他部分遗迹仍然埋在邻近的土地之下。

古罗马时期，韦松的私宅规模惊人，一座房屋的面积可能超过2 000平方米，通常不止一层，配有加热浴室，凉亭式餐厅俯瞰着柱廊庭院，池塘和潺潺的水道交错其间，既让地中海的炎热天气不再难以忍受，也给宅邸增加了活力。特别建造的厨房中安装了炉灶；厕所墙面由大理石装饰，还有流动的水源冲洗；房子临街的部分可以作为商铺出租，为屋主赚取收入。

屋内的地面由各种颜色——灰色、橙色和勃艮第红——的大理石块拼接成复杂的图案，这些石块可能是从意大利、希腊和非洲远道运送而来的。墙上的壁画有带翅膀的仙女、长着胡须的怪物和海洋生物；几米长的巨大镶嵌画刻画着各种奇珍异兽，长着火焰尾羽的孔雀、斑尾林鸽、鸭子、松鸡、鹦鹉；还有各种几何图形，正方形、六边形、所罗门结。有些壁画会透露房屋主人的日常喜好，一幅红灰泥壁画中，一个拿着网和三叉戟的角斗士正在和一个头戴头盔、手持短剑和盾牌的对手战斗。罗马带给这座城镇的并不仅仅是带有帝国特色的简单装饰，而是这里的人们看到并刻在头脑中的艺术，它们可以是值得雕刻在墙壁上的英雄事迹，也可以是在悠闲时光中欣赏的植物动物。

罗马式的生活模式并不只在韦松盛行，沿罗讷河一线的城镇，尼姆、奥朗日、瓦朗斯、维埃纳、圣罗曼-恩加尔（Saint-Romain-

描绘战车比赛的浮雕,发现于奥朗日的建于公元1世纪的坟墓中。

en-Gal)和里昂,都可以看到装饰着雕塑、马赛克壁画和碑文的优雅的私宅和壮观的公共建筑。可以肯定的是,罗马风格的城镇分布并不均匀。在高卢南部地区,这类城镇的密度要比在北部地区高得多;离地中海越近,密度越高,而这一区域正是罗马风格的发源地。这一风格向整个高卢渗透,更小的定居点也受到影响,尽管有时,对罗马风格的模仿并不一定原汁原味,也不一定丰富全面,但的确为高卢城镇的发展提供了一个模板。甚至是在阿莱西亚——维钦托利抵抗罗马人入侵的大本营——罗马的城市模式也被居民们接受,虽然这里还保留着一座供奉高卢神乌库埃提斯(Ucuetis)的神殿,但罗马的影响仍然显而易见。尽管这里的人们没有按照罗马传统,严格围绕一条南北走向和一条东西走向的主道建设城市,但剧院、神殿、广场(一些考古学家认为是模

第六章　贵族的生活和城市的风尚　　　　　　　　　　　　　　195

仿罗马城的图拉真广场①修建的）、公共浴场、私宅、带廊柱的商店，一应俱全。从这一点看，恺撒的胜利恐怕比维钦托利所能想象的更为彻底。

圣罗曼-恩加尔出土的一幅马赛克镶嵌画，完成于公元2世纪，是一幅关于俄耳甫斯的作品的一部分。

---

① 图拉真广场：位于罗马市中心，广场的主体建筑于公元112年落成。

第七章

乡间生活

成为一个既没设防又富有谷物的地区……

——尤利乌斯·恺撒,《高卢战记》卷一,10

奥朗日
•
地籍地图
•
别墅
•
摩泽尔河
•
克莱蒙费朗
•
艾达湖
•
契拉甘
•
沃罗辛古斯的花园
•
巴贝加水渠
•
Mas des Tourelles 葡萄园

身处韦松郊区的田野，从远处回望小镇，罗马的印记总是清晰可见：城中那些遗迹、古罗马时代的桥梁、用罗马建筑的石料修建的大教堂，还有那地中海风格的圣昆廷礼拜堂，教堂的石灰岩外墙上雕刻着交缠的藤蔓，可以追溯到帝国晚期。然而，城外的景色——一排排的葡萄藤、散乱的松树和南欧紫荆——却找不到多少罗马的痕迹。这里没有用石墙划分的庄园，没有排水沟和灌溉渠道。城镇可以夸耀古罗马时代留下的遗迹——剧院、拱门和浴场；但在乡下，没什么能证明罗马的权威曾在这片土地上存在过。

有趣的是，要想寻找古罗马时代乡村的影子，还是要回到城镇中。在韦松附近的奥朗日罗马剧院墙体之下，在 20 世纪 20、30 年代，发现了许多大理石残片。这些残片平而宽，上面刻有铭文。它们并不是最优质的大理石材料，上面镌刻的也并非赞颂行省官员光

第七章　乡间生活

辉事迹的内容。然而，这些残片同样具有很高的研究价值，因为它们原本属于一组规模巨大的、兼具艺术价值的地图。这些地图不仅尺寸大（原本应有几米宽），其承载的统治者的意图也不容小觑。从残片中，至少可以分辨出三幅地图：一幅是在公元 77 年由罗马皇帝韦帕芗（Vespasian）下令制作的，另外两幅是在不久之后完成的，绘制的是奥朗日周边农村地区。土地被测量、重新分配，为更准确、更有效率地征税做准备，这就是制作这些地图并雕刻于能长久保存的大理石之上的原因。它们很可能曾在罗马城的广场上被展示给公众。

　　这类地图被称为地籍地图[①]，是用速写法绘制的。它们的残片现在收藏于坐落在罗马剧院遗迹旁的奥朗日博物馆。地图上绘有交叉的网格线，用以标明地块，还能看到一些拉丁语缩写——DD、SD，分别代表戴克曼努斯街右侧（dextra Decumanus）、戴克曼努斯街左侧（sinistra Decumanus）。出现像戴克曼努斯街、卡多街这样的词汇，意味着奥朗日周围的乡村也被当作城市的一部分。测量员在绘制地图时，会使用一种名叫 groma 的仪器——一根约一人高的长柄，其顶部有两根与地面平行的短杆呈十字交叉，两根短杆的四个端点分别用长绳悬挂着一个铅锤。使用时，根据太阳的方位辨别方向，以此修建东西走向和南北走向的两条主街，再以主街的延长线为依据，划分郊区的土地。最终，这片土地会如同棋盘一样被均匀分割，进而就可以以戴克曼努斯街和卡多街为坐标轴，描述某一个地块的位置。

----

　　① 地籍地图：以显示土地的划分、所有权和价值为目的的地图，常用于辅助征税。——作者注

奥朗日的古罗马剧院的内廊。

针对地籍地图的研究一直在进行中。地籍地图不仅描绘了古罗

第七章　乡间生活

马人对奥朗日周边土地的划分，还描述了这一带的河流等地理特征。有了这些在今天仍然具有价值的地质资料，地理学家尝试找出古罗马时代这座城镇的边界。这并不简单，需要航空摄影，辅以卫星数据和计算机分析。

　　罗马人偏爱按正方形划分的田地，因为这种划分方式，最适合当时的耕种农具——抓犁（scratch plough）。事实上，这种犁比较原始，不能很好地翻动泥土，只能挖出一条浅沟。因此，使用抓犁时，通常要犁两次地，一次纵向，一次横向，两条浅沟恰巧呈直角。这也就是田地最好按正方形划分的原因。每块田地的边缘可能有排水沟或灌溉渠，在某些情况下还会有小径。这些农业基础设施需要不断地进行维护，然而，在公元5~6世纪，随着帝国衰落，乡村人口减少，泛滥的洪水淤塞了缺乏维护的沟渠，田边小径也变得荒芜，消失在灌木丛中，曾经整齐划分的田地逐渐退化为林地。

　　公元8世纪后，这一带的乡村得到复兴，土地重新开始被耕种。此时，正方形的田地已经不再是主流。新出现的铧式犁（mouldboard plough）逐渐占据了主导地位，使用这种新式农具，犁地一次便可以达到翻土和在田地划出沟槽的双重作用，因此长方形的田地变得流行起来。在清理并恢复古罗马时代曾经耕种过的旧土地时，农民往往会发现一些呈条状的地块，它们要么被水淹没，要么被树枝和树叶覆盖，要么相对整齐地生长着一排树木。这些便是原本罗马沟渠所在的位置，因为比耕地要低，附近的水流会聚积在这里，要么形成小河沟，要么积聚的水分会促进植被的生长。相比于重新挖掘一条水渠，对罗马人的旧水渠加以修缮和恢复，要更加容易。即使没有被恢复为水渠，它们也很容易作为新田地的边界而被加以利用，一排排的树木就是天然的界碑，在旁边往往会修建一些小径。如此一来，在中世纪，也许农民们没有意识到自己耕种的田地是在罗马人的基础上开垦的，但实际上往往带有古罗马时代的"影子"。时至今日，这些"影子"依然徘徊在法国南部的乡村——那些田间突然转变方向的小径，那一排排明显比周围同类更粗壮的树木。

从奥朗日的地籍地图中可以看出，殖民城镇周围的土地被划分为不同的类别：给退伍士兵的土地，可以随意出租的属于罗马公民的土地，由城镇政府管辖不可出租的公共土地，未被测量划分而仍在公共控制之下的土地，留给当地土著高卢部落特里卡斯蒂尼的土地。最后一种的数量最少、位置最偏，也最为贫瘠，从这一点可以猜想，要么高卢农民的数量不多，要么他们被迫交出了属于自己的肥沃土地。维吉尔曾在他的诗作《牧歌》（*Eclogue*）中，描述在公元前40年的内战中，意大利农民被迫离开他们的土地的场景："哦，利西达斯，我们活着看到了这一天——曾经连做梦也没有想到——一个陌生人来到我们的农场，说：'这里属于我，老佃户，快离开。'"而当罗马人来到奥朗日时，当地的高卢人很可能也听到了类似的话。

虽然地籍地图的绘制是在高卢被征服一个世纪之后才开始的，但依靠现代的航空摄影技术和考古证据，历史学家们断定，奥朗日周围农田的划分早在恺撒征服后不久就完成了。在其他高卢的中心城镇——阿尔勒、纳博马蒂尤斯、瓦朗斯、维埃纳、贝济耶——也有类似的发现。由此可见，奥朗日附近的高卢部落并不是唯一经历土地所有权剧变的受害者。在许多地方，罗马人的出现不仅改变了农田的划分，更改变了曾经拥有这些土地的人们的生活。

第七章 乡间生活

高卢地理景观的变化并不仅仅体现在其土地划分上，建在土地之上的建筑也在发生变化。毫不夸张地说，在古罗马时代，这里被各种别墅"覆盖着"。别墅这个词源自拉丁语词汇 villa，原本指的是乡村的庄园，而不仅仅是庄园的核心建筑——别墅。然而，从这个词的现代含义来看，当时的高卢确实充斥着豪宅。也许现存的这类建筑已经寥寥无几，许多人会误以为罗马的别墅文化并没有深入高卢。然而，只要借助现代化的手段，我们就可以清楚地看到地表之下这些奢华建筑的痕迹。

原本罗马沟渠所在的位置，可能会因为积水而出现水沟，或是生长着更茂盛的植被，与之相反，如果表层土壤下面埋着古罗马时代的古老石墙，那么上面植被的生长速度就会慢一些。当气象条件合适时，从空中可以看出植物的这些生长特点，因而整个地块的古罗马时代的样貌就会被发现、绘制和精确测量。第二次世界大战后开展的一些考古项目证明，罗马别墅不仅在法国南部广泛存在，在皮卡第和索姆河地区也很普遍。在修建高速铁路和高速公路的过程中，考古发掘显示，罗马别墅的分布要比过去认为的更加密集，覆盖的区域也更加广泛。有时，别墅的遗迹会出现在中世纪村庄的外围，这表明，别墅的位置与之后村庄的出现之间存在着一定的相关性。这些发现为一个由来已久的猜测提供了新的证据——那些拉丁名字以-acum 或-anus 结尾的别墅，逐渐演变为一些法语名字以-ac、-at、-as、-y、-é 或-ay 结尾的村庄，至今仍然可以根据这一点来判断这些村庄的罗马渊源。

　　罗马高卢的乡间到处都是别墅，各种各样的别墅。公元 4 世纪，诗人奥索尼乌斯曾记载了沿摩泽尔河，从宾根到纽梅根的旅程。在这首诗的一节中，诗人对这条物产丰富的河流进行了大篇幅描写后，转而描写点缀在河岸上的别墅。在此之前的一个世纪里，边境的动乱让这一带的乡村面目全非，然而，在奥索尼乌斯生活的时代，乡村的生活得到了复兴，以至于他所描绘的别墅可能比之前几个世纪的别墅更加豪华。

　　奥索尼乌斯和他那个时代的许多作家一样，并不反对夸张的笔法。他写道，这些别墅的设计者很可能就是造埃及金字塔或以弗所的阿尔忒弥斯神庙的人。不过他的文字也并不总是如此夸张，并不缺乏更可信的细节。这些别墅主宰着这一带的景观。有的矗立在高高的悬崖之上，有的坐落在探入河中的河滩上，还有的在更远的地方，"似乎在宣示自己对这条河的主权，又像是封闭在海湾中的一个囚徒"。这些别墅将摩泽尔河的地理特点利用得淋漓尽致，要么将地势为己所用，要么与自然风光融为一体——"在阳光下那长满绿草的岩石之间"，有一个用来捕鱼的堰；一座别墅雄踞于山巅，欣赏着河谷底部被阳光穿透的迷人薄雾。

　　这些别墅提供了豪华和舒适的生活，与周围的风景融为一体，庭院和柱廊渐渐没入旁边的绿色草地，浴场建在河岸的低洼处，曾几何时，水蒸气从这里沿着山谷向上蒸腾。奥索尼乌斯曾经在这里目睹沐浴者从热水浴室走出，一头扎进凉爽的河水中。对这位诗人来说，这里是一个比意大利海滨度假胜地巴亚更好、更有益身心的地方，后者不过是皇帝和罗马贵族们纵情声色的"老水坑"，早已恶名在外，而"这里的优雅和卓越才是其魅力所在，又不会滋生过

第七章 乡间生活

度的享乐"。

古罗马人的别墅庄园可能非常奢华和精致。一般来说，它们由两部分组成：首先是帕斯乌尔班纳（pars urbana），也就是别墅所有者及其家人的住所，豪华而设施齐全；奴隶和耕种地主土地的农民则生活在帕斯路斯蒂卡（pars rustica），这里只有简陋的房舍、谷仓和其他农用房屋。庄园最常见的结构包含一个或两个庭院，围绕庭院的则是其他附属房屋。有时庄园会很大，一面墙就有300米以上，但这样的规模并不常见。在高卢的有些地方，比如诺曼底和布列塔尼，小规模庄园更流行，它们没有庭院，而是靠柱廊将房屋连通起来。在比利其高卢和莱茵河西岸，存在一种"大厅别墅"，它们并不是由几间较小房屋组成的，而是以一幢大屋作为主体建筑。庄园形式的多样化，可能表明了，这些罗马式建筑结合了当地的风格，土著居民的社会结构与罗马的习俗和物质享受逐渐融合。

一般情况下，越豪华的庄园留存下来的遗迹会越多一些，也越有可能透露出关于庄园主人的信息，其中也许会有直接来自他们的文字资料。一名叫作希多尼乌斯（Sidonius）的贵族和朋友之间的往来信件，为我们了解古罗马的乡村生活提供了帮助。这位贵族生活在奥索尼乌斯之后的一个世纪——公元5世纪中期。与奥索尼乌斯一样，希多尼乌斯的信件反映了帝国时期的庄园样貌。他在阿维塔库姆拥有一处庄园，位置在克莱蒙费朗西南约12英里处的艾达湖畔，坐落于奥弗涅大区富饶的乡村腹地。尽管为了照顾生意，他需要经常前往城镇，但显然他更喜爱自己在乡下的房产。这是一份值得骄傲的资产，他结婚后从家族继承下来。他对这里的偏爱从他渴望分享和炫耀的态度上可见一斑。

在一个初夏，希多尼乌斯写信给他在城里的一个朋友，一个名叫多米蒂乌斯（Domitius）的教师。"炎热的天气在土地上划出了不规则的裂缝，浅滩上杂乱的沙砾露出了水面，河岸上的泥土变得干燥，田野上尘土飞扬。就连终年流淌的小溪也降低了流速，在夏日变得昏昏欲睡。水潭里的水不仅是热的，甚至都要沸腾了。"在这样炎热的天气，即使穿着丝绸和亚麻制成的衣物，也会汗流浃背，更何况要身着长袍，在讲席间教学，这几乎让多米蒂乌斯难以忍受。他"呵欠连篇地"向学生们解释着知识，而学生们也昏昏欲睡，"他们脸色苍白，要么是因为酷暑，要么是出于对你的恐惧"。"为了你自己的健康着想，为什么不干脆从城里那令人窒息的压力中解脱出来，参加我们的家庭聚会，到凉爽的别墅去躲避炎热的天气呢？"

为了鼓励多米蒂乌斯去拜访他，希多尼乌斯在信中带着这位朋友"参观了"他的别墅。也许是由于天气实在过于炎热，他的介绍是从浴室开始说起的，这也是别墅中他最满意的部分。他甚至为它写了诗，把它比作坎帕尼亚的卢克林湖（Lucrine Lake）。这间浴室拥有一个特别设计的圆锥形屋顶，模仿的是附近一个更大型的公共浴场。希多尼乌斯花了好几页的篇幅描述浴室：它建在树林的边缘，完全与周围的树木融为一体，"树枝几乎长到了烧水的炉子里"；他描述了窗户的形状、屋顶的结构和浴室中光线的质量；描述了可以容纳 40 000 加仑水、由斑岩装饰的泳池，6 条人工管道如何将一条山涧引向泳池，管道尽头的狮子雕饰——"它们目光透露出野性，鬃毛展现出威严"。

离开泳池，走向迷宫般的走廊和房间：这里有专供女佣使用的餐厅、储藏室和编织室，也有专供庄园的贵族女眷使用的餐厅，她们会在那里享用盛大的午餐，就像在节日里为众神准备的那般丰

第七章 乡间生活

富。庄园还有一间冬季餐厅,拱形壁炉被煤烟熏黑。当然,一年中的大部分时间,夏季餐厅和客厅更加适用,这里一般会摆放一个豪华的、呈半圆形的长榻,旁边是一尘不染的餐具柜。餐厅面向湖水,当客人对餐桌上的珍馐提不起兴趣时,坐下来欣赏风景也是不错的选择。在夏季餐厅,或是周边的几个房间里,贵族们可以一边享受令人放松的冰镇饮品,一边悠然地眺望在湖面上撒网捕鱼的渔夫,周围伴随着蝉鸣、蛙叫,到了黄昏时分,还能看到觅食归来的天鹅和乌鸦,当夜幕降临后,夜莺将会加入鸣唱。一天中的傍晚时分,天光还亮,如果你是一名生活在庄园的罗马贵族,又觉得精力充沛,可以到庭院中打球,两棵树枝相互缠绕的椴树可以提供宜人的树荫,锻炼完,还可以坐下来玩掷骰子游戏,从疲劳中恢复过来。

我们不知道多米蒂乌斯是否接受了希多尼乌斯的邀请,但后者在信中描写的富丽堂皇的庄园肯定不是想象出来的。目前为止,考古学家发现的最豪华的别墅确实出现在郊区。1826 年,在契拉甘——位于上加龙省①(Haute-Garonne)的马特尔托洛萨讷附近——发生了一场洪水,水退之后,一座古建筑的地基露了出来。此后一个半世纪的时间里,这里断断续续进行了一系列考古发掘,一座庄园逐渐显现,它由 80 栋建筑组成,总面积 1.8 万平方米,占据了 16 公顷的土地。这里出土的文献显示,庄园属于一个名为安康尼的家族,这个姓氏似乎一直流传了下来。17 世纪时,这一带被当地人称为安冈尼亚,应该就是源于这个家族。在公元 1 世纪,当安康尼家族拥有这座庄园时,它只能算是众多同类庄园中的一座,并没有什么特别的地方。然而,在公元 2 世纪的某一年,它被原来的拥有

---

① 上加龙省:位于法国西南部。

圣罗曼-恩加尔出土的俄耳甫斯的马赛克镶嵌画,完成于公元2世纪。

者出售了。新的主人大肆扩建,庄园的面积在最大时,接近皇帝哈德良的皇家庄园的三分之一。这里还摆放着一尊尊令人印象深刻的大理石浮雕。现在,这些艺术品大都被收藏于图卢兹的博物馆,只有卢浮宫中的同类藏品比这里多。庄园的其中一间大殿里发现了多尊罗马皇帝的半身像,另一个房间则有一面宏伟的大理石镶板,上面是真人大小的浮雕,描述的是赫拉克勒斯的生平故事。其他房间和走廊都装饰着圆形的大理石浮雕,密涅瓦[①](Minerva)、伏尔

---

① 密涅瓦:罗马神话中的智慧女神、战神,艺术家与手工艺人的保护神,对应希腊神话中的雅典娜。

甘①（Vulcan）和库柏勒②（Cybele）是这些浮雕刻画的对象。从这座庄园的规模来看，它至少是行省长官居住的地方，甚至可能曾作为皇帝的行宫被使用。

别墅所有者的快乐并不仅仅来自建筑和风景，花园也是来源之一。考古学家在一些别墅遗址中发现了花园的痕迹，其中也不难找到农业活动的影子：一些地方被单独辟出，用作蔬菜种植，还能找到果园和动物围栏。保留至今的文字材料再一次佐证了考古发现，希多尼乌斯曾把一首诗和一本书一起寄给住在高卢东南部某处别墅的朋友。这首诗描述了这本书到达目的地前会经过的地方，以及会遇到的人。其中之一是阿波利纳里斯（Apollinaris），希多尼乌斯的一位亲戚。诗中说这本书将会在阿波利纳里斯的庄园"休息一夜"，而这处庄园位于尼姆附近的沃罗辛古斯。当它到达时，可能会遇到正在幽静的花园中散步的阿波利纳里斯。"那花园就像盛产蜂蜜的海布拉③（Hybla）般美好，到处盛开着花朵"，他的身边环绕着紫罗兰、百里香、女贞花、欧亚瑞香、金盏花、水仙花和风信子。这些鲜花的香气是如此浓郁，引得旅行的香商不惜出高价争相购买。如果在花园找不到阿波利纳里斯，那他一定在邻近矮山上自建的"洞穴"中沉思，那里有用树枝搭建的门廊。阿波利纳里斯庄

---

① 伏尔甘：罗马神话中的火神，也是维纳斯的丈夫。
② 库柏勒：弗里吉亚（历史上属于安纳托利亚的一个地区，位于今土耳其中西部）信仰的地母神。对库柏勒的崇拜发源于小亚细亚，从那里传遍了整个希腊，随后又传入罗马。
③ 海布拉：位于西西里岛某处，很可能就是现在拉古萨的伊布拉，在古代，这里因其出产蜂蜜的质量优异而闻名。——作者注

园中的花园与古代印度国王博鲁斯①（Porus）那用黄金与宝石装饰的宫廷花园相比，并不逊色。

　　但乡村的价值绝不仅限于为贵族提供消遣玩乐的庄园。从征服这片土地的那一刻起，罗马人就深知高卢各省的富饶。斯特拉波在公元 1 世纪写道："除了沼泽和森林，这里的大部分地方都被用来进行耕种。"他观察到，高卢南部的农业活动与意大利相似，而"其他地区谷物、坚果的产量更高，各种牲畜也更多"。甚至在被罗马征服之前，高卢的农业水平已经很高。如果恺撒没有从亲罗马的高卢首领那里获得当地出产的粮食，他甚至都无法养活手下的军团，更不用说征服整个高卢了。对于高卢首领不愿按时提供粮食补给的担忧，始终萦绕在恺撒心头，这一点经常出现在《高卢战记》中。罗马人的到来确实对当地农作物的种类产生了影响。考古学家对乡村遗址发现的植物和烹饪过的食物残骸进行了研究，他们发现在征服前被普遍种植的谷物，如双粒小麦和斯佩尔特小麦，慢慢被舍弃，取而代之的是普通小麦、硬质小麦、黑麦、大麦和燕麦。

　　高卢的粮食产量很高，有迹象表明，许多地方有相当多的盈余。根据老普林尼的说法，高卢小麦会出口到罗马。相比于用产自其他地区的小麦制作的面包，用高卢小麦烘焙的面包口感更好。生活在公元 5 世纪早期的作家克劳狄安（Claudian）也记述了高卢小麦的出口。粮食的高产使高卢的土地所有者无法单纯依靠人力收割。罗马人征服这里后，平原地区出现了一种叫作 vallus 的农具。将两个轮子安装在一个木箱的两侧，最前面是锯齿状的刀具，与小

---

① 博鲁斯：生活在公元前 4 世纪，统治着海达杰赫勒姆河与奇纳布河之间的土地，曾与亚历山大大帝作战。

第七章 乡间生活

麦穗的高度一致，使用时，由一头牛从后面推动这个农具，小麦便会被锯齿齐穗割断，掉进后面的敞口木箱中。在公元 1 世纪完成的作品中，老普林尼提到了这种农具，4 世纪末的高卢-罗马作家帕拉迪乌斯（Palladius）也提到了它。它甚至被刻在了战神门上，这是一座位于法国兰斯的古罗马凯旋门，在比利时和德国发现的浮雕碎片上也发现了这种农具。帕拉迪乌斯指出，vallus 适用于地势平坦的农田，在一些麦秆被认为没有多大价值的地方，它更受欢迎，因为它无法处理小麦穗以下的部分，麦秆会被留在田里。尽管如此，它仍然算得上是一种能够有效节省时间和劳动力的农具，只需要一个人和一头牛，几个小时内就可以完成一大片农田的粮食收割。

vallus 并不是唯一一种改变高卢乡村面貌的罗马产物。在距离阿尔勒以北的蒙马儒修道院废墟不远的地方，一条乡间公路沿着高地山脊延伸。它穿过橄榄种植园和粗糙的荒地，路旁点缀着一簇簇黄色的圣约翰草。邻近的田地上空，飘着现代拖拉机扬起的缕缕烟尘。红色、灰色和黄色的甲虫和飞蛾落在柏油马路上晒着太阳。几英里之外，散乱地生长着一些阿勒颇松和橄榄树，一排白色拱形建筑映入眼帘。在公路左侧，建筑高度比一旁的树冠要低，只有再往前走一些，才能看到这排石拱横穿柏油公路向右延伸。因为右侧的地势较高，所以石拱也高于左侧。尽管如此，附近的橄榄树还是要比它高出不少。

这排拱形建筑是一座罗马高架渠。与同类建筑相比，它并不够高大，也不够宏伟。尼姆城外的加尔桥（Pont du Gard）也是一座高架渠，足有接近 50 米高，由三层拱形结构组成，横跨加尔河，堪称一座古罗马时代的"纪念碑"，劳伦斯·达雷尔称之为具有诗意的建筑，完美彰显了普罗旺斯地区古罗马遗迹的"壮丽与傲慢"。而眼前这座高架渠被称为巴贝加水渠，虽然它也是罗马权力的象征，却丝毫没有"壮丽与傲慢"的痕迹。虽然它藏身于树冠之下，有些部分甚至已经损毁，落入脚下的杂草之中，却依然散发着一种无法掩盖的魅力。当它低矮的桥身笔直而宁静地穿过橄榄树林时，人们同样能够欣赏到它那不一样的诗意。

比这些遗迹的外表更有魅力的是它们精巧的结构。巴贝加水渠并不仅仅是一座高架渠，仔细观察就能发现，它兼具两个功能。水渠会一直向地势较高的地方延伸，一直"攀上"山脊，那里有一片看上去似乎不可逾越的岩石群，横向有 9 米左右的宽度，一人多高。爬到水渠上面，可以看到两条由灰泥砌成的平行水道。在山脊上，两条水道"分道扬镳"，其中一条向右急转，将水送往阿尔勒；另一条在山脊上冲出一个约 1 米宽的豁口，水流通过豁口，奔向山脊的另一侧，冲下拉佩恩山的斜坡，上下落差超过 30 米，然后穿过莱博河谷的黄绿色田野，最终流向远处的丰特维耶。拉佩恩山斜坡上的灌木丛中，耸立着两排参差不齐的矮墙，水流正是沿着矮墙的方向往山下倾泻而去。

这两排矮墙是罗马帝国最大的水动力磨坊遗迹。在 20 世纪 30 年代对该遗址的挖掘中，一系列依山坡而建的建筑被发现。这片磨坊曾经配备 16 个独立的水轮，分 8 对排列，每个直径超过 2 米。当巴贝加水渠中的水从山上倾泻而下时，会依次带动每一个水轮。

第七章　乡间生活

巴贝加水渠。

水轮通过齿轮与磨盘连接,提供动力。依山坡而建的台阶通往每一间磨坊。在为水轮提供过动力之后,流下山的水被用来灌溉莱博河谷的田地。据计算,山上的磨坊每天可以生产 4.5 吨面粉,足以养活 1.2 万人,相当于罗马时期阿尔勒的人口。考古学家曾经认为,磨坊建于公元 3 世纪晚期,当时能够从事繁重的面粉磨制工作——无论靠纯手工还是驾驭牲畜——的奴隶数量正在减少。这种观点认为,当奴隶数量无法满足需求时,罗马人才会觉得有必要依靠技术弥补短缺的人力。然而,最近的研究将修建磨坊的时间向前追溯到公元 2 世纪,当时高卢还没有出现明显的劳动力短缺迹象。也就是说,建造磨坊并不是逼不得已,而是希望更高效地利用当地地形和水力资源。

人们最初认为,巴贝加磨坊是独一无二的,如此规模的水动力磨坊在其他地方是找不到的。然而,1990 年在瑞士阿旺什发现了一处相似的磨坊,虽然规模较小。自那以后,在高卢地域内,又发现了十几处类似遗址,其中一些位于开阔的乡村地区,修建时间甚至可以追溯到公元 1 世纪。诗人奥索尼乌斯曾沿着摩泽尔河旅行,他提到过旅途中见到的一处水动力磨坊,由此不难推断,这类节省劳力的农业设施在古罗马时代的高卢并不罕见。

面粉并不是高卢乡下唯一的农产品。从这里的市场,可以轻松挑出一篮在现代餐桌上常见的蔬菜,这些可以用作 crudités① 的食材。胡萝卜和花椰菜已经开始被种植,更不用说块根芹、大蒜、洋葱、芦笋、黄瓜、小扁豆和其他豆类了。公元 1 世纪,罗马皇帝提比略同意日耳曼部落将欧洲防风草②作为贡品,代替一部分货币进贡,因此这种蔬菜流行了起来。羽扇豆、海蓬子、亚历山大芹(一种味道介于欧芹和芹菜之间的蔬菜)和欧薯蓣(烹饪前有毒)都被广泛种植。橄榄在希腊时代就已为高卢当地人所知,甚至在前罗马时代的遗址中,还能看到专门用来榨汁的石具,上面有沟槽,可以让橄榄汁流出来。

没有煮熟的欧薯蓣或许对初来乍到的旅行者是个风险,但更需

---

① crudités:一道法式开胃菜,通常为生蔬菜切片,蘸上醋汁或其他蘸酱食用。蔬菜种类多样,包括芹菜、胡萝卜、黄瓜、甜椒、西蓝花、花椰菜、茴香、小玉米和芦笋。
② 欧洲防风草:可食用的部分是它的根,呈圆锥形,外形类似胡萝卜,但为淡黄色或白色。

第七章 乡间生活

要提防的是当地的一种动物——猪。古罗马历史学家斯特拉波曾写下关于高卢人饲养猪的记录，与现代人一样，他们食用猪肉（既吃新鲜的，也吃腌渍的），但他们养猪的方式比较特别——在野外放养。这些高卢-罗马猪逐渐长成了体型大、速度快和颇有攻击性的动物。事实上，对任何不熟悉其习性的人来说，接近它们都是有风险的，这些猪的危险性甚至不亚于狼。罗马人对高卢牲畜饲养的贡献在于，他们带来了一批更大的个体，改善了当地牲畜的基因。一直到帝国崩溃，这些更大、更强壮的家畜都在高卢被广泛饲养。羊主要在南部饲养，法国南部季节性放牧的习惯可能就是在古罗马时代出现的，羊群冬天在低地过冬，夏天则被带到高地放牧。驻扎在莱茵河沿岸的罗马军团开始依赖羊毛，一些加工羊毛的作坊出现在高卢，主要是为军队提供羊毛制品。当然，普通民众生活中也开始出现羊毛。根据老普林尼的记述，用羊毛填充床垫是高卢-罗马人的发明。和羊毛一样，卡奥尔一带种植的亚麻也同时兼具军用和民用价值。

葡萄酒也是高卢的特产之一。博凯尔郊外的多美亚大道沿线，葡萄藤在乡间繁盛地生长。它们整齐地排成一排排，修剪过的藤蔓在低矮的葡萄架上延伸，覆盖着南方干燥的田野。炎热夏末，当附近田野里的向日葵垂下它们的头，黄色的花瓣早已枯萎，黑色的果实沉甸甸的，叶子上满是路边扬起的米黄色的灰尘。唯有这些葡萄架，能让普罗旺斯高温下漫长的一天显得不那么难熬。

附近有一处与众不同的葡萄园，位于缓缓南去的平原上。葡萄园里有一座 17 世纪的农舍,绿色的百叶窗和开花的盆栽装点着优雅的庭院,如此的景色,游人很难不驻足留影。但这些本是南法乡间常见的风貌,并不稀奇,特别之处在于葡萄园采用的种植方式。与别处不同,葡萄藤没有沿着低矮的葡萄架上长长的塑钢线延伸,而是从高高的棚架上垂下来,茂密得像一张巨大的纱网,粗壮的茎缠绕在笔直的木柱上。这样的栽培方法不是现代的,而是罗马式的。那些记录过农业活动的古代作家——科鲁迈拉①(Columella)、老普林尼和保利努斯(Paulinus)——一定对这样的场景非常熟悉,甚至他们喝的就是在这个地方种植的葡萄所酿造的酒。

这处葡萄园被称为 Mas des Tourelles②,建在古罗马庄园的遗址之上。20 世纪初,葡萄园的土壤中发现了双耳陶罐、屋顶瓦片和花瓶,从而确定了它在古代就曾是一处庄园。后来的考古挖掘又发现了一个占地约 3 公顷的别墅,建于奥古斯都征服这里后不久,并且直到 5 世纪这里一直都有活动迹象。这里拥有传统的罗马式别墅应该具备的一切设施——庄园主人的房间、佣人的房间,以及一些专门用来干农活的房屋。值得注意的是,这里有一个陶器作坊,包含一个巨大的窑,有几米宽,可以同时烧制 2 000 个双耳罐。一些在这间作坊制作的陶器后来被重新发现,保存在农舍的储藏室里。这样的双耳罐制造能力,说明这里是葡萄酒生产的重要场所。这种双耳罐上有签名或盖章,用以表明酿酒者和葡萄酒种类,类似于现代标签。这里离罗讷河畔的卡庞特拉很近,地理位置优越,便于将

---

① 科鲁迈拉:古罗马农业作家,生活在公元 1 世纪,著有十二卷的《论农业》(*On Rural Affairs*)。

② "mas"一词在普罗旺斯语中是农庄的意思,源自拉丁语中的 mansum,意思是住所。——作者注

第七章 乡间生活

在 Mas des Tourelles 葡萄园仿制的古罗马时代的葡萄酒榨汁机。

酿造的葡萄酒销往罗讷河沿岸的各个城镇,甚至是更远的地方。

　　自从这处葡萄园的罗马遗迹被发现以来,它已经成为研究古罗马时代葡萄栽培技术的中心。这里的人们在尝试还原传统的酿酒技法,但还是有许多遗失的酿造知识难以找回。葡萄最早可能是由希腊人引入高卢的,但在古罗马时代之前,葡萄的种植很可能并没有深入内陆,而仅仅在地中海沿岸开展。在被罗马人征服后,葡萄种植开始深入而持久地渗透到内陆行省。考古证据表明,从公元前1世纪下半叶起,高卢南部开始出现葡萄种植园、制陶作坊,榨汁用的器械、双耳罐开始变得常见。公元1世纪时,这种"葡萄文化"已经传播到纳尔邦高卢和阿基坦高卢,以及今天的勃艮第地区、卢瓦尔河谷,甚至巴黎盆地。

　　高卢从意大利进口葡萄酒的规模在公元1世纪末开始下降。皇帝图密善(Domitian)甚至曾经试图限制高卢的葡萄种植,以避免意大利葡萄酒面对前者激烈的竞争,但他的法令并没有得到贯彻。到了3世纪,或许与特里尔①(Trier)逐渐发展为一座帝国级别的城市有关,葡萄园开始出现在帝国东北部,遍布莱茵河、阿尔萨斯河和摩泽尔河流域。在这个阶段,"葡萄文化"的藤蔓已经触及当今受其影响最为深刻的那些地区。

　　尽管葡萄的种植在高卢历史悠久、范围广泛,但我们对当时所种植的葡萄品种并没有详细了解。古代的作者记录下了不少葡萄品种的名字,其中最受追捧的品种起源于希腊,被称作 Amine-

---

　　①　特里尔:位于德国莱茵兰-普法尔茨州西南部,摩泽尔河岸,属于重要的摩泽尔葡萄酒产区。它被认为是德国最古老的城市,由凯尔特人于公元前4世纪建立,300年后被罗马人征服。

um，除此之外，还有一些地方性的品种，比如主要生长在阿基坦的 Biturica，以及种植在维埃纳的 Allobrogica。然而，尽管这些葡萄品种的名字被记载了下来，甚至还有一些古罗马时代的葡萄种子被发现，但很难确定这些品种的葡萄与今天我们看到的有什么联系。今天我们对古时葡萄品种的认知更多依靠的是猜测。

虽然对古时葡萄的品种不甚了解，但我们对古罗马时代高卢的葡萄酒酿造技术的了解并不算少。熟透的葡萄会被从藤上剪下来，放进固定在地面的巨大容器中，就像我们今天在 Mas des Tourelles 葡萄园看到的复制品一样。工人们会抓住绳子，从上方进入容器，用脚踩碎葡萄。一些古罗马时代的镶嵌画中，可以看到工人们边吹奏笛子，边完成这项工作。接着，被踩碎的葡萄会被放到旁边的木桶中，这些用板条制成的方形木箱是用来榨汁的，葡萄汁会从板条的缝隙中流出来。绞车和滑轮会操纵一块木板向下压入木箱，然后，从木箱中流出的果汁被收集到一种被称为杜力姆[①]（dolium）的大陶罐中，陶罐的三分之二被埋在地下。这可能是一个漫长的过程。一些庄园在一个葡萄收获季所榨出的葡萄汁大约可以装满 2 000 个杜力姆陶罐，相当于 30 万瓶现代葡萄酒。陶罐中会加入草药和香料，和葡萄汁一起发酵。

额外香料的加入，会创造出让人意想不到的新口味葡萄酒。如今，Mas des Tourelles 葡萄园主要生产三种葡萄酒。第一款是被称作 Muslum 的红酒，通常冰镇后饮用，它成功地将肉桂、胡椒、百里香和蜂蜜的浓郁味道融入其中。与之形成鲜明对比的是 Turturae

---

[①] 杜力姆陶罐：古罗马时期用于存储或运输的大型陶器，呈椭圆形，一般可以容纳约 1 658 升的液体。

Mas des Tourelles 葡萄园的杜力姆陶罐。

白葡萄酒，口感干而涩，里面添加了葫芦巴和海水。第三种酒是 Carenum，它的制作方法源自 4 世纪的作家帕拉迪乌斯的记载，呈深琥珀色，加入了槟榔果和煮过的葡萄汁，味道更加浓郁，口感甜美。

　　这几种酒与贺拉斯笔下柔和的 Falernian 葡萄酒或 Caecubian 葡萄酒完全不同，更不可能让人联想到济慈（Keats）笔下那令人面泛桃红的"灵感之泉"。它们的口味是复杂的、强烈的，充满异国情调，今天的我们很难想象古罗马时代的高卢能够酿出具有如此奇怪味道的葡萄酒。当然，并不是每一种高卢葡萄酒都受人欢迎。罗

第七章　乡间生活

马诗人马提亚尔①（Martial）曾经在一篇作品中刻画了一个角色，这人"经过海上和陆地上漫长的运输"从马萨利亚运出葡萄酒，但这些酒简直就是"可怕的毒药"，并且价格不菲，"我想，这个高卢人在罗马待了这么久，就是为了避免喝家乡的葡萄酒"，诗人的讽刺很是尖刻。

一个叫贝利克斯的铜匠的墓葬浮雕，完成于2世纪。

---

① 马提亚尔：古罗马文学家，大约生活于1世纪下半叶，出生于伊比利亚。其作品取材广泛，短小精悍，讽刺了城市生活，并将自己在乡下的成长经历进行了浪漫化处理。

第八章

工匠的尊严

至于普通平民，处境简直跟奴隶差不多。

——尤利乌斯·恺撒，《高卢战记》卷六，13

阿利斯康墓地
·
热努亚德教堂
·
建筑工匠
·
水手
·
商人
·
手工艺人
·
化妆品商人
·
玻璃工艺大师
·
卖花人
·
士兵
·
角斗士
·
奴隶

阿尔勒的老城墙建于古罗马时代，南城墙外，有一座古老的阿利斯康墓地（Les Alyscamps）。根据罗马人的习俗，城市是神圣的地方，以城墙为界，逝去的人不允许被埋葬在城墙之内。因此，死者的坟墓和纪念碑都出现在罗马城市的外围。阿尔勒的墓地集中在奥勒良大道[①]（Via Aurelia）旁，这条大道一直通向城市的南门，连接城内的主要街道。坟墓之所以被选择在路旁，是希望路人能给予死者一些尊敬性的关注。而阿利斯康墓地逐渐成了整个高卢最大、最著名的墓地。

阿利斯康这个名字来自"异教"神话，源自短语 Campi Elysii，指

[①] 奥勒良大道：最初连接罗马和热那亚的大道，在公元 275 年之后，延伸到阿尔勒，沿途经过尼斯和普罗旺斯的艾克斯。

第八章 工匠的尊严

品德高尚的人死后生活的宁静乐土。巴黎的香榭丽舍大道（Élysées）也源于同一短语。但显然，阿尔勒的墓地用这个词更贴切——与巴黎那条著名的、洋溢着热情的生命气息的大街不同，这里是实实在在的永生之地，笼罩着死亡的阴影。

然而，真正让这个墓地出名的是一个基督教传说。圣杰尼修斯是一名生活在 4 世纪的公证员，他殉道后，遗体就葬在这里。传说基督本人显圣，主持了这场葬礼，在他跪着祈祷的石头上留下了印记。这个传说，体现了基督教对这片有"异教"起源的墓地的认可。不久之后，阿尔勒的第一位主教圣特罗菲姆（St. Trophimus）的遗体也葬在了这里。从大约 5 世纪开始，因为同名，这位主教就被误传为曾陪同圣保罗前往耶路撒冷的另一位特罗菲姆，《使徒行传》（the Acts of the Apostles）中提到过这位基督教早期皈依者。结果，阿利斯康成了西欧最受欢迎的基督徒墓地之一。随着罗马帝国崩溃，阿尔勒也趋于衰落，但这座城市却因为这片墓地而被赋予了"死亡之城"的标签，丧葬业也成了这里的主要产业。据说，无论生活在罗讷河上游的什么地方，只要把死者的尸体放到棺材里（再放上一些作为丧葬费的硬币），然后让棺材顺流而下漂到阿尔勒，死者就能在这座城市附近的拉罗盖特海角（the promontory of La Roquette）安息。圣奥诺拉教堂[①]（the Church of Saint Honorat）的僧侣们会把棺材从河中捞上来，并负责完成葬礼仪式。

阿利斯康墓地不仅声名远扬，还出现在文学作品中。但丁在描绘地狱的场景时，选择了这里的一排排坟墓。在阿里奥斯托[②]

[①] 圣奥诺拉教堂：以生活在 5 世纪的阿尔勒主教的名字命名。——作者注
[②] 阿里奥斯托（1474—1533）：文艺复兴时期的意大利诗人。

（Ariosto）的作品《疯狂的罗兰》(*Orlando Furioso*)中，它成为加洛林时代的传奇英雄罗兰和伙伴们最后的安息之地，他们在龙塞斯瓦列斯①（Roncesvalles）山谷与撒拉逊人的战斗中牺牲。中世纪后期，这里的墓碑甚至成为一种可移动资产。来访的权贵和法国皇室成员将会得到一块雕刻精细的罗马墓碑作为礼物。法国国王查理九世（Charles Ⅸ）对这种礼物的喜好几乎到了贪婪的地步，离开时装了整整一船，以至于这艘船因为超载而沉没在罗讷河中。如今，阿尔勒珍贵的古典遗产分散在法国各地，甚至在法国境外的欧洲宫廷中也可以看到。

阿尔勒当地人对他们拥有的古代遗产并不重视，而例子远远不只把堪称艺术品的罗马墓葬雕塑作为礼物送出去。16世纪中叶，这里修建了一条运河，为的是引流冲刷克劳河中的淤泥，但运河对城市周边的墓地破坏巨大。一旦开了这样的先例，便再也不能杜绝。19世纪时，阿利斯康墓地中的一大片土地被卖给了一家铁路公司。新修的铁路从墓地中间穿过，这里被仓库、车间和货场占据。当时观察者们的报告记录到，古罗马时代的石棺被农民们运走，用作牛的饮水槽，或者切割用作建筑材料。墓地原本有三层地下结构，蜂巢般布满了墓穴，但为了修建铁路，原本的墓穴被挖开填平。到19世纪末，周围还能追寻往昔的，只剩下一小块土地，它保留着热努亚德教堂（La Chapelle de la Genouillade），传说中基督本人显圣的地方。除此之外，还有一条名为阿利斯康的小巷，与一条林荫大道相连，大道上能看到一些缺乏雕饰的、空空如也的石棺，小巷的尽头是已经破败的圣奥诺拉教堂。即使如此衰落，阿利

---

① 龙塞斯瓦列斯：位于西班牙西北部的比利牛斯山脉。

第八章　工匠的尊严　　　　　　　　　　　　　　　　　　　　227

斯康仍有一种不可磨灭的吸引力。文森特·梵高和保罗·高更（Paul Gauguin）都经常来这里作画。尽管这里历经了几个世纪的破坏，但他们仍被弥漫在这里的神秘气息吸引。梵高写信给他的弟弟，抒发自己看到这里美景时的喜悦，描述这里的杨树大道，丁香蓝色的旧石椁躺在落叶铺就的橙黄相间的"地毯"上，特别是在落叶飘落时，色彩更显生动。

站在圣奥诺拉教堂看到的阿利斯康街景。

值得一提的是，阿利斯康墓地的意义和它的遗迹，现如今要到基督教的热努亚德教堂去寻觅。从阿利斯康小巷步行前往这座古老的教堂需要一刻钟的时间。游客需要穿过一条运河，经过一家托儿所、一家养老院和沿着城墙铺设的主干道上的一排商店，然后要穿过一座铁路桥，拐一个弯，进入一个由电塔、起重机、货场和现代公寓组成的街区。教堂就坐落在一堵古老的石墙旁的一小块绿色草地上。

这座教堂很小，小到看上去似乎比一辆露营车都大不了多少。如今，大门紧锁，它早已被历史遗忘，没人在乎它是否存在，更没人对它显示出对古建筑的尊敬。入口的门梁是雕刻而成的，两侧是科林斯式的石柱，但满是凿痕和凹槽，甚至都不怎么对称了。正如游人所料，如此破败的教堂，连一扇木门都没有，只有一扇牢房中常见的金属栅栏，权当大门，被漆成灰色，有划痕，锈迹斑斑，一副无精打采的样子，上面还有褪色的涂鸦。窗棂上也没有玻璃，只有金属格栅和铁丝网，勉强算是对内部的保护，有些格栅已经变形，可从外向内观察。然而，事实上，教堂内没什么可看的。一个祭坛，部分嵌在半圆形的后殿墙壁里。祭台上有一对朴素的、瘦削的木制烛台，还有一些无法辨认的陶瓷碎片随意地躺在石板上。教堂外的草地没有人修剪，在炎热的夏天，足有齐腰高。

不管有关基督的传说真实性如何，现如今，这里已经变成一座现代城市的脏乱角落，周围是郊区的公路、铁路，到处都是烤肉串的包装纸。传说曾赋予这里些许神圣色彩，现在也归于平凡。罗马人不需要基督教神话来体现阿利斯康墓地的重要性，从罗马征服高卢起，这里以及其他城市墓地——不一定都有属于自己的基督教神话——就都是重要的，它们是普通人日常生活的一部分。罗马人的出现带来了罗马化的生活方式，增加了当地人——甚至包括那些地位与奴隶相差无几的人——生活的多样性，而墓地就是多样性的体现之一，这里是他们举办葬礼并赋予死亡意义的地方。

石棺和墓碑上的文字通常都比较简短，然而，也有一些文字可

第八章 工匠的尊严

阿利斯康墓地仅剩的"碎片"之一，破败的热努亚德教堂的外墙面。

以提供有关逝者的更多信息，让我们可以了解他们的生活和工作。下面这个例子来自一个名叫昆图斯·坎狄杜斯·贝尼格努斯的人的墓志铭：

> 作为阿尔勒建筑行会的成员，他精通建筑知识，拥有奉献

精神、知识和判断力。在任何时候，这位伟大的工匠都有权拥有大师的称号；其他人对他的能力望尘莫及；没有人可以望其项背；他知道如何制造引导水流的机械；在这里，他是一位受欢迎的客人；他知道如何满怀感情和热情去珍惜他的朋友；他本性纯良、心地善良。他的女儿坎迪迪亚·昆蒂娜献给她最可爱的父亲，瓦莱里娅·马克西玛献给她最亲爱的丈夫。

这块墓碑是何时制成的，具体时间不详，但可以推测大约是在公元 1 世纪或 2 世纪。不管确切时间是什么时候，它说明了一个问题——高卢人评判个人价值的标准发生了变化。高卢贵族可以在罗马政府任职，并有机会通过修建公共建筑来展示他们的财富，而普通民众也可以通过经商赢得尊重。墓碑的主人值得尊敬，并不是因为他拥有高超的战斗技巧，也不是因为他是首领的随从，而是因为他在制造机械这个领域拥有他人无法比拟的技艺。

古罗马时代之前的高卢，并不缺乏商人和工匠，但罗马人的到来，让这些人的技能变得更为社会所认可。恺撒曾评论过他那个时代的高卢，不属于祭司或武士阶级的高卢人，地位比奴隶好不了多少。而在贝尼格努斯生活的时代，他所掌握的"制造引导水流的机械"的技能赋予了他被铭记的价值。

在被罗马征服之后，高卢的商业活动变得更加活跃。仅在阿尔勒，就出现了一批与贸易相关的新职业——海员、木匠、utricularii（乘坐兽皮筏子在罗讷河上运输货物的人）、lenuncularii（大型船只的船员）、centonarii（成衣商人）和 lapidarii（珠宝商）。

上面提到的这些行业都有自己的行会。行会并不是行业的垄断者，就像它们在中世纪的继承者一样。行会并不强制从事某一行业

第八章　工匠的尊严

的人必须加入。行会似乎更关心会员的福利，其组织形式更像是俱乐部。在高卢城市的遗址中，发现了一些行会的活动场所的遗迹。一些行会与政府官员走得很近，甚至会得到一些政府的合同，这样的联系给行会和官员都带来了声望。例如，公元2世纪末，阿尔勒的海员们为一位负责粮食供应的官员凯乌斯·科米尼乌斯建了一座纪念碑，声称他是他们的庇护者，一个"优秀且无可挑剔"的人。可以看出，行会作为统治阶级的成员，能够分享其庇护者所享有的社会声望，获得尊重。

除了阿尔勒之外，其他地方的行业和行会种类更多。在里昂（古罗马时代称之为卢格杜努姆）发现了一块小纪念碑，纪念的是一个名叫塞普提穆斯·朱利亚努斯的化妆品商人。老普林尼认为是高卢人发明了一种名为 sapo 的化妆品，有一种观点认为它就是现代的肥皂（soap），但更有可能是一种"润发油"，因为根据老普林尼的记录，它可以使头发更亮、颜色更金黄。朱利亚努斯有一位名叫皮索尼斯·阿斯克勒皮奥多图斯的朋友，同样来自卢格杜努姆，做的是香水生意。阿斯克勒皮奥多图斯的妻子名叫西维拉·西维利亚，从墓志铭上看，这对夫妇一起生活了35年。香水生意让他们的家族越发显赫，夫妇二人日后甚至分别成了祭祀奥古斯都的祭司和女祭司。

高卢的商人提供各种名贵的食材和饮品。生活在古罗马时代的高卢，要想吃上一顿大餐，你可以从盖乌斯·森提乌斯·古利亚努斯那里买到你想要的一切。他的墓志铭上写着，他在西班牙南部和卢格杜努姆之间从事橄榄油生意，还用自己的船顺着索恩河的运输线将卢格杜努姆的红酒贩往别处。他是酒商行会的赞助人，也是船长行会的赞助人，甚至是祭祀的赞助人。他积累的大量财富，使他得以跻身骑士阶层。

尤利乌斯·亚历山大——"生于非洲，迦太基公民、优秀的人、玻璃工艺大师"——擅于制作盛酒的器皿。除了表明让他感到骄傲的出身之外，亚历山大的墓志铭还特别清楚地写明了与其生活有关的一些信息——他活了"75年5个月零13天"，与妻子（"结婚时还是处女"）结婚48年，有4个孩子。他之所以对自己的出身感到自豪，原因在于，北非的玻璃制造技术比罗马帝国的其他地方都要先进。

在"罗马和平"时期，罗马帝国安全而稳定，商人可以带着他们的知识和技能，自由而又相对容易地在帝国内部活动。原本属于高卢的地区——特别是在卢格杜努姆——出土了一些铭文，记录了人们迁徙和重新定居的情况，这些人中就包括商人，他们可能由其他地方迁往高卢，也可能从这里迁走。在阿尔勒，一名希腊医生的葬礼由他在本地的学生操办；身着盛装的神殿祭司，原本生活在叙利亚行省；高卢籍官员会前往小亚细亚和北非担任地方长官；曾在潘诺尼亚和多瑙河流域其他地方服役的退伍士兵会定居在高卢。上文提到的那位"玻璃工艺大师"亚历山大，很可能是一位来自非洲的技术传播者。他带来了新技术，抓住了市场上的商机，在高卢建立了自己的作坊。他的陪葬品中包括6个完好无损的玻璃瓶、4个玻璃碗、2个玻璃杯子和1个玻璃发夹。这些东西几乎可以肯定是他自己的作品，算得上是古代世界留存下来的唯一一批可以追溯到制造者的玻璃制品。

玻璃餐具是宴会上必不可少的，自然也不愁销路，有人专门做这一行。一个名叫维塔利努斯·菲利克斯（Vitalinus Felix）的退伍老兵就是其中之一。他曾服役于第一米涅尔瓦军团（the 1st Legion Minervia），这个军团主要在下日耳曼尼亚前线执行军事行动。退伍后，菲利克斯开始经商。他的墓志铭上写道，他活了59岁，星期二出生，星期二入伍，星期二退伍，也在星期二去世。

如果想给宴会画上一个圆满的句号，或者为了表达爱意，鲜花是不错的选择。一块保留至今的石板上雕刻了一位从事鲜花贸易的妇人，她生活在尼姆。石板上的她坐在商店的柜台后面，手里拿着一个花环。头顶上还刻有一句格言——non vendo nisi amantibus coronas，意思是"若非有情人，花环概不出售"。今天看来，这句话堪称一句绝妙的广告词。

保留下记录的不仅仅是那些需要细致而精巧的技术的行业，涉及繁重体力劳动的行业也不例外，要么是墓碑，要么是石刻，总之记录总能被找到。在上加龙省的一处大理石采石场，四位石匠代表自己和他们的同事祭祀西尔瓦努斯神①（Silvanus），因而他们的名字被保留下来：西韦鲁斯（Serverus）、纳塔利斯（Natalis）、马蒂奥里斯（Martialis）和辛图斯（Sintus）。在阿韦龙②（Aveyron）的埃韦克堡（La Bastide-l'Évêque），一处地下铅矿的坑道里，矿工们——也许是奴隶——留下了一些关于建工的简短铭文。在桑斯③（Sens）发现的一块墓碑上，刻着一位铁匠的肖像。他站在锻炉旁，周围是各种工具——弯曲的铁棒和钳子，他用手里的钳子夹着一块铸锭，放在铁砧上捶打。这块墓碑不仅记录了铁匠行业的情况，还记录了铁匠的具体操作。

---

① 西尔瓦努斯神：古罗马宗教中的田野、森林之神。
② 阿韦龙：位于法国南部，因阿韦龙河得名。
③ 桑斯：法国中北部城市。名字来源于古罗马时期活动于此的高卢部落塞农人。

描绘餐桌饮食的镶嵌画，出土于圣罗曼-恩加尔，完成于公元 2 世纪。

不仅是商人，士兵们也因为墓碑而被铭记。这与大约两千年后在第一次世界大战时期，士兵们获得的纪念类似。无论他们是在服役时牺牲，还是在退伍后去世，他们在战争中做出的贡献都是值得尊敬的。有时，他们曾经在军队获得的荣誉也会被记录下来——担任百夫长、军事保民官或使节。来自高卢以外的非罗马出身的老兵，也会被尊敬，他们获得了公民身份，以退伍军人的身份定居在高卢。公元 2 世纪的某个时候，提图斯·卡修斯·塞提努斯（Titus Carsius Certinus）被安葬在阿尔勒——"第二十英勇凯旋军团

(the 20th Legion Valeria Victrix)退伍老兵,女儿卡西亚(Carsia)立,为她品德高尚的父亲"。

即使是社会最底层的人也可能留下他们的名字和生活的痕迹。比如,许多在阿尔勒和尼姆的竞技场格斗的角斗士就非常出名,如果他们不幸在角斗中战死,可以被体面地埋葬和纪念。在尼姆发现了一块纪念角斗士的石碑:"进行过20次角斗,希腊人,活了25年。妻子诺玛斯为她的丈夫而立。"在阿尔勒,一个名叫马库斯·朱利叶斯·奥林匹斯的角斗士头领,是最受欢迎的角斗士之一,他的孙子"因为常胜的祖父的伟大战绩"而纪念他的祖父。事实上,在当时的社会,角斗士被认为并不比皮条客强多少,但这并没有阻碍奥林匹斯留下自己的名字和事迹。演员也是不受人尊敬的职业,但他们很会为自己打广告,"普里米格努斯,尤多克斯剧团的演员"——这样的句子和雕刻它的石头一起保留了下来。普里米格努斯就葬在阿利斯康墓地,离阿尔勒剧院只有几步之遥,他生前就在剧院扮演那些不知名的角色。

甚至连卑微的农民也会偶尔被记录下来。有一个名叫普布利乌斯·布里提乌斯·萨图尼努斯的剪羊毛工人,他的名字被粗糙地刻在一块石头上,字母用红色颜料勾出,下面刻着他使用的剪刀的样子。与之类似,"夸蒂纳的好兄弟"——一块石头上刻着这句话和一把修枝刀,它属于一个名叫瓦洛诺斯的葡萄藤修剪师。一个被赋予自由的奴隶成了牲畜饲养员,他的前主人对他颇为重视,在一块石碑上刻下了一段长长的话,还配有牧羊人和羊在树下的田园场景,但配图和文字恐怕并不十分搭配:

尤昆都斯——被马库斯·特伦提乌斯赋予自由的人。过路的旅客请驻足，看看我的仁慈是如何被辜负的。一个前奴隶从我这里获得了自由，却一头扎进了美因河（River Main），河水夺走了他从前主人手里获得的这条命。特伦提乌斯出资雕刻这块石碑。

逝者不一定非要拥有一项手艺或传奇经历，墓碑上简单的话语也可以体现家人的爱和哀思："佐希姆斯献给他挚爱的母亲""卢修斯·阿普尼乌斯·塞韦里亚努斯，4个月零9天时去世""亚历山大·维多利亚献给她的爸爸，辛马库斯"。

并不是所有人都有财力置办雕工精美的大理石或石灰石墓碑，并在上面刻上自己的名字和事迹，但他们的名字会以另一种方式被记录下来。在一些手工作坊的遗址——特别是在阿利埃河（River Allier）流域——发现了一些动物陶俑，比如狗和猴子的，上面都会出现制作者的名字：里托吉诺、普利斯库斯、莱克斯托吉诺斯……炊具和酒器可能会在某些情况下印有作坊的名称，例如"OFBASI"，这是巴斯作坊（Officinum Bassi）的简称，也可能印着制作者个人的名字，例如"PATERNIF"，意思是帕特努斯的作品（Paternus fecit），或者是"ATTICIM"，阿提锡制造（Attici manus）。

最卑微的营生也可能出现在富人收藏的艺术品上，那些从事这些营生的人，在某种程度上也被记录下来了。在圣罗曼-恩加尔发现的镶嵌画中，每个季节艰苦的农活都出现在了农业日历上：春天嫁接树木，夏天收集木材，秋天收获苹果、葡萄和橄榄，冬天播种豆类、碾磨谷物、编织篮子。浮雕上会出现鞋匠敲敲打打；木匠手握斧子和刨子，看着原木；车夫将木桶推上马车；洗衣工疲倦地用陶罐向水池中注水。这些高卢-罗马人也许默默无闻，但并未被历史遗忘。

第八章 工匠的尊严

图中是在尼姆发现的一块属于葡萄藤修剪师的墓碑，上面写着"瓦洛娜献给她优秀的哥哥瓦洛诺斯"，墓碑下方雕刻的是用于修剪葡萄藤的工具，是从事这一行必不可少的。

这些记录在墓碑或艺术品上的，关于高卢-罗马人工作与生活细节的内容，不仅证明了罗马统治下手工业的兴起，也证明了这一趋势所带来的人们生活质量的提高——不仅仅是手工业者，更包括那些社会中较贫穷的成员。例如，航行在罗讷河这条伟大的贸易河流上的橡木驳船可以长达30多米，那些驾驶驳船的水手们并不是睡在甲板上，也不会在冬天挨饿受冻。从河底打捞上来的沉船显示，有专门为他们准备的舒适的房间和设备齐全的厨房，不仅配备了大锅、研钵、盘子和碗，而且还有专门的炉子用来做饭和取暖，炉子本身是水冷的，以防止过热和熔化。船上承载的货物，显示了手工业的蓬勃发展：各种双耳罐装着鱼酱、咸鱼、肉、酒和橄榄油；石灰石、大理石以及铺设水管用的原材料，铁条、铜条和锡条，这些一应俱全。今天的阿韦龙省，有一处考古遗址，占地数公顷，这里发现了许多大型陶器，这种红色的、细腻的陶器被称为"萨摩斯细陶器"（Samian ware），被出口到高卢各地，甚至更远的不列颠和地中海沿岸地区。罗马征服高卢后，产自高卢的商品甚至开始挤占意大利商品的市场，后者出现了衰落。"萨摩斯细陶器"曾经被认为是一种奢侈品——适合与金属餐具搭配来装点罗马式的餐桌。随着罗马对高卢统治的深入，这种陶器开始在高卢各地生产，甚至最普通的家庭，也用得起它们。

随着古罗马时代的到来，简单的器具和饰品变得更加普遍，不仅有陶器、玻璃花、香水瓶、厨房用具、秤，还有石像、泥像、护身符、钥匙、门和箱子上的零件、珠宝、发夹，甚至包括手术刀和镊子这些医疗器具（它们可能是由职业女性医生保管的，不一定是男性医生）。人们日常食用的面包可能品质很高。根据老普林尼的说法，在高卢，面包师使用马毛制成的筛子筛面粉，以确保面包更

第八章 工匠的尊严

阿尔勒博物馆展出的一幅浮雕,时间可以追溯到公元3世纪,来自一个墓穴。浮雕中的两个男人正在将货物装上船只。

容易发酵;他们还会使用从啤酒泡沫中收集的酵母,这样制作的面包会有啤酒的清香,味道更好。在亚眠发现了一处保存完好的高卢时代的面包房,可以追溯到公元2世纪末,那里的发现,证实了老普林尼的说法,当时的面包师拥有很高的技术和知识水平,制作的面包品质上乘。面包房配备了筛子和亚麻编织的篮子,这些篮子是用来盛放发酵的面团的。面包房保存完好,制作面包的每一步都有迹可循:待研磨的小麦和大麦,已经磨好的面粉,正在发酵的面团，以及还在烤箱里的面包碎块。对残余物的成分分析表明，这里的面包包含黑麦与普通小麦粉，除此之外，还添加了脂肪或油，和今天我们在手工面包房买到的面包成分相差无几。

罗马的统治给这片土地带来的日益增长的财富和繁荣，分配得并不均匀。昔日高卢部落的贵族后裔，现在穿着罗马式的衣装，生活在城镇中的豪宅或是乡下的庄园中，并且这些豪宅和庄园都处在最好的地块上。而那些仅仅勉强糊口的大多数人，要么是农奴，要么干脆是奴隶，罗马城镇和罗马式生活离他们很远，对他们的影响有限。正如我们所看到的，高卢的罗马化是以巨大的代价换来的：大规模的死亡、暴力和社会混乱，对旧有身份认同感的打压，以及古代文化的瓦解和消亡。然而，我们也必须承认，罗马征服给这片土地带来了一个相对和平的时代，这在有记载的高卢历史上似乎是前所未有的。是的，那些曾经拥有很多的人，没什么损失，甚至获得了更多的资源和特权；但那些原本就不太富裕的普通人，也从这段持续时间较长的社会稳定期中受益，他们享受工作、行动自由，甚至有机会接触从前只有最高阶层才有机会拥有的高质量生活。这里有供大多数人享用的葡萄酒、美味的面包和精美的陶器，即使没有机会在宽敞的别墅里享用它们，至少也能在一个秩序井然、宁静和平的环境中接触一些。一种观念开始在那个时代的人们的脑海中出现——普通人的日常生活也是值得被尊重的。正是从这个时代开始，许多普通的高卢人开始在历史中留下属于他们的印记。在古代社会，这是一项非凡而罕见的成就。即使是生活在高卢社会底层的人，也会认同吉本在2世纪所做的判断：

> 如果有人被要求说出历史上人类最幸福和最繁荣的时期，

第八章　工匠的尊严

他会毫不犹豫地说，是从图密善去世到康茂德（Commodus）即位之间的那段时期①。在美德和智慧的指引下，罗马帝国以绝对的权力统治着幅员辽阔的领土。

阿鲁门（Porte d'Arroux）是一座古罗马城门，位于欧坦的北面，可追溯到3世纪末。它的拱形结构激发了建筑师在12世纪建造克吕尼本笃会修道院（Benedictine Abbey of Cluny）的灵感。

---

①　这段时间，罗马帝国先后由五位皇帝统治，帝国得到了近一百年的和平与安定，社会稳定、经济发展，被称为"五贤帝"时期。

第九章

高卢的拉丁文学

他们原是一个挺机灵的民族。

——尤利乌斯·恺撒,《高卢战记》卷七,22

埃桑迪斯公爵让

•

古典晚期拉丁文学：如同"已经完全腐烂的尸体"

•

马萨利亚的学校

•

欧坦

•

"阳台"

•

希腊的智慧

•

奥索尼乌斯

•

波尔多

•

教师的生活

•

"一天中的活动"

•

关于爱与失去之诗

•

文学圈子

法国文学中"最危险"的书——至少对易受影响的、敏感的年轻人来说是这样——是若利斯-卡尔·于斯曼①（Joris-Karl Huysmans）的《逆流》（À Rebours），英文版名为《逆自然》（Against Nature）。这本书出版于 1884 年，与当代散文小说的自然主义潮流背道而驰，成为"世纪末"②（fin-de-siècle）唯美主义和颓废派的标志性作品。

这部作品的主人公是埃桑迪斯公爵让（Jean）。埃桑迪斯家族

---

① 若利斯-卡尔·于斯曼（1848—1907）：法国颓废派作家，其最著名的作品《逆流》，描写了一个无聊贵族的颓废经历。

② "世纪末"：源自法语词汇，本意指一个世纪的结束，又兼指一个时代的结束。特指 19 世纪末，当时的人们认为这是一个有着巨大转变的时代。这个词也被引申为"世纪末的精神"，一般指 19 世纪 80 年代和 90 年代的一些文化风尚，包括犬儒主义、悲观主义。

第九章 高卢的拉丁文学

因为一代代的近亲通婚而日渐衰落,让是这个古老而高贵的家族的最后一名子嗣,在巴黎附近的卢尔城堡那座阴暗的祖屋里长大的。并没有和他住在一起的父母把他送到一所耶稣会学校学习。那些对将来就业或生活有利的课程并没有吸引他,老师则任由他沉迷于法国和拉丁文学中。离开学校后,他对巴黎的生活感到厌倦,找不到志同道合的朋友。他遇到的人,要么是"顺从的信徒",要么是"贪婪无礼的清教徒,修养甚至还不如住在附近的鞋匠"。让试图通过纵情声色麻痹自己,使自己忘记对人性日益增长的蔑视与失望,就像一个"被欲望的痛苦困扰,却因为过于放纵而使一切都索然无味"的人。从贵族式生活到"社会渣滓般的"生活,每一种可能性都被他尝试了,但每一种都没能给他带来快乐。在糟糕的生活方式的摧残下,他的健康日益恶化。

为了纾解自己日益增长的烦闷情绪,让决定离群索居,全身心地投入对自己审美情趣的无拘无束的追求之中,过上一种"勤奋而无用"的生活。他卖掉了剩余的家族地产,在巴黎远郊买了一幢房子,按自己的喜好进行了装饰,以适应"未来独自生活的需要"。房子的墙壁覆盖了一层一般用作精装书封皮的摩洛哥山羊皮革,穹顶被漆成炽热的橙色和皇家蓝。家中珍藏了一个古代的圣髑盒,里面放着手抄在牛皮纸上的波德莱尔[①](Baudelaire)的诗歌,如中世纪的祈祷书般精美。卧室装饰得像修道院的普通小房间,但用的却是最昂贵的材料:模仿灰泥质感的橘红色丝绸,模仿裸露的石膏的白色丝绸。他还拥有制造香水的最新仪器。除此之外,他还给宠物

---

① 波德莱尔(1821—1867):法国19世纪最著名的现代派诗人,象征派诗歌先驱,代表作有《恶之花》(*Les Fleurs du mal*)。

龟的龟壳镀金并镶上了稀有的宝石：金绿玉、蓝榴石和蓝宝石。

引人注意的不仅是埃桑迪斯公爵对于房间和宠物装饰的品味，他对于拉丁文学的热爱也偏离主流。对他来说，古典"黄金时代"的作家的经典作品——即使被索邦大学这种久负盛名的学府推崇——既没有价值，也没有乐趣，欧洲其他大学和学院所教授的传统作品更是平淡无奇。维吉尔的《埃涅阿斯纪》是一部"难以形容的空洞之作"，他的六韵步诗"小气而空洞"；贺拉斯令人厌烦，"令人难以忍受的笨拙之人喋喋不休地讲述着一个枯燥、老套的故事"；西塞罗的风格"沉闷而啰唆"；恺撒本人的作品有着"严守纪律的乏味，毫无新意的日记风格，充满了令人难以置信的、不必要的赘余"；李维"多愁善感而浮夸"；塞涅卡"废话连篇而乏味"。

而让所感兴趣的，反而是所谓的"白银时代"——也就是公元1世纪之后——的拉丁语文学作品，一般认为这个时期预示着拉丁文学的衰落。他喜欢小说家佩特罗尼乌斯①（Petronius）和阿普列尤斯②（Apuleius）的作品。而4世纪的拉丁语文学作品开始出现一种"游戏的味道"，这才是让他最为着迷的。这时期，"基督教的影响已经波及异教罗马的语言，罗马就像一块腐烂的鹿肉，分崩离析"，而"古典世界已经化为尘土"。

埃桑迪斯公爵喜欢的诗人要么来自罗马晚期的高卢，要么与这里有千丝万缕的联系。克劳狄安让罗马的异教传统"复活了，吹响了它最后的号角，把它最后一位伟大的诗人高举在基督教之上"；

---

① 佩特罗尼乌斯（27—66）：古罗马抒情诗人与小说家，生活于罗马皇帝尼禄统治时期。代表作品是《萨蒂利孔》（*Satyricon*），被称作欧洲最古老的流浪汉小说。

② 阿普列尤斯（约124—约189）：古罗马作家、哲学家。著有小说《金驴记》（*Metamorphoses*），主角化身为驴目睹了真实的罗马，反映了罗马文化和社会的情况。

第九章　高卢的拉丁文学

奥索尼乌斯和鲁蒂利留斯（Rutilius）在作品中描写了穿越晚期帝国的旅程，里面有莱茵河水中倒映的风景，有山顶环绕的迷雾。生活在5世纪的、奥索尼乌斯的学生诺拉的保利努斯（Paulinus of Nola），希多尼乌斯[①]（Sidonius），信仰基督的诗人、奥索尼乌斯的孙子培拉的保利努斯（Paulinus of Pella），这些都是让所推崇的作家。他对于"古典晚期拉丁语作品的兴趣愈发浓烈，拉丁语作品的巅峰就像一具吊在高处的已经完全腐烂的尸体，四肢已不完整，滴着脓血，只剩少数几个部位还挂在尸体上，而帝国晚期信仰基督教的诗人，取走了这残存的'部位'，浸在防腐的盐水中，用以滋养自己的作品"。

要是这些作家——尤其是奥索尼乌斯和希多尼乌斯——知晓了埃桑迪斯公爵欣赏他们作品的原因，恐怕不但不会高兴，还会感到震惊，更不用说他对维吉尔、西塞罗和贺拉斯的评价了。这些作家并不觉得自己是拉丁文学衰落的代表，恰恰相反，他们认为自己是罗马教育和拉丁文学传承的代表，是传统的谨慎而有力的捍卫者，而这种传统可以追溯到征服高卢的时代。退一步说，不管埃桑迪斯公爵对拉丁文学衰落的判断是否合理，相对于备受推崇的古典文学代表维吉尔和西塞罗，他对罗马帝国晚期作家的赞美至少增加了他们的关注度，也许有人会出于和埃桑迪斯公爵一样的原因而欣赏这些作家，这本身就是有益的。在某种程度上，这些作家面对帝国中央权力的衰落和秩序的崩坏，陷入了一种敏感的贵族式忧郁中，恰

---

　　① 希多尼乌斯（430—489）：出生于高卢，古罗马晚期诗人、外交家、主教。西哥特人入侵时，他曾被囚禁，后被释放。其作品反映了古罗马崩溃前夜与中世纪初期的西欧状况，具有重要的研究价值。

恰和让所面对的现实生活中的处境类似。无论如何，这批作家的确应该得到比以往更多的关注，因为他们的作品描绘了罗马治下高卢人更广泛的生活，不仅反映了他们自己生活的时代，也反映了在他们之前的时代；不仅揭示了罗马可以缔造长期强盛的原因，也为后世的文学创作树立了路标。毫无疑问，它们理应在埃桑迪斯公爵的书架上占有一席之地，在我们自己的书架上同样如此，即使我们没有摩洛哥山羊皮革装饰的房间，也没有嵌满宝石的宠物龟来与它们相配。

埃桑迪斯公爵书架上那些罗马-高卢时代的文学作品的作者，都是在传统教育的熏陶下成长起来的。而罗马-高卢的教育和文学传统则发源于马萨利亚这座希腊人的殖民城市。斯特拉波认为，在公元前49年臣服于恺撒之后，这座城市的资源开始向学术倾斜，而不再流向航海和商业领域。事实上，在此之前，马萨利亚很可能就已经拥有良好的教育设施。这里更像是一个高卢、希腊和拉丁文化的大熔炉，三种文化的传统思想汇聚于此，而希腊文化似乎占据着主导地位。许多古代作家记录了在马萨利亚可以接触到的知识——天文学、数学、修辞学和自然哲学。公元前3世纪，荷马的一部作品在马萨利亚进行了整理；生于这里的自然哲学家优特米尼斯（Euthymenes）对尼罗河洪水产生的原因进行了推测。生活在4世纪的历史学家阿米阿努斯·马尔切利努斯（Ammianus Marcellinus）认为，在马萨利亚完成的这些学术领域的研究，不仅得益于

第九章 高卢的拉丁文学

希腊文化的影响,更从当地的德鲁伊传统中汲取了养分。在这座城市进行的这些高水平的研究本身,已经足以为当地的学者吸引来一批听众与学生。许多当地的高卢人愿意学习希腊语,他们掌握甚至精通这门语言,以至于在法律文书中都开始使用希腊语。

马萨利亚不仅对高卢人有吸引力,对来自意大利的罗马人同样如此。对处于罗马社会上层的人来说,希腊语知识是高等教育的重要组成部分,他们甚至开始把读大学的孩子送到马萨利亚——而不是雅典——去学习希腊语。在许多人眼中,这里是一个更好的选择,因为它比雅典离罗马更近,气候更适宜居住,道德氛围也更好。1世纪的作家瓦莱里乌斯·马克西穆斯(Valerius Maximus)称马萨利亚是"最严格的道德卫士",市政府禁止剧院里上演有名但情节放荡的哑剧,限制人们穿着昂贵的衣服,禁止女性饮酒。根据塔西佗的说法,马萨利亚是一个"精致而保守的地方"。在公元前1世纪末到1世纪初,这座城市美名远扬,就连以严谨著称的奥古斯都皇帝,也把他姐姐的孙子送到这里,至少表面上是为了学习,尽管也有一种说法认为这是为了流放这名年轻人。

但随着长发高卢被征服,马萨利亚现有的学术资源远远不足以满足新行省突然增加而又非常紧迫的教育需求。拉丁化教育,至少对新征服领地的贵族阶层来说是必需的,这一点一直是罗马殖民政策的基石。不仅要向土著贵族阶层灌输对罗马忠诚的思想,更要培养他们担任行政和军事职位的能力,毕竟在管理高卢人这方面,他们是不可取代的。塔西佗在他岳父朱利叶斯·阿格里科拉(Julius Agricola)的传记中明确地描述了这一过程,而后者就曾在马萨利亚的学校学习,最终成为一名拥有高卢血统的罗马将领。阿格里科拉负责巩固征服不列颠的成果。他和塔西佗描述了罗马在那里推行的教育，作为更广泛的文化输出（他本人并不欣赏这样的做法）的一部分，罗马人最常用的"武器"之一，便是将土著贵族阶层与罗马的统治秩序绑定在一起。阿格里科拉"为首领们的儿子提供了一种'自由教育'……那些原本还蔑视拉丁语的人，现在却垂涎罗马式的辩论技巧"。结果，"这些不列颠贵族开始喜欢上了我们的服饰风格，托加长袍变得流行起来。渐渐地，他们被引向了'堕落的事物'——浴场、优雅的宴会。他们把这一切原本并不熟悉的东西称为'文明'，却浑然不知，这只是奴役他们的手段之一"。1世纪后半叶，阿格里科拉在不列颠完成的文化同化工作，实际上早在长发高卢被征服之时，就已经在高卢推行。而当时罗马化教育的中心应该在刚刚建立起来的新城市奥古斯托杜努姆，也就是现在勃艮第的欧坦。

今日的欧坦看上去似乎很适合学术生活或进行沉思。街道上可以看到中世纪建造的木结构房屋，教堂的尖顶和壁龛中的雕像点缀其间，营造出一种古老而宁静的氛围，而残存的罗马城门和环形城墙更引人注目，好像在卖弄自己比周遭建筑更加古早。虽是建在一座小山丘之上，但相对于距此以西15英里，埃杜维人建造的定居点比布拉克特而言，这里的地势更加平坦。选在这个位置，其作用显而易见——用管理完善的、严密控制的罗马城镇取代原本的高卢小镇。在这方面，它是成功的。即使没有动用武力干预，比布拉克特也迅速被抛弃，并被森林吞没。为了与被征服者原本的定居点竞

第九章 高卢的拉丁文学

争,欧坦必须向埃杜维人展示罗马的财富,以及那些与罗马合作的人所能得到的机会。虽然没有像阿尔勒或尼姆那样被正式赋予殖民城镇的地位,但欧坦仍然获得了修建城墙的权利,而这是殖民城镇才拥有的。时至今日,这道城墙仍有一部分屹立不倒,一条由绿植装点的现代道路之侧,便是西欧保存最好的罗马城墙之一。在全盛时期,欧坦的城墙长度达到了6公里,勾勒出一个大约200公顷的菱形区域,城市可以在这个范围内自由发展。城墙12米高、2米厚,每隔一段距离就会修筑一座半圆形的城头堡,总共大约50个。军事意味如此浓厚的城墙显然足以向埃杜维人表达清楚罗马人的意思。

从塔西佗的笔下,我们得知,一整套用以颠覆被征服的土著民族文化的配套设施,很快就在欧坦建立起来了。这里出现了一个圆形剧场,直径达到了150米,是已知的最大的罗马式剧院,浴场也很快建了起来。然而,在这些设施与建筑之中,最值得一提的是一所学校。这么说的原因在于,在帝国的西部,专门的学校是不常见的。教育通常是借用别的建筑进行的——有时是在其他建筑前的公共门廊,有时是在私人住所,但在欧坦却不是这样的。这所学校大约坐落在古罗马时代的城镇中心,根据位置判断,应该就在今天城市邮局所在的位置,很可能遗迹就在邮局之下。学校正对着阿波罗神庙,而阿波罗在奥古斯都的个人崇拜中,扮演着特殊的角色。在欧坦,教育活动有了专属建筑,并且就建在一座宣扬罗马帝国意识形态的神庙附近,这不仅显示了它在这座城镇的重要性,也显示了学校在罗马建立权威的过程中的重要性。

接受教育的特权,以及伴随而来的进入罗马权力体系的机会,为什么会出现在欧坦而不是其他地方?如果了解内情,就不会为此

欧坦的古罗马城墙，可以追溯到公元前 1 世纪。城墙的主要目的是向该地区有影响力的埃杜维部落展示帝国的力量，并威慑他们在附近的比布拉克特要塞。

感到惊讶了。这不仅是因为这座城市位于长发高卢的中心地带，使得来自三个高卢行省的年轻贵族可以很方便地到达这里；更重要的是，它似乎可以被看作是对埃杜维人的一种奖励——要知道，这个部落远在高卢未被征服之前，就已经成为罗马人的盟友了，并且，在恺撒征服高卢的全过程中，他们几乎一直效忠于罗马。在结盟后不久，埃杜维人甚至编造了一个关于部落起源的神话，声称自己也像罗马人一样，是特洛伊城陷落后，逃离那里的难民的后代。

这所学校很快就获得了很高的声誉，它被称为 Maenianae，这个拉丁语词汇的含义是"阳台"，据说是因为学校拥有一个颇具特色的阳台。塔西佗记载，到公元 20 年时，这里已经成为高卢最高贵的青年接受教育的地方。很可能正是因为这里聚集了这些青年贵族，所以成了萨克罗维尔发动的埃杜维人起义所攻击的目标。就像任何一所古老的学校一样，它让在这里学习的学生和执教的教师产生了一种发自心底的忠诚感。所以，当 270 年左右，学校毁于一场内战时，皇帝君士坦提乌斯·克洛鲁斯（Constantius Chlorus）任命的督学——一位名叫欧米纽斯（Eumenius）的教师——在欧坦或卢格杜努姆向行省的长官发表了一场演讲，希望将自己全部的工资——60 万塞斯特斯——捐献出来重建学校，他的行为并不是作秀，而是源自对这所学校的热爱，他对能够在这里工作感到无比自豪。欧米纽斯在演讲中说道，培养高卢-罗马青年能力的工作不应该被隐藏起来，而应该"向城中的每一位公民公开展示"。学校选址在城市中心，靠近阿波罗和密涅瓦神庙的地方，是再合适不过的了，因为皇帝和其他高官到这里巡视时，一定会去神庙，也自然会经过学校。这恰恰体现了学校承担角色的重要性和挑战性，神庙中的神不仅庇佑着帝国，也庇佑着教育行为。

欧米纽斯的演讲为我们提供了解罗马帝国教育和权力之间关系的机会。他赞扬了这所学校在培养立志成为高官的校友方面的重要性。严格的校规和直接来自皇帝的监督，确保将来"在法庭工作、为神圣的司法系统服务，或在宫廷供职的学生会在同龄人中鹤立鸡群"。他的演讲还向我们透露，学校门廊下的墙壁上，绘有大

欧坦的圣安德烈门（The Porte Saint-André），建于3世纪。

量被挑选出的、有价值的地图，学生们有机会"每天观察地图，思考罗马帝国统治的每一块陆地、每一片海洋、每一座城市、每一个民族"。地图上会标记出重要的地理信息——领土的大小、要塞的位置、城市间的距离，以及河流、海岸和海湾。面对这些地图，学生们可以想象皇帝"以雷霆之势击溃摩尔人"或者"脚踩波斯的弓与箭"。就这样，罗马的教育在被征服的高卢人中塑造了一个阶层，这个阶层的人认为自己终有一日会掌握更广泛的权力，左右帝国的兴衰。

第九章 高卢的拉丁文学

这所学校和其他同类学校所提供的教育,不仅为了让高卢-罗马的精英们学习掌握和运用政治权力,还为他们带来了国际化的、古典贵族式的文化。源自希腊的诗歌、哲学与情趣,为罗马人所接受,现在传播到了高卢,而这种文化,在远达黎凡特和小亚细亚的地方都可以被视为一种"通用语言"。这种文化成为高卢贵族的标志,甚至在某种程度上定义了他们。很可能,在这种文化中成长起来的人,珍视文化本身,而不仅仅将之视为自己所在阶层的标签。今天的欧坦,仍然可以觅得这种文化的痕迹。老城南北向的主街旁,人们在施工时发现了一所房屋的遗址,里面装饰着可以追溯到2世纪左右的镶嵌壁画。这些壁画的主题不是动物、水果,也不是上文讲述过的乡间的宜人景色,而是古希腊哲学家和诗人。他们坐在椅子上,留着胡子,穿着凉鞋和厚重的外袍,微微驼背。从他们脸上的表情(时至今日仍栩栩如生)可以看出,他们正专注于平静而深刻的沉思。他们手里拿着卷轴,大概是他们的作品。他们虽然不能言语,却述说着罗马-高卢的文化氛围。人物身后的空白处用希腊语摘抄了一些希腊先贤的文章,伊壁鸠鲁(Epicurus)提醒我们:没有审慎、诚实和正义,就不可能快乐地生活;而没有快乐的生活,也就不会有审慎、诚实和正义。

抓住享乐的机会,驱走精神上的干扰——壁画上的那些哲学家在表达伊壁鸠鲁的这一思想时严谨而直接,而诗人在表达同样的意思时,则更为委婉。阿那克里翁(Anacreon)的诗中写道:"带些水来吧,孩子,带些酒来,再把花环带来——来吧,带上这些,因为我不会与爱抗争!对于任何想要战斗的人,当机会到来,就让他们去战斗吧!而对于我,让我为朋友们的健康干杯,孩子,用这蜂蜜酒为他们的健康干杯。"

关于这间用镶嵌壁画装饰的房屋的用途，至今仍是考古学家争论不休的问题。有人认为它是一个演讲厅，也有人根据壁画上伊壁鸠鲁的主题指出，这应该是一名博学贵族的别墅的一部分，用于希腊式的座谈或晚宴，这些场合需要展示必要的"知识"。最大胆的想法认为，这间房子的主人不是传统的贵族，而是像欧米纽斯这类富有的教师，在这里，美酒、友谊、博学和歌曲是永恒的主题。

希腊式的座谈或许多多少少带有一些贵族阶层的色彩，但在欧坦找到的另外一些考古发现表明，座谈这类文化活动给这里带来的影响是跨越阶层的——识字能力就是其中之一，就连纺织手工艺人用的线轴上，也刻着一些简单的交际用语。

在高卢的教化方面，欧坦显然首屈一指，但这并不意味着这片土地的其他地方蒙昧落后。高卢人在罗马人中以聪明著称。恺撒本人也曾说过，高卢人是一个具有伟大创造力的民族。除了马萨利亚，在罗马彻底征服高卢全境之前，阿尔卑斯山以北的行省已经培养出不少著名的学者。据称，其中一位名叫安东尼乌斯·格尼弗[①]（Antonius Gnipho），曾在恺撒家中做过家庭教师，西塞罗就是他的学生之一。还有一位名叫瓦列里乌斯·卡托[②]（Valerius Cato）的诗人，曾经是一名奴隶，他曾教过许多学生，还写过两本著作，但晚年负债累累，失去了家产，在贫困中死去。一些保存下来的拉丁文打油诗片段曾这样形容这位诗人："伟大的语法学家，我们诗

[①] 安东尼乌斯·格尼弗：大约生活在公元前1世纪，可能在亚历山大城接受过教育，通晓希腊语和拉丁语。最初受雇教育年轻的恺撒，后来创办了一所学校，西塞罗在公元前66年左右曾在这所学校学习。

[②] 瓦列里乌斯·卡托：大约生活在公元前1世纪，罗马共和国晚期语法学家和诗人，出身高卢。

第九章　高卢的拉丁文学

人的领袖,能够解决所有的问题。"在文化领域,山北高卢显然拥有不错的声名,这片当时还是新征服的土地上,涌现了不少优秀的学者。帝国时期的传记作家苏维托尼乌斯记录了许多人在高卢被征服后去那里教书,奥皮乌斯·查尔斯(Oppius Chares)便是其中之一,他一直教书到生命尽头,"那时他已经不能走路,甚至不能看东西了"。高卢的教师——无论来自别的行省,还是曾在这里接受过教育——在高卢各省的主要城镇拥有很好的声望。在利摩日、特里尔、维埃纳、斯特拉斯堡和纳博马蒂尤斯都有纪念他们的碑文。其中也不乏不知名的小人物,比如在尼姆发现的碑文上,描写了两名来自富裕家庭的奴隶,他们负责培养孩子们的良好品行并帮助孩子们学习。在高卢,父母非常重视子女能否获得良好的教育。尼姆发现的另一块碑文上,一位失去养子的母亲叙述了自己在教育上的付出:"最可怜的母亲把这个男孩视若己出,给予他最好的教育,可无情的上天夺走了他成年的机会,他不该拥有这样的命运……"

优秀的教师资源移徙到高卢,以及广泛普及教育产生的结果,共同促成了显著和有益的文化影响。在被征服后的几年里,高卢的识字率和教育声誉一路攀升。塔西佗在一次关于演讲艺术的座谈中,将与会者——除一人之外——都称作"高卢人"。尤维纳利斯[①](Juvenalis)在作品中将高卢人刻画为善于修辞的人,特别是那些在法院供职的,他们甚至会负责培训那些即将前往不列颠担任律师的后辈。诗人马提亚尔在自己的短诗中,把高卢描绘成一个洋溢着文化气息的地方。他建议读者在维埃纳阅读自己的作品,并提到曾

---

① 尤维纳利斯:生活在1世纪末至2世纪初,古罗马诗人。其作品常讽刺罗马社会的腐化。

公元 1 世纪建于欧坦的雅努斯神庙（Temple of Janus），这座建筑结合了罗马的建筑技术与高卢庙宇的设计。

把自己的作品寄给生活在纳博马蒂尤斯和托洛萨的熟人。在高卢很容易买到书。小普林尼（Pliny the Younger）曾对自己的一些作品能在卢格杜努姆买到表示惊讶，还提到了杜罗科托鲁姆的一家书店。

高卢很快就出现了一批本土学者。庞佩厄斯·特洛古斯与韦松拉罗迈讷这座小镇颇有渊源，而塔西佗很可能也是高卢人。随着时间的推移，到了 4、5 世纪，罗马帝国在高卢的统治经历了最后的辉煌，转而衰落，最终崩溃，与之相随的是基督教的兴起，而即便在这一时期，高卢仍然涌现了大量拉丁文学作品。这可能是由于4世纪在帝国边境的特里尔获得了前所未有的行政地位，作为帝国在高卢的行政中枢，这里似乎激励了高卢-罗马贵族，不仅让他们更加全心全意地为帝国服务，而且激发了他们进行文学创作的热情。许多流传至今的作品歌颂了皇帝和行政体系，可能这只是偶然的，但也可能是知识分子阶层对罗马在高卢的统治即将崩溃的真实反映。为什么帝国晚期的高卢作家会写这样的作品，我们放在更合适的时候再讨论，但有一点是毫无疑问的，他们的作品向我们展示了罗马-高卢人——至少是其中一小部分——真实的生活面貌，它们比任何冷冰冰的人工制品、铭文或废墟都更有温度，更有启示性。

亲爱的妻子，让我们将现在的生活永远延续下去，也不要改变我们结婚时对彼此的称呼。我们不应随时间而改变，我永远是你口中"我的男孩"，而你永远是"我的女孩"。当我活得和涅斯托尔①（Nestor）一样久，而你也比阿波罗的戴弗比（Deiphobe）女祭司还要老时，希望我们仍不知何谓"成熟的老年"：让我们不为生命的消逝而烦恼，却了解它的价值。

---

① 涅斯托尔：希腊神话中皮洛斯国王涅莱乌斯（Neleus）的儿子，出现在荷马的史诗《奥德赛》（*Odyssey*）中，是一位"睿智、阅历丰富的长者"。

这首爱情主题的短诗，原本用拉丁文写成，写于 340 年左右，是一名叫作奥索尼乌斯的教师写给他的新婚妻子阿图西亚（Attusia）的，而他就是前文我们提到过的那位著名的古罗马诗人。他当时 30 岁左右。诗中洋溢着一种令人心生喜悦的乐观，表达的爱意十分真诚，诗人满怀希望和信心地期待着与妻子分享共同的生活。他的乐观情绪无疑是由对未来的美好愿景支撑的。之所以对未来满怀期望，不仅是因为他在家乡波尔多（Bordeaux）谋得了一份相当有前途的工作，而那里当时正逐渐超越欧坦的学校，成为高卢的第一学府；也不仅是因为这场婚姻——即使是真爱促成的——将为他带来巨大的好处：他的妻子出身显赫，来自一个古老而高贵的家族，这将为他和他的家族——刚刚发达了两代人——带来名望。除了以上这两条，最重要的原因是，他的舅舅马格努斯·阿伯里乌斯（Magnus Arborius）也是一名教师，被召到帝国的新都君士坦丁堡，为皇帝君士坦丁本人做家庭教师。与王座的紧密联系激励着奥索尼乌斯，让他无比高兴，也让他对即将到来的日子充满期待。这一切都预示着他与新婚妻子组成的小家庭的美好未来。然而，命运并不打算满足他的所有期望。

奥索尼乌斯生于 310 年左右。他的父亲朱利叶斯（Julius）原本生活在巴扎斯（Bazas），位于今天法国的吉伦特省（Gironde），后来搬到了波尔多。尽管并不出身于名门望族，但朱利叶斯——就像后来他的儿子一样——娶了一位身份更高的女子为妻，他的妻子艾米莉亚（Aemelia）来自一个拥有埃杜维部落和阿基塔尼部落（Aquitani）贵族血统的家族。朱利叶斯曾当过医生，能够为他的儿子提供良好的教育。334 年，奥索尼乌斯被任命为城市教师，大约也是在这个时候与阿图西亚结婚，婚后育有三个孩子。然而，前文那首爱情短诗中传达的美好愿景却破灭了,婚后 9 年,年仅 28 岁的阿图西亚去世了,而奥索尼乌斯后来没有再娶。

他曾尝试在城里开一间餐馆,但心底仍然热爱教育事业。最终他全身心投入教学,并成为一名修辞学教授。将近 20 年后,他成功地复制了舅舅的成就——公元 364 年,他被宫廷选为年轻的格拉提安(Gratian)王子的家庭教师,在这个岗位上工作了大约 10 年时间。尽管身居教职,但奥索尼乌斯的经历也颇为丰富:368 年,他随同皇室一同前往帝国的日耳曼边境作战;370 年,他被授予伯爵的头衔;375 年,他被任命为皇室财务官,更深入地参与到帝国的内政治理中。就在同一年,他的学生格拉提安继承了皇位,而作为老师的他则迎来了自己事业的鼎盛时期。这位曾经的城市教师,如今早已令闻广誉,成为帝国举足轻重的人物之一。他在 378 年出任高卢的行政长官,而他尚在世的父亲则被授予伊利里库姆行省名誉行政长官的职位,就连其他亲戚也得到了类似的封赏。一些学者甚至发现了他对帝国法律发展的影响,特别是那些与教育相关的法律。379 年,奥索尼乌斯取得了罗马帝国晚期最令人向往的成就——被任命为执政官,对一个以教师开始职业生涯的人来说,这项成就的含金量就更高了。

然而,好运并没有一直眷顾他。383 年,将领马格努斯·马克西穆斯(Magnus Maximus)在不列颠起兵反叛,企图夺取皇位。战争蔓延到高卢,格拉提安最终在卢格杜努姆被杀,而他所倚重的大臣——包括奥索尼乌斯——即便生命没有受到威胁,也彻底失宠。马克西穆斯在帝位上只待了 5 年,就在 388 年为东罗马皇帝狄奥多西一世(Theodosius Ⅰ)所杀。虽然时间不长,但或许是觉得自己年事已高,又或许是叛乱带来了太大的冲击,奥索尼乌斯已无心重返政坛。他人生的最后几年时光是在波尔多附近的庄园里度过的，偶尔也会因某些事情去城市，但他更喜欢远离城市喧嚣的乡村生活。他死于393年或394年，享年80多岁。

大约有300页的奥索尼乌斯的文字作品从4世纪流传下来，保留到今天。无论是从保存时间的长度，还是从这些文字的价值来看，他的作品都算得上是珍贵的。这些文字大多是信件，有他写给皇帝和贵族的，也有写给儿子和朋友的。其中有些是用诗体写成的，有极富创意的长诗，也有写给家人和同事的短诗。一些品质很高，也有一些杂乱无章，在专业人士眼中比笑话好不了多少。从某些诗中透露出来的神学色彩，还可以隐约看出，他的思想有基督教色彩。字里行间也有不少描述日常生活经历的内容。这些文字让奥索尼乌斯成了罗马-高卢时期最"立体"的人物，从他身上，我们可以一窥他所在阶层及其周围贵族，以及贵族的家人的生活面貌。

从奥索尼乌斯的作品中，我们可以了解到他的职业生涯和背景情况的许多细节，它们不仅记录了他生活中遇到的重要事件，而且记录了他的日常生活。《日记》（*Ephemeris*）便是其中之一，作品的副标题是"一天中的活动"。然而，这本书保存得并不完整，遗失了一些，许多关于下半天的内容找不到了。此外，诗人为了展示自己的文学技巧，书里不少内容都是重复的。每天的经历都用不同的拉丁文韵律来叙述，读者不可避免地会想，这些诗在多大程度上反映了奥索尼乌斯的真实生活，是否文学创作的成分更多。在提到自己的侍从时，诗人使用了早期罗马喜剧作品中奴隶角色的名字，这加深了人们对书中内容真实性的怀疑。然而，这或许只是诗人在致敬前人的作品，并不意味着书中内容是对古典作品的抄袭。虽然有这样或那样的问题，但奥索尼乌斯对自己生活的描述，听起来是真实的，并且，保存下来的内容也足够多，让我们对他生活时代的情况有了清晰的了解。

在普通的一天，奥索尼乌斯早上的第一件事就是唤醒他的一个奴隶：

> 明亮的清晨已经打开她的窗户，机警的麻雀已经在窝中啼鸣；而你，帕尔梅诺，却依然睡得昏昏沉沉，好像是值夜班的人一样。睡鼠整个冬天都在冬眠，却不需要吃东西；而你，如此嗜睡正是因为暴饮暴食，脑满肠肥……快起来吧，无能之人！你活该挨一顿打！快起来吧，帕尔梅诺，从你那舒适的床上下去。

除了帕尔梅诺，奥索尼乌斯的其他仆人和奴隶更靠得住一些：

> 嘿，孩子，起来！把我的拖鞋和棉披风拿来。把你刚为我准备好的衣服都拿来。给我盛些泉水过来，让我净手、洗嘴和清目。帮我把祈祷室的门打开……我要向上帝和圣子祈祷……现在祈祷已经足够，孩子，把我的正装拿来吧。我要与我的朋友们互致问候……我要邀请我的朋友共进午餐……不要让他们因为我的原因而错过午餐，用你最快的速度，孩子，快去邻居家——无须我告知，你已知晓他们是谁。我要邀请五个人；包括主人在内，六人共进一餐最为合适。如果人数再多，午餐就会变成一场杂乱的闹剧。

他对厨师也有很多指示：

> 索西亚，我必须用午餐了。那温暖的日头已经挂在天空四个小时了，在日晷上，影子正一刻不停地朝着第五个小时划

去。你要品尝并确保那些经过烹调的菜肴——虽然它们常常会欺骗你的味觉——美味可口。在你的手中转动沸腾的锅，用你的舌头品尝热汤……

然后，奥索尼乌斯开始着手工作。显然，他的秘书得到的尊重要比仆人和奴隶多：

> 孩子，施展你那娴熟的速记技巧吧！打开你的折叠桌……我的脑海中已经思如泉涌……那丰富的内容如冰雹般脱口而出。而你的耳朵没有遗漏任何内容，你的字迹没有杂乱无章……我还未将自己的心意完全表达，你就已经把它们记录在蜡纸上了……

从他对侍从、厨师和秘书的要求中不难看出，奥索尼乌斯是一个特别严谨的人。在炫耀自己的成就时，这一点表现得更加明显。在他的一部作品的前言中，他一一列举了自己拥有的荣誉——伯爵、皇室财务官、执政官，还不忘"严谨地"特别指出，自己是两位同时任职的执政官中地位更高的那一个，"我还被授予了佩戴徽章和使用牙座①（curule chair）的荣誉，这样同僚的名字永远都只能排在我的后面"。

在谈到他的家庭时，奥索尼乌斯也同样一丝不苟。他的其中一部作品名为《父母》（*Parentalia*），这部挽歌式的作品不仅是为了纪念他的父母，也是为了纪念他的家族。他慈祥的外祖父阿伯里乌

---

① 牙座：古罗马时代高级官员才可以使用的一种座凳，是政治或军事力量的象征。最初由象牙制作或镶嵌，弯曲的凳腿呈"X"形，无靠背，可折叠、可移动。根据历史学家李维的说法，牙座像罗马长袍一样，起源于伊特鲁里亚。

斯（Arborius）因"团结了生活在里昂高卢行省、埃杜维部落控制的地区以及阿尔卑斯山地的许多贵族家族而被人铭记"。他的女婿瓦列里乌斯（Valerius）虽然英年早逝，但"作为伊利里亚海岸的总督"，功绩却已超过了他的祖先。

因为奥索尼乌斯不厌其烦地反复强调荣誉，一些古典学者认为，他的作品矫揉造作，缺乏真情实感。他们认为，一遍又一遍地列举荣誉与官职抹去了其作品中关于个人经历和回忆的元素。然而，这种批评在两个方面失之偏颇。第一个方面，在古罗马时代晚期的高卢，利用文学作品来彰显社会地位和家庭背景，是再正常不过的做法。由于高卢的社会环境和发展方式，教育、文化和社会阶层之间存在着紧密的联系，完成一部文学作品本身就说明作者属于贵族，这种文化的表现形式只可能来自罗马-高卢的贵族阶层。拒绝承认文学和阶层之间的联系忽视了当时的社会背景。第二个方面更重要，也更有力，奥索尼乌斯的作品并不缺乏对个人感情的抒发。

在奥索尼乌斯担任执政官的时候，也就是他人生最辉煌的时刻，他曾为妻子写过一首挽歌，收录在《父母》这部作品中。这时奥索尼乌斯已经年近古稀，心中很清楚妻子已经过世36年了。当他谈到妻子的时候，没有忘记提及她高贵的出身——来自元老院世家。事实上，这是他说起的第一件事，当然他还提到了许多其他的回忆。这篇作品表达了他的哀思，时间的流逝和事业上的成功并未减弱他对妻子的感情：

> 年轻时，我为你哭泣，在那么早的年岁，生活的希望便已被剥夺，之后的36年中，我没有一刻不在为你的离去而哀痛。

波尔多的奥索尼乌斯的现代雕塑,由伯特兰·匹查得(Bertrand Piéchaud)创作。

岁月已从我身边悄悄流逝,却无法抚平我的伤痛。它刻骨铭心,从未因时间而变淡……心中的伤痕反而日益深重。灰白的头发仿佛在嘲笑我孤寡的生活。生活在孤寂中继续,而悲伤则在孤寂中加重。

他的诗歌没有回避自己内心的情感。他毫不犹豫地表达了妻子逝去所带来的持续的悲伤:"如果一个男人拥有一个好妻子,我会感到不快;而如果他拥有一个坏妻子,我也会感到不快。好妻子就像你,让我妒忌这个男人,而坏妻子却又会让我怀念起你的好。这些总能让我联想到你，当我们在一起时，可以把一切都抛到脑后，但你的离去却一直在折磨我。"失去阿图西亚所带来的持续的痛苦让他的作品中存在的那份优雅荡然无存："我的房子是寂静的，我的床是冰冷的，我不与任何人分享我的疾病，更不会分享我的快乐，这些都是我内心伤痛的来源。"

奥索尼乌斯坦诚的情感流露——直截了当，从不夸张，却总辅以必要的修辞——使他的作品真实而触动人心。他不曾忘记以自己的名字命名的第一个儿子，"马上就要学会人生中第一句话时"却夭折了。唯一的慰藉是，这个男孩被葬在了其曾祖父的坟墓中，"让他不至于在死后感到孤寂"。奥索尼乌斯的孙子，也死于婴儿期，一名工人不小心碰掉了屋顶的瓦片，恰巧砸中了孩子的头部，"那块瓦片，从空中滑落，仿佛也给我致命一击"。

在《父母》这部作品中，奥索尼乌斯怀念了 30 位已经辞世的亲人。他的叔叔克莱门斯（Clemens）是一名商人，在一次前往不列颠的贸易活动中去世；他的姨妈艾米莉亚（Aemelia）"憎恨自己的性别"，一直以"男人"的身份生活，她是一名医生；他的外祖父阿伯里乌斯精通占星术，据奥索尼乌斯说，外祖父曾为他占卜过命运。这个家族的一些成员非常长寿，阿伯里乌斯 90 多岁才去世。然而，也有不少人意外地过早去世。虽然在那个时代，人们的平均寿命一般都不长，但这并不意味着生者因为亲人故去而感到的悲伤会有所减轻。奥索尼乌斯从不掩饰这份悲伤：早逝的常见并没有让悲伤减弱，也无法缓解他感到的痛苦。

死亡的幽灵并没有使他变得过分焦虑，反倒是离别更让他忧愁。当马格努斯·马克西穆斯在不列颠发动叛乱的消息传到特里尔时，奥索尼乌斯的儿子赫斯珀里厄斯（Hesperius）——此时已成年——决定逃到波尔多避难,父子二人将要分离。在一封写给儿子的信中,奥索尼乌斯回忆起了这次离别的场景——赫斯珀里厄斯乘的船在摩泽尔河上越来越远,而他和同伴们伫立在河岸上:

> 孤独一人!虽然朋友都伴在身旁,我的内心却感到无比孤独,为那艘渐行渐远的船祈祷。孤独一人!虽然我还能望见你的身影,我的孩子,却不情愿地看着船桨在水中划起一道道涟漪……我在空荡荡的岸边孤独地踱步。我将发芽的柳条折断,我将青翠的草皮踩碎,在长满苔藓的鹅卵石上,我一步一滑……第一天就这样过去了,然后是第二天,两个夜晚如车轮般轮转,其他的日子也是如此,一年的时间就这样过去了,我等待着命运重新将你带回我——你的父亲——的身边。

除了父子之情,他在作品中也常常会不经意间流露出别的情感。在随皇帝在日耳曼作战期间,他曾被赐予一名奴隶——一个名叫比索拉(Bissula)的年轻女孩。奥索尼乌斯为她写了一些诗,然后将它们作为特别的礼物赠送给友人,遗憾的是,这些诗并没有全部完整流传下来。有一种说法,递送诗作的人可能出于维护奥索尼乌斯声誉的想法,故意遗失了其中一部分手稿。尽管奥索尼乌斯因为妻子的过世而悲伤了很多年,但他似乎对这个奴隶女孩相当迷恋:

> 在寒冷的多瑙河对岸出生和长大的比索拉……一个被俘虏的女仆,如今获得了自由,成了他的宠物,像个贵族般生活,却只是他的战利品……罗马似乎并未将她改变,她仍然是日耳曼人的样子,蓝色的眼睛和金黄色的头发。一个游离于两个种族之间的女孩,她学会了罗马的语言,却拥有日耳曼人的外表:后者宣示她是莱茵河的女儿,而前者则说明她是罗马的

第九章 高卢的拉丁文学

孩子。

奥索尼乌斯曾让人为她画过肖像，但在他看来，画家的技巧不足以捕捉到她迷人的肤色。"亲爱的，高兴起来，我的宝贝，我快乐的源泉！虽然出身'蛮族'，还曾做过奴隶，但你比罗马女孩强多了。比索拉——一个娇嫩的女孩不该有如此蠢笨的名字，从陌生人口中叫出甚至有点粗俗，但从你的主人口中唤出，这个名字却很迷人。"

当奥索尼乌斯拥有可供选择的题材时，他清新的文风、清晰的视野、对风景的敏感和亲身的体验，每每带来引人注目和令人意想不到的作品。这一点从他以摩泽尔河为题材的长诗的前几章中就可见一斑。这首诗几乎可以肯定写于 368 年，当时他还在担任格拉提安的老师，随行前往日耳曼边境作战。这首诗就是这次随军之行的记录，这类作品在古典文学中也曾有过一些先例。例如，诗人贺拉斯写过一篇讽刺作品，描述的是内战期间，他与奥古斯都及其幕僚同行，穿过意大利去参加和平谈判的旅程。贺拉斯的这部作品内容比较露骨，难登大雅之堂，相比之下，奥索尼乌斯对行程之中的所见所闻和壮美风景更感兴趣，这一点在拉丁文学中是比较少见的。阳光如何在水面上散射并发出五彩斑斓的光线，河面下的泥土如何被水流冲刷出纹路和沟壑，水草如何在水流中蜿蜒起舞，这些都是他观察的对象。他描述了用渔网捕鱼的渔民和他们在河中捕获的鱼，描述了乡间的别墅和葡萄园，描述了一望无际的田野，描述了在河边的葡萄园中劳作的农夫偶尔和河上的船夫开着粗俗的玩笑。这些描述，有时平铺直叙，有时又引经据典，和更早期的文学作品交织在一起。这些文字就如同他的旅程一般，总有新鲜之处加入。可以说，他是旅行文学的古典先驱。

然而，这些对自然景色的描写并不能反映奥索尼乌斯作为作家真正想要传达的信息。他所关注的是文学和文化。他写作的目的，在很大程度上，是为了证明、维护和提升罗马的文学传统以及这一传统背后的价值观——罗马的法律和罗马政府所代表的文明，罗马的人文情怀，罗马所制定的秩序和行为规范。而只有少数特权阶层的人才有机会接触罗马文学，从而理解其背后所蕴含的文化。罗马文学的其中一个功能是维持文化精英——同时也是政治精英——之间的关系。奥索尼乌斯的作品是对更早期作家的经典作品的不断演绎，包括维吉尔、贺拉斯、西塞罗和泰伦斯。包括奥索尼乌斯在内的作家和他们的友人之间，没完没了地相互寄送着信件和诗歌，这种交流，暗示着这些人拥有一种看不见的"资格"。这种"文化"交流，是专属于贵族和文明人的行为，证明他们都是这个圈子的成员。然而，这种交流显然具有一种自我优越感和排外感。谈到这里，我们似乎就不难理解，为什么前文提到的埃桑迪斯公爵会对古罗马文学阶层如此着迷了。

　　奥索尼乌斯还十分注重师生情谊。古典时代的早期作家确实也有赞美老师的传统。柏拉图的作品的其中一个写作目的就是赞美他的老师苏格拉底，贺拉斯也总是对他的老师俄尔毕利乌斯[①]（Orbilius）满怀感激，但没有人像奥索尼乌斯这样，在自己的作品中突出与老师的情谊。他用整整一部诗集来纪念自己在波尔多求学的岁月，里面有那些曾教导过他的老师，也有与他一同接受教育、后来成为他同事的人。这部诗集是他在晚年时完成的，但即便距离他年轻时求学的日子已经过去了六十余年，他依然对老师充满敬佩之

[①] 俄尔毕利乌斯（公元前114—公元前14）：拉丁语语法学家，诗人贺拉斯是他的学生之一。

第九章 高卢的拉丁文学

情。他在诗集中提到，维克多·密涅乌斯（Victor Minervius）"让一千名学生拥有了律师资格，让两千名学生进入了元老院"。密涅乌斯是一位演讲大师，但他惊人的记忆力却给奥索尼乌斯留下了更深的印象。而他的修辞学老师阿提乌斯·帕特拉（Attius Patera），拥有滔滔不绝的口才，据说他是一个来自巴约①（Bayeux）的德鲁伊教家族的后裔。

奥索尼乌斯愿意在自己的作品中回忆他的同事们，但要想获得他最纯粹的褒扬，却并非易事。虽然看似不愿谈及细节，但他会毫不犹豫地在作品中谈起关于同事的并不那么美好的往事。例如，他的一位同事——德尔菲狄厄斯（Delphidius）——以才华而闻名，年纪轻轻就完成了一部重要的史诗作品，并成为一名优秀的律师。然而，因为身陷宫廷阴谋，他不得不放弃了律师生涯，转而到学校教书，他最终成了一名修辞学教师，却不怎么成功，"缺乏认真教学的态度，让其学生的父母并不满意这位老师"。奥索尼乌斯谈到，德尔菲狄厄斯英年早逝，也算是一件幸事，最起码免于目睹妻子作为异教徒被觊觎皇位的将领马克西穆斯处死。

有些时候，他的回忆会充满主观的鄙夷。马塞勒斯（Marcellus）——同样是奥索尼乌斯的同事——在纳博讷教书，声名鹊起，他的课堂总是人满为患，这为他带来了财富和一位出身贵族的妻子。但奥索尼乌斯谈起此事时的语气却充满了揶揄："命运不会总是眷顾不思进取的人，尤其是当它发现这个人性格乖戾时。但我不会在你的伤口上撒盐，我写作的目的是回忆往事，在我眼中，你始终是一名教师，只不过是和那些不怎么称职的语法学教师为伍。"

---

① 巴约：法国西北部城市，历史悠久，自高卢时期就已成为一个地方行政中心。

在他看来，卷入丑闻——即使是一桩尚未查明的丑闻——是足够糟糕的事，但故步自封比这更糟。"我愿意为阿姆尼乌斯（Ammonius）歌唱——事实上，称颂同乡本就是一桩美事——他曾教家乡的孩子们学习字母，但他很少花时间精进自己的学问，并且是一个粗鄙之人，因此，他没获得什么名声也在情理之中。"像阿姆尼乌斯这样有一点学问的人，在奥索尼乌斯眼中，算得上是一个文明人，但也仅仅是一个文明人。

奥索尼乌斯偶尔也会谈及"休闲活动"，只不过这类活动看上去比泡在教室教书强不了多少。一年初夏，他给在波尔多教授修辞学的朋友阿克西斯·保卢斯（Axius Paulus）写了一封信，大谈自己多么渴望离开这座城市，说自己早已厌倦了这里拥挤的人群，"十字路口粗俗的争吵"，挤满了人的狭窄小巷，城市里充斥着乌合之众……"这儿有一头满身泥污的母猪在奔逃，那儿有一条疯狗到处乱窜，瘦弱的牛拉不动车"。这也许是彼时波尔多的真实写照，也可能只是夸张的文学笔法。奥索尼乌斯对城市混乱景象的描述，或许可以在比他早两个世纪的贺拉斯的作品中寻到蛛丝马迹，又或许体现了他与友人保卢斯共享的文化环境的默契。保卢斯劝他遵守之前的约定，来自己家做客，承诺他一定会有很多空闲时间，可以做任何他想做的事。而奥索尼乌斯也反过来劝保卢斯拜访自己，带上所有"'缪斯'——长诗、短诗、挽歌、喜剧和悲剧，把它们都装进你的马车里，因为只有纸张才是虔诚诗人的行李"。这将是一个专属于文学创作的假期，奥索尼乌斯向朋友承诺。

友人在来信中会赞扬奥索尼乌斯的诗歌，而他在回信中则会谦虚地自嘲，将自己的作品称为毫无吸引力的打油诗。无论是与皇帝通信，还是与另一位诗人通信，他始终将谦虚视作一种礼节。狄奥

第九章　高卢的拉丁文学

多西一世曾在写给奥索尼乌斯的信中表示,希望他同意自己收藏他的作品,而奥索尼乌斯在回信中说:"我本没什么写作天赋,只是因为皇帝下令,我才完成了一些拙作……而皇帝收藏的其他书籍,恐怕没有一本希望与我的作品为伍,毕竟那些作品如同吟游诗人反复修改的拙词浅句般糟糕。"奥索尼乌斯所在的这个文化圈层最忌回信慢,没能迅速地用对等的形式(如以诗的形式)回复来信,通常被视作一种冒犯,往往会被报以温和的嘲讽。奥索尼乌斯的一位诗人好友席恩(Theon)就曾因为回信慢,被他揶揄了一番,言语中就想搞清楚是什么重要的事情让他居然耽搁回信了:"你在梅多克①(Médoc)海岸过着怎样忙碌的生活啊?一定是忙着做买卖,把那些可以换成钱的东西以昂贵的价格卖出去——一团滑腻的牛脂、一块蜡,还是你家乡的彩灯?"

席恩曾赠给奥索尼乌斯一些牡蛎,而奥索尼乌斯在写给他的感谢信中,既引经据典地暗含了维吉尔的作品和《西卜林神谕集》(*Sibylline Oracles*)的典故,又不留情面地说牡蛎虽大,数量却少。这也是奥索尼乌斯的写作风格之一,他擅用尖刻的表达,有时甚至会给文章起一些讽刺感十足的标题,比如"写在一个淫荡女子的肖像之下""他会有一个什么样的情妇呢?"。以今天的视角来看,有些用词颇为露骨,甚至难登大雅之堂,但实际上这种讽刺文风是拉丁文学中惯有的模式,奥索尼乌斯遵循了传统。他还创作了一些希腊和拉丁双语诗,题材涉及古典哲学家、十二恺撒②、神、食物

---

① 梅多克:位于今天法国西南部,波尔多西北,盛产葡萄酒。
② 十二恺撒:源自生活在公元 1 世纪末的古罗马历史学家苏维托尼乌斯所著的《罗马十二帝王传》(*De vita Caesarum*),这本书记述了罗马帝国从恺撒到图密善这前十二位皇帝的事迹,此处所指,即这十二位皇帝。

和"一些毫无关联的事物"。他试图在诗作的形式上做新的尝试，创作了一些以单音节词开头和结尾的六韵步诗。

尽管他的作品中有对优美风景的描写，有尖锐辛辣的讽刺警句，但不得不说，奥索尼乌斯存世的作品并不容易阅读，换句话说，这些作品并不"读者友好"，它们最重要的目的是展示作者在生活中的社交表现及其身份地位。要充分欣赏这些作品，需要非常熟悉古典拉丁文学。奥索尼乌斯作品的独到之处，不在于创新，反而在于对早期拉丁文学痴迷地、强迫性地复刻。就这一点，足以让许多现代文学批评家，将他和其他罗马-高卢晚期作家的作品束之高阁。文艺复兴之后，普遍的观点认为，奥索尼乌斯和同时代的作家们，代表了拉丁文学颓废的暮年，称不上是最好的拉丁文作品。这一点——当然，恰恰是令（本章开头提到的）埃桑迪斯公爵为之着迷的品质——足以让奥索尼乌斯的作品"远离"现代大学拉丁语教育的教学大纲。然而，这类批评过于关注纯粹的文学层面。奥索尼乌斯的作品之所以具有价值，不仅是因为它们提供了对罗马-高卢晚期贵族世界的珍贵而直接的观察，也不仅是因为它们有对周围（自然、社会）环境的真实描写，更重要的是，它们体现了奥索尼乌斯对从罗马精心引进到高卢的外来文化的认同和珍视。他的作品所反映的生活，为今天的我们提供了珍贵的信息，讲述了高卢的贵族阶层如何接受从罗马输入的文化，又如何将此文化本土化并融入自己的生活。在这一过程中，高卢人和罗马人在共同的社会价值观和共同的文学遗产中融合在了一起。

第十章

鲜血与殉道者

所有高卢各族都异常热心于宗教仪式。

——尤利乌斯·恺撒,《高卢战记》卷六,16

塞纳河的源头
·
格兰尼斯女神
·
尼姆
·
库柏勒
·
圣昂代奥勒堡
·
里昂圆形竞技场
·
殉道
·
圣皮埃尔大教堂
·
主教
·
圣塞纳修道院

第十章　鲜血与殉道者

　　乔叟笔下的主人公前往坎特伯雷的朝圣之旅，与四月的小雨为伴，而我从阿莱西亚启程前往塞纳河源头的"朝圣"之旅同样阴雨绵绵，从黎明到黄昏，雨和我一样，一直没有停歇。这趟旅程谈不上让人感觉寒冷，却足够潮湿。这雨或许是一个神圣的警告，告诫我不要去一个古老的异教徒遗址"朝圣"，可我却执意前往，所以上天觉得，应该让我体会一下这时节在法国东部旅行的梦魇——如影随形的潮湿。又或许，上天是想让我知道，所有"朝圣"之旅都是愚蠢的，眼中只有目的地，一味向前，却忘记了追寻的东西往往并不只存在于旅程的终点，应该停下脚步，看一看，想一想。于我来说，应该驻足在勃艮第肥沃的绿色土地上，在这里每前进一步，都充满了神圣感：在这片高卢先民世世代代繁衍生息的土地上，山谷绵延起伏，青草葱郁得如同大地华美的外衣，虞美人花和鸡冠花点缀其间，这肥美的原野哺育着健壮的牲畜，一切就像英雄般的酋长们所梦寐以求的那样。

雨水浸透了我的衣服和背包，泡皱了我的地图和笔记本，可这似乎是某种如同受洗般的祝福。塞纳河的源头是一块疗愈圣地。在许多古代文化中，水、井和泉水被视为生命的赐予者。而在这趟寻访塞纳河源头的旅程中，这场雨就像是对我这个陌生来访者的欢迎，欢迎我来到一个神圣的地方，一个通往黑暗和原始的"异教"崇拜的世界。一天的阴雨已经浇得我头脑麻木，忘却了旅途中的泥泞，也忘记了自己还有放弃的选项。尽管法国东部的乡村美景如画，但它却并不好客。路旁的村庄好像也陶醉于这美景之中，渐渐坠入了梦乡，睡得那么沉，已经忘却如何向浑身被雨水打湿的过路人敞开友好的怀抱。在这样的天气，行走在狭窄的乡间小道，你别无选择，只能一直向前，还要时刻注意脚下，免得失足滑入灌木茂盛的河谷，在那之下，是欢快流淌的塞纳河水。雨水顺着凸起的树根滑下，裹挟着泥土，形成涓涓细流，继而又兴高采烈地汇聚为一条条小溪，朝着河道奔去。

塞纳河的源头开始引起人们的兴趣，主要始于19世纪时拿破仑三世发起的一系列考古项目。1864年，巴黎买下了被视作塞纳河源头的土地，没过多久，这里便建起了一座人工洞窟，用以"标记"塞纳河的源头。如今，洞窟中可以找到一座女神雕像，她斜倚在卧榻上，右手握着由成熟果实装点的花束，女神的形象更多是巴黎人构思出来的产物。这座2014年立起的雕像，只是19世纪时在附近挖掘出来的古代雕像的仿制品。原本的女神雕像，坐姿僵硬，身着罗马式的罩袍，不但没有如今的仿制品这般优雅，甚至可以说是略显程式化的作品，但却真实地体现了高卢-罗马的风格。这位

第十章　鲜血与殉道者　　　　　　　　　　　　　　　　　　　　279

女神便是塞奎娜（Sequana），这片土地和河流之神。

象征着塞纳河的女神雕像，位于塞纳河源头的人工洞窟中。

在过去，这里的访客往往更加虔诚，他们将这里视作塞纳河的圣地。我来的这天，女神雕像的底座上放着一个栽有即将盛开的百合花团的花盆。远处的缓坡上，一根木桩伫立在野花丛中，窥视着这边，木桩上粗糙地雕刻有塞奎娜的形象。环绕女神雕像的泉水清澈见底，可以看到一个蓝色的手绘小标牌就在水底，上面写着：votum solvit libens merito[①]。这是一句在古罗马时代很常见的拉丁句子，向神还愿的人常常将这句话挂在嘴边。

如今这里空旷而优雅，洞窟中的雕像搭配横跨在塞纳河上的小桥，让人身处画一般的田园风光之中。这里宁静，远离喧嚣，是一个适合静心沉思的地方。但这份安逸掩盖了这里的厚重历史。洞窟外的一小段溪水被栅栏保护了起来，已生有杂草，那里便是在高卢-罗马时代被视作塞纳河源头的地方。早在1世纪，这里就已经建起了两座神庙。然而，这里的历史甚至可以追溯到更早的时代。早在神庙出现前的至少两个世纪，这里便已经成为高卢人的圣地，病人和朝圣者来到这里，在泉水中沐浴，相信这是治疗各种疾病的方法。20世纪60年代，考古学家曾对这片遗址进行挖掘，发现了300块木质的许愿牌，有些是橡木制成的，有些是山毛榉木制成的，雕刻成患病肢体的样子，被供奉在塞奎娜女神的神庙里——要么病人是希望肢体或器官上的疾病能够奇迹般地转移到这些木头模型上，要么是希望提醒女神自己的疾病所在。这些模型有大人模样的，也有小孩模样的，有手臂、腿、头，也有乳房和生殖器，可能来自产后缺乏奶水的妇女或不孕不育的病人。虽然这些模型雕刻粗糙，但却非常形象，几乎可以肯定，它们来自当地的高卢人，在他们心中，塞奎娜是拥有强大治愈能力的女神。

然而，到这里寻求女神帮助的并不只有高卢平民，这里出土的器物上的铭文显示，罗马人或者接受罗马文化的高卢贵族，也会到

[①] 这句话的意思是：心甘情愿地履行自己的誓言。向神明祈愿的人，愿望如果能实现，就会献上还愿之物，而这句话就常常被刻在这些物品上。——作者注

第十章 鲜血与殉道者　　281

古高卢风格的木桩，雕刻有塞纳河源头一带信仰的女神塞奎娜。

这里来祈愿，并向女神表达自己的谢意："弗莱维厄斯·弗拉维努斯感谢塞奎娜女神保佑侄子弗莱维厄斯·卢那瑞斯身体健康。"

除了当地的高卢人，罗马人也崇拜这位塞纳河的女神。由罗马人修建的柱廊和庙宇曾赋予这片圣地罗马式的外观。更重要的是，女神塞奎娜身着的是罗马衣装——束腰外衣和长袍。不仅是现在竖立在这里的雕像，在这里挖掘出土的古代青铜雕像同样身着这样的服饰。女神头戴王冠，骄傲地坐在装饰着鸭头和鸭尾的船上。但她欠罗马人的不仅是这一身华丽的装束，还有她的身体。在古代，只有生活在地中海沿岸的人，才习惯将神灵拟人化，因此，要是没有罗马人引入高卢的习俗，这位庇佑一方的女神恐怕无法拥有实实在在的身体，而是作为没有具象形象的神灵而被崇拜。

罗马人有效地压制了德鲁伊教在高卢的影响，但高卢的本土神祇却与高卢的贵族一样，享受着优待。罗马人乐于保留这些神祇，尊重他们，接受他们，通过给予他们新的服饰、新的庙宇，甚至新的名字，提高他们在信徒心中的地位，赋予他们新的光环。罗马人的多神教信仰从来不是排外的[①]，他们在高卢本土神祇的身上看到了与本民族文化相似的影子。罗马人将对待传统神祇——朱庇特、密涅瓦、阿波罗，以及对皇帝本身——的方式带到高卢的本土神祇身上，后者被赋予了与罗马神祇一样的外表，在同样的仪式中被祭祀，二者融合在一起，以至于许多神祇拥有高卢和罗马两重身份。

恺撒本人就是这一融合过程的早期见证者。他在《高卢战记》中写道，墨丘利（Mercury）在高卢的地位要高于其他神，在高卢人眼中，他是"各种形式的艺术的创造者和道路的开辟者，同时庇护着所有与赚钱和贸易相关的营生"。排在他之后的，是阿波罗、玛尔斯、朱庇特和密涅瓦，由于这些神在高卢和罗马都是常见的，

[①] 罗马人并不认为凯尔特人和日耳曼人的神是独立的神，而是将他们视作罗马神在当地人眼中的形象，每一位罗马神都可以在异族文化中找到相对应的本土神，他们的司职和保佑的对象有相类似的地方。这也是一种将罗马文化与本土文化相融合的手段。

第十章 鲜血与殉道者

恺撒没有专门在书中记录这些神祇的高卢名字。根据《高卢战记》中的描述，墨丘利对应的高卢本土神应该是卢格斯（Lugus）。这位神明在高卢非常重要，通常被描述为"拥有所有天赋"，许多地方以他的名字命名，最著名的就要数卢格杜努姆了。根据恺撒笔下描写的特征，卢格斯与罗马的墨丘利最为相似，而后者在罗马文化中不仅是掌管旅行和经济利益的神，而且拥有非凡的口才，这一点似乎与"艺术的创造者"联系紧密。除此之外，高卢人的百勒努斯（Belenos）大约等同于罗马神阿波罗，二者都拥有治愈的能力。朱庇特则与塔拉尼斯（Taranis）相对应，后者在高卢文化中是雷电之神，一只手握有闪电，另一只手则持有太阳的标志——六根辐条的轮子。

这种将罗马神祇与异族神祇相对应的做法，也延伸到了地方层面。事实上，许多像塞奎娜这样的神，只在一小块地域内被特定的部落崇拜，但这并不影响罗马人把他们与自己文化中的神联系起来。莱纳斯（Lenus）是生活在摩泽尔河下游的特雷韦里部落（Treveri）所崇拜的神，在战争中护佑着部落，因而被视为罗马战神玛尔斯在当地的化身。在特里尔的一座神庙中，这位神甚至直接被冠以莱纳斯·玛尔斯的名字。此外，在高卢一些地区，还流行着罗马神与高卢神通婚的传说，通常情况下，是一位罗马男神迎娶了一位高卢女神。在高卢东部，罗斯默塔（Rosmerta）——当地人崇拜的生育和丰收女神——经常被描述为墨丘利的配偶。在欧坦发现的一块石质浮雕上，两位神并排坐在一起，罗斯默塔手中捧着装饰着鲜花和水果的丰裕之角（cornucopia），而在这位身着罗马服饰的高卢女神旁，则是具有罗马典型特征的墨丘利。

罗马人破坏德鲁伊教的林中圣地时毫不手软，但除此之外，他们对高卢人眼中的其他圣地还算手下留情,这些地方大多被"吸收"进了罗马的宗教体系之中。我们提到的塞纳河源头圣地和这里的塞奎娜女神就是这类情况在乡村地区的例子。在城市中,这类情况同样存在,不同的是,市中心那些原本的高卢圣地会被改造得更加"罗马化",无论从外观上还是特征上来说都是如此。它们会得到保护,得到装饰,得到尊重。对战败一方的信仰来说,这似乎很奇怪。在格拉诺姆,靠近城镇中心的地方,一组台阶向下通向一处神圣的水池,这里曾经蓄满了泉水,这里曾经是献给当地的治愈之神格兰尼斯(Glanis)的,连这座城市也是以这位神的名字命名的。早在罗马人来到这里前 200 年,这里的人们就开始信仰格兰尼斯了。罗马人征服这里后,并没有禁止当地的信仰,反而接受了这位高卢神。或许是被这处圣泉散发出的神圣光芒吸引,罗马人在周围修建了两座神庙,分别献给赫拉克勒斯和罗马自己的健康女神瓦莱图多,后者的神庙可能是由奥古斯都的得力助手阿格里帕建造的,早在公元前 39 年就已经建成。那时,恺撒征服带来的残暴和恐怖,还深深烙印在当地高卢人的记忆之中,没有完全散去。罗马人接受了当地的神,就连最普通的士兵也会到这里来向战败者们所信仰的格兰尼斯祈祷,通往水池的台阶旁有一个巨大的祭台,上面刻着"马库斯·李锡尼·维拉昆杜斯……第 21 军团的退伍老兵……向格兰尼斯和福尔图娜(罗马的幸运女神)祈祷",感谢二者护佑他安全地完成了旅程。

在今天的尼姆,你仍然有机会找到一处尚存的被罗马人接受的高卢圣地。尼姆西北方向几英里处的河水奔流而来,在俯瞰这座优雅小城的卡瓦利耶山(Mont Cavalier)下转向,为山上的一处泉水供应着水脉。由罗马人修建的玛涅塔(the Tour Magne)矗立在山顶,这其实是座略显粗糙的八角形碉堡,是在原本的高卢防御工事的基础上修建的。泉水从塔下流过,在绿树掩映的山间形成一条溪流,最终汇入一片宁静的人工水池中,池中还盛开着几朵睡莲。这里现在是一处景色优美的花园。方形的水池由雕刻精美的栏杆围绕着,拐角处装饰着手捧丰裕之角的丘比特雕像。池底则由精心设计的石板铺就,池水被欢快游动的金鱼搅起粼粼波光,雕像在水中的倒影也随之颤动。

如今这里的模样是 18 世纪时重新规划修整而来的,但仍然可以看到过去的痕迹。早在罗马人征服高卢之前,当地人就在这里祭祀泉水之神尼姆苏斯(Nemausus)。后来,奥古斯都最信任的副手阿格里帕在原本高卢城镇的基础上,建起了一座罗马的殖民城市,并以水神的名字将其命名为尼姆。不久之后的公元前 25 年,这里建起了一座奥古斯都神庙,从此成为祭祀当地水神和罗马皇帝的圣地。除了神庙,这里还曾经建有一座剧院和一座被近代考古学家命名为"狄安娜(Diana)神庙"的建筑(但实际上更有可能是一座图书馆)。剧院残存的地基在 18 世纪时被填平,而狄安娜神庙的遗迹至今仍然屹立在这里。如今的人工水池的原型就位于奥古斯都神庙附近,是 18 世纪时重修的。剧院和图书馆的存在,说明这里在古代和今天一样,都是休闲娱乐的去处。此外,这里也是将高卢和罗马信仰融合在一起的地方。

罗马人不仅崇拜他们自己的神祇,也崇拜高卢本土的神祇。尼姆的市徽上画的是一只被链子拴在棕榈树下的鳄鱼,其最早的起源可以追溯到公元前 27 年,是阿格里帕将它带到这座城市的。它是一个典型的标志,时刻提醒我们,罗马人如何裹挟刚刚被征服的高卢,设法让它融入一个地理意义上的"新联邦"。市徽上的标志代

位于尼姆的玛涅塔,建于公元 3 世纪,由罗马人在原本保护城市的高卢城墙的基础上建成,约 30 米高。

表着驻扎在尼姆的罗马军团,这个军团在内战中击败了和奥古斯都对立的埃及艳后克利奥帕特拉。从这个层面看,高卢无疑已经成为新帝国的一部分,在内部与同属帝国的非洲、黎凡特和小亚细亚紧密联系在一起。我们可以看到,帝国允许来自这些地方的公民来高卢生活,同时促进这里的商业与贸易。高卢人的宗教,对罗马人来

尼姆的"狄安娜神庙",最早很可能是一座图书馆,位于奥古斯都神庙附近。

说是外来的,并非原本信仰的一部分,但就像在帝国内部大规模流动的人口一样,信仰也在帝国内部流动,如同一团新线,渐渐地被编织进帝国的信仰之毯中,成为它的一部分。

沿着罗讷河往内陆走,离里昂不远的地方就是维埃纳。公元前124年后,罗马控制了山北高卢,这里成了一个贸易城镇,同时也是阿洛布罗基部落聚居地之一。公元前1世纪30年代,维埃纳已经发展为罗马人在高卢第一批殖民定居点之一,甚至比尼姆还要早,没过多久,它已经是罗马化程度最高的城镇之一。如今,维埃纳是一座低调的小城,与里昂和尼姆相比,它很小,只有罗讷河旁繁忙的高速公路会打扰到它的宁静。河对岸有一座中世纪建成的塔楼,散发着被遗忘的骑士精神,赋予了这个地方一种属于旧时光的氛围。郊外绿树成荫的山坡上,现代别墅俯瞰着小城,则给人一种避世而悠闲的感觉。

然而,劳伦斯·达雷尔在他的《恺撒的巨灵》(*Caesar's Vast Ghost*) 中,称维埃纳为"邪恶的城镇……炼金术与黑魔法的中心"。在历史上,这座小城发生了一些与基督教有关的重要事件,达雷尔在写作时显然参考了这一点。根据早期基督教历史学家优西比乌[1](Eusebius)的记述,本丢·彼拉多(Pontius Pilate)因一项不明确的过失被流放到维埃纳,大约公元37年在那里自杀。他的尸体被埋葬在一个由四扇拱门组成的、金字塔状的罗马建筑下。而犹太统治者希律·阿基劳斯(Herod Archelaus)——大希律王

---

[1] 优西比乌(260或275—339):基督教历史学家,被称作"教会史之父"。大约在314年,他成为罗马叙利亚行省城市凯撒利亚的主教,因此也常被称为"凯撒利亚的优西比乌"。

（Herod the Great）的儿子和继承人——也在公元 6 年被奥古斯都流放到维埃纳。相比这两则半传说性质的事件，1312 年，在维埃纳召开的宗教会议下令取缔了圣殿骑士团，这就是实实在在的历史了。这些事件于基督教来说，都算是负面的，难怪达雷尔对维埃纳的评价不高。

不谈后来的基督教，至少维埃纳秉持了罗马和高卢的宗教规范。城镇中心，在一座露天广场的旧址上，于 1 世纪初，建起了一座比例完美的神庙，用以供奉奥古斯都和他的皇后利维亚（Livia）。神庙周围还分散着一些建筑遗迹，有些是从古罗马时代起一直保存到现代的，也有些是在"二战"后的一系列考古发掘中才重见天日的。两座高大的拱门骄傲地矗立在广场上，已经融入小城的现代生活，成为重新规划的休闲空间的一部分。广场一侧的草地上，"意外地"出现了一座古代小剧院的遗迹，之所以说意外，是因为从整个小城在古罗马时代的规划来看，剧院的位置都是精心安排的，恰到好处。距离广场不远，一座小山俯瞰维埃纳，那里有高卢境内最大的古罗马剧院之一，其规模仅次于欧坦的古剧院，可以容纳 13 500 人。在它旁边，还有一座可容纳 3 000 人的奥德翁剧院，与大剧院保持着一个合理的距离。相比之下，广场上的小剧院只能容纳几百人，从位置上看也显得有些可有可无。小剧院旁有一个小型水池和一个地下内庭，连通着不远处的一座神庙。

这组建筑本来的作用很难追溯了，只能靠猜测。但在附近发现的一块大理石板似乎为我们提供了一种可能。石板上有"DEND"字样，可能是 dendrophori 的缩写，这个词专指一种特别的祭司，他们的职责是祭祀一位女神。石板上雕着三个人，其中一个拿着一篮水果，另一个拿着点燃的火炬，在祭坛和女神面前完成祭祀。他们头戴一种样式特别的帽子［被称为弗里吉亚无边帽（Phrygian cap），为古代小亚细亚的弗里吉亚人的装束，象征着东方］，有一个尖顶，向前弯曲。除此之外，石板上还有一些具有象征含义的东西：一棵树（显然是一棵松树，树枝上有一只鸟），一个牧羊人的手杖和一支笛子。通过这些，我们可以推断出，那位女神应该是伟大的地母神库柏勒。从而说明——虽然仍有争论——这组建筑的使用者应该是崇拜库柏勒和阿提斯①（Attis）的人，这一信仰的发源地在小亚细亚。

库柏勒信仰起源于近东，这位女神掌管着死亡、重生与庄稼和植物的生长。在神话传说中，她的情人是一个名叫阿提斯的牧羊人，但后来背叛了她，库柏勒一怒之下让阿提斯疯癫而亡，并在死前阉割了自己。阿提斯死后，身体被保存下来，后来又被女神复活。侍奉库柏勒的祭司通常由被阉割的男性充当，身着女装，这可能与阿提斯死前的行为有关。他们还有一个专有的称呼——阉祭官（Galli），这个词与高卢谐音，这或许又是罗马人为了贬低高卢人，而玩的文字游戏②。

对这位女神的崇拜似乎与罗马的传统相违背，对强化罗马文化的输出也没什么好处，甚至可以看作是对"野蛮人"文化的一种认可，这样的情况不禁让人心生困惑。事实上，罗马人是在公元前3世纪末认可库柏勒崇拜的，当时罗马与迦太基之间的第二次布匿战争激战正酣，面对严重的饥荒，罗马很可能输掉战争。根据一条神

---

① 阿提斯：在弗里吉亚人的信仰中，是职司农业的神。
② 此处作者言中之意指阉祭官是蔑称，但关于库柏勒的祭司在罗马社会中的地位高低，仍有争论，也有观点指出，阉祭官地位低下的说法很可能来自现代学者的臆测。

第十章 鲜血与殉道者

谕和一个古老的预言，罗马选择接受了库柏勒，据说这对拯救这座城市起到了重要作用——饥荒缓解了，迦太基人也被打败了。对这位女神的崇拜很快在罗马境内传播开来。就像在维埃纳发现的大理石板上刻画的那样，祭祀仪式是这种信仰重要的一部分。在春分前三天，信仰库柏勒的祭司会砍伐一棵挂着阿提斯肖像的松树，然后列队将之送进神庙。信徒们会用鞭子抽打自己，在树上洒上自己的血，然后把树放入神庙中心已经挖好的"坟墓"中。接下来是为期三天的哀悼期，直到春分日的黄昏，"坟墓"会被火把点燃，迎接阿提斯的"复活"。仪式上，信徒们还会重新演绎库柏勒与阿提斯这对恋人的故事，而这样的"剧目"很可能就是在神庙旁发现的那座小剧院里上演的。这或许解释了，为什么这里会出现一座剧院。

维埃纳的其他考古发现显示，库柏勒信仰曾在这里广为传播。一些铭文中记载了祭司个人或集体的慈善行为，包括分发食物给饥民。在保存下来的雕像上可以看到，这位女神有时会骑在狮子身上（这是一种充满异域风情的标志，象征着危险和东方），身处一旁的则是她的情人阿提斯，头戴弗里吉亚无边帽，吹着牧笛。上文提到的那块在维埃纳发现的大理石板上，留下了那两位祭司的名字——阿提亚·普利西拉（Attia Priscilla）和提比略·朱利叶斯·迪亚多克斯（Tiberius Julius Diadochus）。虽然他们的姓氏具有某些希腊色彩，但仍然可以推断出，库柏勒信仰吸引了一批罗马化的高卢贵族。

库柏勒并不是罗马人带入高卢的唯一一位来自异域的神灵。在圣昂代奥勒堡[①]（Bourg-Saint-Andéol）附近罗讷河低矮的河谷峭壁

---

① 圣昂代奥勒堡：位于法国东南部，罗讷河右岸。

维埃纳祭祀库柏勒的神庙的遗址，建于1世纪或2世纪。

上，可以找到一处密特拉（Mithras）浮雕，这位来自今天伊朗一带的神，正在进行宰牛礼。和库柏勒信仰一样，密特拉信仰同样来自东方，在罗马境内传播的时间并不长。像宰牛礼这样的仪式是在信众中秘密进行的，外人对此知之甚少。有人猜想这种仪式可能具有某种生育崇拜的色彩，也有人说仪式代表着神与牛之间的斗争（或许源自祆教中类似的内容），寓意宇宙间善与恶的斗争。密特拉信仰只接受男性入教，曾在罗马士兵中很受欢迎。至于这位神的形

第十章 鲜血与殉道者

象为何会出现在高卢腹地,有人认为是从东方来的商人在罗讷河谷做生意时留下的。

被高卢接受的神祇不仅仅来自小亚细亚,来自北非和埃及的神祇同样在这里找到了一席之地。在阿尔勒,库柏勒和密特拉拥有着自己的信徒,祭司们在神像前和自己的墓碑上留下了虔诚信仰的证据。埃及女神伊西斯(Isis)也不遑多让。与库柏勒类似,伊西斯也是一位母神,掌管着庄稼的丰收、植物的生发与死亡。在阿尔勒的阿利斯康发现的一块墓碑属于一名信仰伊西斯的祭司,上面的文字显示,这名祭司负责维持在女神雕像前祈祷的信众们的秩序。附近还找到了哈尔波克拉特斯(Harpocrates)的雕像,这是一位掌管日出与复活的希腊神明,其原型是古埃及神明荷鲁斯(Horus),而荷鲁斯是伊西斯的儿子。

在那些帝国全力施加影响的地方,外来神祇往往更容易被民众接受。密特拉信仰在莱茵河沿线的边境军团中尤为盛行。崇拜库柏勒和伊西斯的信众则更常见于罗讷河两岸那些大型的贸易城镇——阿尔勒、维埃纳和里昂。罗马人引进的最成功的外来宗教——基督教——最早也是在维埃纳和里昂两地扎根的。

在里昂,为奥古斯都和其他罗马皇帝所建的神庙附近,曾建有一座圆形竞技场,时至今日,在布尔多路的西端,还可以看到保留下来的部分建筑。在阿尔勒和尼姆,古代的圆形竞技场没能保存下来多少,留下的只有一些残存的建筑基座,但有一些得到了修复,比如阿尔勒竞技场。这座竞技场由厚厚的石墙和一圈一圈的阶梯组成，这些阶梯会把观众引向他们的座位。一条由灰绿色的常春藤和杂草组成的植物带，如同项链，挂在古老的建筑上。

里昂圆形竞技场周边的街区是一片承载着许多惨痛历史的地方。附近一栋公寓楼的外墙上有一块纪念牌，用以缅怀"二战"时期法国抵抗运动的一名成员，他于1944年3月在这里被"盖世太保"杀害。而布尔多路则是以一名公务员的名字命名的，他是一名恪尽职守的公仆，因辛勤工作、劳累过度死在了工作岗位上。而圆形竞技场本身则见证了一段更早、更残酷的历史——高卢境内的第一批基督教殉道者，就是在这里被处决的。

这些殉道者来自里昂和维埃纳。4世纪的基督教历史学家优西比乌在自己的作品中引用了一封信件中的内容，据称这封信的作者，就是发生在177年的事件的目击者。对那些最早接受基督教的罗马人来说，2世纪是一个恐怖的时代，因为彼时基督教还未被帝国接受，他们经常受到来自官方的压制。最早信奉基督教的人，并不在意这种宗教是否来自东方，他们追求的是一种虔诚的心灵寄托。与前文提到的库柏勒、密特拉和伊西斯信仰不同，基督教并不是多神教，换句话说，对基督徒来说，奥古斯都或者其他罗马皇帝都不再被视作神明。不再崇拜皇帝被视为否认帝国权威的行为，是对罗马传统的颠覆，暗示除了皇帝和帝国行政机构之外，统治和制定法律的权力也可以来自别处。

这种对传统权威的颠覆，在这一时期普遍存在，并因为帝国面对的内外困境而加剧。一些历史学家认为，来自莱茵河一线边境的压力，同样波及了处于高卢腹地的里昂，基督徒可能被当作帝国转嫁外部压力的替罪羊。在177年的事件中，杀害基督徒的命令似乎是在一年一度的奥古斯都祭坛庆典期间下达的，这段时间恰恰是一年之中，罗马人献身帝国的情感最热烈的时期。优西比乌所引用的那封信的内容很好地说明了当时里昂城中狂热的氛围："对那些他们认为是死敌的人，嘘声、吆喝、殴打、拖拽、抢劫、扔石头、囚禁，以及愤怒的暴民惯于做的一切事情都发生了。"没有经过审判，城中的民众就有许多被拘捕和监禁，他们中大约有一半是来自希腊和小亚细亚的移民，还有一些当地的高卢-罗马人。年迈的高卢-罗马人维提乌斯·埃帕加索斯（Vettius Epagathus）颇有声望，他希望为被抓捕的基督徒辩护，但当被发现他本人也是基督徒时，总督剥夺了他的资格，并把他也抓了起来。

根据优西比乌所引信件中的内容，被拘捕的人遭受了酷刑。酷刑过后，处决和杀戮随之而来。一些曾经拥有罗马公民身份的人被判处斩首，那些没有被直接判处死刑的人将在竞技场中走向生命的终结——他们通常会先遭受折磨和鞭打，然后在身体虚弱的状态下被扔进竞技场，与野兽搏斗。即使侥幸活了下来，他们还要遭受新一轮的酷刑，被放在滚烫的铁椅子上炙烤至死。最后，他们的遗体将被焚烧，骨灰则撒入罗讷河中。

这封记叙了里昂圆形竞技场殉道惨剧的信件，是为数不多的揭示早期基督教在高卢发展情况的历史记录之一，而这一时期的基督教历史大都不易考证。另一个短暂的可以考据的阶段来自坡提努的继任者爱任纽（Irenaeus）任里昂主教时期。和里昂的许多早期基督徒一样，爱任纽也是来自东方的移民，他出生在士麦那（位于今天土耳其境内的伊兹密尔附近）。177年里昂发生迫害基督徒事件时，他因为恰巧前往罗马而幸免于难。在帝国的首都，他向教会表达了自己的担忧——新兴的基督教团体正在遭受各种各样的迫害。

回到高卢并被选为新的里昂主教后，他把大部分精力用在了消灭"异端学说"上。

爱任纽的作品之一《反异端》（*Against Heresies*）保留至今。书中提及一名"异端"，活跃在罗讷河河谷的诸多城镇间，通过虚假的奇迹和预言，蛊惑追随者，尤其是那些"受过良好教育、穿着优雅、富有的女性"，试图说服她们相信他拥有预言的能力，并借此骗财骗色。

这一"异端"也被称为"诺斯底主义"，在罗马帝国时期，有不少的追随者。他们的学说可以追溯到古希腊时期，同时也从库柏勒和伊西斯这类信仰中吸收了养分，让他们坚信可以与他们信仰的神明建立起直接的联系。在这里，我们不难看出，爱任纽对"基督教异端"的抨击，透露出一个背景——当时的高卢拥有多样化的宗教环境，一些同样从异域传入的宗教会产生相互之间的影响，这些影响恐怕并不一定受到所有信仰追随者的欢迎，于是就产生了"正统"与"异端"的对抗。帝国对基督教的迫害，也潜移默化地影响了爱任纽看待"异端"的方式，很明显，在批判中，他用上了罗马人抵制基督教时常用的说法，指责其在智力和精神上的自负，指责他们精神上的"堕落"如同"被烙铁炙烤"，而这恰恰是177年里昂那个事件中，基督徒们遭受的酷刑之一。

除去优西比乌和爱任纽留下的文献，几乎找不到其他关于古罗马时代高卢地区基督教早期历史的记录了。传说和故事取代了可证实的历史。生活在3、4世纪的主教，如阿尔勒的圣特罗菲姆（St. Trophimus of Arles）和韦松的达弗纳斯（Daphnus of Vaison），被生活在6世纪的高卢作家说成是十二门徒的追随者。在后来的传说中，将基督教信仰带到高卢的不再是十二门徒或他

古罗马时代，高卢地区一名基督教男孩的墓碑，他死于493年3月6日。这块墓碑目前在里昂的高卢-罗马博物馆展出。

们的追随者，而是与基督关系更为密切的人。直到19世纪，前文提到的法国作家弗雷德里克·米斯特拉尔还引述过这类传说。

在整个4世纪，基督教信仰在罗马帝国境内的地位经历了显著而迅速的改变。313年，皇帝君士坦丁宣布基督教在帝国境内合法化。次年，他召集的主教会议在阿尔勒召开，这次会议被视为教会法在帝国西部确立的标志，从此之后，参与战车竞技、角斗士比赛或戏剧表演者，都将被逐出教会。参与这次会议的高卢主教并不多，他们主要来自一些重要的高卢城镇，包括马萨利亚、韦松、奥朗日、尼斯和阿尔勒。尽管如此，但 4 世纪在高卢各行省建立起来的主教区足有几十个之多。随着为信众服务的教堂的建立，基督教在高卢城市中的地位也愈发显要。虽然在中世纪时，这些建筑往往会在原有的基础上，被改建为更新、更大的教堂，但也有一部分最古老的建筑保留了下来，并且直到今天仍然发挥着实际作用。如今，借助现代考古发掘，我们有机会一睹基督教刚刚开始在高卢兴盛起来时，这片土地的真实样貌。

想要实现这一点，日内瓦是最值得一去的地方之一。考虑到这座城市作为约翰·加尔文（John Calvin）倡导宗教改革的中心，曾不遗余力地投入圣像破坏运动中，并全力消除与罗马教廷的联系，在这里探寻基督教在高卢的早期历史，确实颇具一丝讽刺意味。在圣皮埃尔大教堂（St. Pierre's Cathedral）的地下[①]，不仅保存着加尔文的木制座椅，还可以找到 4 世纪时第一批基督徒修建的宗教建筑的地基和低矮的墙壁。经历了宗教改革和宗教战争的混乱，这里虽然已经被世人遗忘，但这些遗迹还是部分保存下来，在 20 世纪末的考古发掘中重见天日。如今的游客可以参观曾经埋藏在大教堂地下的古罗马时代的遗迹。

圣皮埃尔大教堂杂糅了不同的建筑风格，主体上可以算是一座

[①] 圣皮埃尔大教堂地下空间的考古遗址总面积超过了 3 000 平方米，其中包括从自 4 世纪起陆续修建的几座教堂的残骸，反映了在 1 000 多年的岁月中，这里的历史沿革。

第十章　鲜血与殉道者

哥特式建筑，其中包含的古典主义元素是在 18 世纪时添加进来的：正面拥有台阶的神殿、六根巨大的圆柱、雕刻精美的科林斯式柱头、三角墙正面装饰的铁制纹章。教堂俯瞰着门前宁静的砖砌广场，几棵椴树为广场投下了一些树荫，周围是精美而拘谨的奥斯曼式（Haussmann-style）石砌公寓和办公楼。而在圣皮埃尔大教堂地下光线昏暗的狭窄通道里，优雅让位给了古典时代的荣耀和罗马帝国在这里留下的最初足迹。在这里，游人可以看到第一批基督徒修建的建筑，可以追溯到 350 年左右。最早建起的那座教堂的门槛和部分墙壁仍然可以被找到，不规则的石柱或横或竖地搭起了墙壁的主体结构，一排排粗糙的鹅卵石填充其间——这种建筑技术来自北非。这片古代建筑群中包括一间后殿，如今虽然只剩下如洞穴般粗糙的遗迹，但原有的石柱实际上支撑着游人头顶的那座现代教堂。后殿东侧几处羊皮纸色的石头后面，一处圣人的坟墓仍然可以在昏暗的光线下被辨认出来。

值得一提的是，从后殿出来，靠南侧的位置，可以找到一处年代更久远的遗迹。这是一位重要人物的坟墓，根据其形制判断，这座坟墓可以追溯到公元前 100 年左右的前基督教时代。坟墓的主人很可能是当地高卢部落阿洛布罗基人的酋长。泥土被剥开，露出了酋长下半身的骨骼，而上身躯干仍然被泥土覆盖。这说明更早的时候，曾有人试图挖出他的头骨——这不得不让我们想起，古高卢人对占有和展示头颅的兴趣，这是权威与地位的象征。我们无从知晓，是否有某个神谕，让高卢最早的一批基督徒看到了这座异教酋长坟墓的特殊性，从而选择在这里建起最早的那座教堂，但有一点是肯定的，教堂就建在这里。

地下空间的最北侧，有一排独立的房屋，是彼时供神职人员居住的地方。每个房间的面积不大，分为两层，上层有一个简陋而低矮的木制天花板，房间谈不上舒适，但也足以居住。房间内朴素的灰色地砖之下，还铺设了空心管道，可以在冬季供暖，驱散山区的寒冷。

这排房屋向南走一些，可以找到一间洗礼堂。古罗马的水利技术再次被用来满足新宗教的需求，一条水管从 30 多米外的井里取水。在 4 世纪，这些水会为洗礼堂后面的洗礼池提供水源，新皈依者在接受洗礼时，可以完全浸入水中。

水源附近是早期主教的住处，包括装点着米色雕塑的会议厅。从会议厅的规模不难推测，随着罗马帝国地方行政机构在 5 世纪的衰落，主教在地方事务中扮演起了越来越重要的角色。这是一间封闭的、5 米见方的大厅，铺有奢华的马赛克地板，虽然如今已经变得起伏不平、坑坑洼洼，但还是可以依稀辨认出其中包含富有宗教色彩的主题——被葡萄藤蔓缠绕的十字架。因为日内瓦位于由罗马通往勃艮第地区的必经之路上，在整个 5 世纪，主教显然不仅仅主持着教会事务，在城市决策方面，同样发挥着作用。在这座城市与西罗马帝国灭亡后这片土地的统治者之间的关系上，主教显然具有一定的影响力。

神职人员的房屋、洗礼堂、教堂（包括在不同时代修建的三座教堂）——在整个地下空间的所有遗迹中，给人留下的印象最深刻的就是主教的住处以及会议厅。身处其间，我们不仅能感受到主教对世俗事务的影响力，还能感受到这里是这一片宗教建筑的核心所在。教会在高卢一步步走向成熟的那几个世纪里，特别是在基督教在罗马帝国内合法化并在 4 世纪末被赋予国教的地位之后，主教的身份和地位变得越来越显要。这一点不仅仅体现在城市治理层面，

第十章 鲜血与殉道者

甚至可以说,早期主教的品行,在很大程度上决定了罗马统治后期乃至帝国覆灭之后的一段时间内,高卢本土文化和宗教的发展趋势。虽然主教这一身份并非罗马帝国的产物,但从它出现在高卢这片土地上起,其所有者所具有的世俗和精神权威,却隐约有罗马的影子。

虽然早期基督徒公开表示不愿参与任何形式的战斗,但罗马军队依靠一种特殊的模式吸收他们入伍。我们下面谈到的例子来自图尔主教圣马丁(St. Martin)。尽管后来他成了法国最伟大的"主保圣人"之一,但他并非生于高卢。他可能于316年出生在潘诺尼亚行省的萨瓦里亚(Savaria),也就是今天匈牙利的松博特海伊(Szombathely)。这里是以时常爆发叛乱而闻名的帝国边境,杂居着不稳定的"蛮族",为了保证这片土地还能在帝国的统治之下,罗马人必须付出很大的努力。马丁出生在一个军人家庭,他的父亲一开始只是一名普通的士兵,但就像同时代的那些皇帝一样,凭借着军功,普通人也有机会获得很高的地位,他的父亲就当上了军团长官。从给儿子起的名字上可以看出,马丁的父亲忠于罗马的传统,"马丁"来自罗马战神玛尔斯。考虑到当时基督教在帝国内掀起的波澜,这个名字或许不仅仅象征战斗与勇气,更代表着对罗马传统多神崇拜的坚守。

然而,这个颇具罗马特色的名字却并不妨碍马丁对基督教产生兴趣。当他还是个孩子的时候,他的父亲被派往意大利北部的提契努姆(Ticinum),也就是今天的帕维亚(Pavia)驻守,他和家人也一并前往。在那里,马丁第一次见到了教堂——事实上,这座"教堂"只是一座大房子,只是经过改建,供基督徒使用。虽然当时可能只有十几岁,但马丁还是被这种信仰吸引,并在那里接受了洗礼,成为一名基督徒。根据其传记作者苏比修斯·西弗勒斯

(Sulpicius Severus) 的说法，马丁在此时已经立志成为一名修道士。然而，他的父亲对此强烈反对。4世纪20年代，皇帝君士坦丁制定了一项法律，退伍士兵的儿子有义务应征入伍。于是，马丁在父亲的要求下，服了25年的兵役。

在西弗勒斯看来，这段军旅生涯对虔诚的马丁来说是很尴尬的，为了给马丁塑造更完美的形象，这位传记作家描写了一个故事：在博贝托玛古斯（Borbetomagus），也就是今天的沃尔姆斯①（Worms），正在服役的马丁曾拒绝与"蛮族"作战，声称在基督的庇佑下，即使不动刀兵，也能击败敌人，为此还被皇帝"背教者"尤利安②（Julian the Apostate）投入监狱。他的话无从检验，因为还没开打，"蛮族"军队就投降了罗马人。

无论上面的故事是杜撰的，还是确有其事，有一点是肯定的，马丁曾在罗马军队中服役，而且按照帝国的惯例，他应该完成了25年的完整兵役。356年，他退伍后，曾在普瓦捷③（Poitiers）的基督徒社区居住过一段时间，然后回到了家中，试图说服父母改变信仰。在361年，回到普瓦捷的马丁在一座旧别墅的废墟上建起了一个修道院，过起了隐修士的生活。十年后，他被选为图尔主教，一直担任到397年去世。

马丁奉行禁欲主义。即使按一名主教的标准来衡量，马丁的日

---

① 沃尔姆斯：德国西部城市，位于莱茵河的西岸，是德国历史最悠久的城市之一。
② 尤利安（331—363）：君士坦丁王朝的罗马皇帝，由于对希腊哲学的热爱，他也被称为"哲学家"尤利安（Julian the Philosopher）。他反对将基督信仰作为国教，因此被罗马教会称为"背教者"尤利安。他也是罗马帝国最后一位信仰多神教的皇帝。
③ 普瓦捷：位于法国西部，历史悠久，高卢时期便是皮克通部落（Pictones）的都域。

第十章 鲜血与殉道者

常生活也是极度自律的。他拒绝一切有丝毫享乐色彩的事情，甚至还专门在图尔城外修建了马尔穆蒂耶修道院，以避免受到城市喧嚣的影响，大部分时间都在修道院履行主教的职责。然而，虽然马丁非常虔诚，在军队服役的经历仍对他产生了难以磨灭的影响，他经常用"服兵役"来比喻苦行修道的生活。

在军队服役的影响也体现在马丁对待其他宗教神殿和神龛的方式上。在图尔的郊区或更远的地方，仍然存在着一些其他宗教神殿，那里的人们仍然没有放弃传统的多神信仰，而在马丁眼中，这些人都是不可宽恕的"敌人"。神殿被摧毁，古老的神像被焚烧，人们被迫放弃传统信仰——马丁对待他们的方式暴力而专注，不禁让人想起四个世纪之前，恺撒征服这片土地时的做法。

事实上，马丁对古老神殿的攻击往往使他看上去更像是一名身临前线的士兵，而不是一名虔诚的主教。他的行为让人想起古罗马军队的传统——指挥官往往会怀着必死之心，带领自己的士兵向敌人发起进攻，这样或许意味着牺牲自己，却可以保证罗马的胜利与光荣。唯一不同的是，马丁维护的是自己的虔诚和"上帝的荣耀"。他曾拆毁了欧坦附近的一处古代神庙，并砍伐了神庙旁的一棵松树，理由是，这棵树可能是献给库柏勒和阿提斯的。就像一位优秀的将军在保卫自己新征服的领土时所做的那样，马丁在神庙的旧址上建起了一座基督教教堂，作为抵抗其他信仰的堡垒。正如西弗勒斯所说，这是摧毁其他宗教神殿后的通常做法。

作为一种较新的信仰，基督教的禁欲倾向让传统的高卢-罗马贵族感到颇为困惑。在 4 世纪后半叶，过分提倡禁欲主义的基督徒有时会被视为颠覆分子——对公共秩序的威胁。来自伊比利亚的普里西利安（Priscillian）就推崇严格禁欲，在高卢吸引了一批追随者，但不久就被指控操纵巫术，于 385 年被处决。

在传统贵族中，一些人认为，过分强调禁欲是危险的，更多人对此的态度相对温和一些——困惑和担忧是更为常见的。之所以会这样，是因为传统贵族认为禁欲生活是一种反常的状态，既没有必要，也不合理，这种生活方式可能会打破传统的社会联系，摧毁罗马文化的基石。我们在前文中提到的那位诗人奥索尼乌斯，以及他的学生诺拉的保利努斯在来往的信件中，透露出了传统贵族阶层对禁欲主义的看法。

保利努斯曾经是奥索尼乌斯的得意门生。352 年，他出生在波尔多的一个贵族家庭，在进入宫廷供职皇室之前，他在那里完成了学业。毫无疑问，作为奥索尼乌斯的学生，他和老师一样，身处皇位继承人格拉提安的交际圈之内，这对他的职业生涯显然非常有好处。在格拉提安成为皇帝后，保利努斯于 377 年被任命为执政官之一，而后又成为意大利南部坎帕尼亚的总督。在此期间，他一直和敬爱的老师保持着密切的联系，还会用诗歌与老师通信，而奥索尼乌斯也会热情地回信。奥索尼乌斯那些满怀感情的信件保留了下来，在信中，他称保利努斯为儿子，并自称为父亲："那是在凌晨……当你的那封措辞优美的信……连同你那首精彩的诗一起送到我手里的时候……"奥索尼乌斯行文中保留了贵族礼节，既小心翼翼地使用毫无瑕疵的拉丁语，又尽可能地显得亲切："你的信，措辞是那么巧妙，字迹是那么工整，完全符合我们罗马人的表达方式……我该如何评价你的表达天赋呢？我敢发誓，就诗歌中韵文的使用来说，罗马青年中没有一个能与你相提并论。"

然而，不久之后，师徒二人从曾经的亲密无间变得相互敌视。383 年，重用二人的皇帝格拉提安被刺杀。与奥索尼乌斯一样，保

第十章　鲜血与殉道者　　305

> S. PAVLINVS, ex diuite, Senatore, Consule, pauper, Monachus, Presbyter, Episcopus Nolanus, mundi contemptu, eleemosynarum Largitate, feruore fidei, caritatis ardore, Scripturarum studio & Scientia, cordis humilitate, mansuetudine Spiritus, bonis omnibus egregie carus, obiit Anno Christi 431. ætatis 78.

一幅完成于17世纪的版画，刻画了诺拉的保利努斯的形象。

利努斯的政治生涯也戛然而止，他回到了家乡波尔多。与我们熟悉的那些颇具才华，却在政治生涯中郁郁不得志的诗人——约翰·多恩①（John Donne）和乔治·赫伯特②（George Herbert）——一样，当仕途受挫时，保利努斯选择投入信仰的怀抱。他娶了一位来自西班牙的基督徒特拉西亚（Therasia），并在大约 389 年接受洗礼，皈依了基督教。婚后夫妻二人搬回了西班牙，并育有一子，可惜孩子出生没几天就夭折了，这可能也是他们选择隐居苦行宗教生活的原因之一。

而奥索尼乌斯——至少在名义上——也是一名基督徒。他每天早晨都在自己的小礼拜堂里祷告，熟谙《圣经》。然而，这丝毫没有减弱他对传统罗马文学的热爱。在他眼中，这不仅可以带来思想上的愉悦，也是自身修养和身处帝国统治阶级的标志。在奥索尼乌斯的作品中，缪斯女神的角色从未逊色于基督教的天使。

正因为如此，当保利努斯夫妇搬到西班牙，并不再给自己回信时，奥索尼乌斯觉得受到了野蛮的侮辱。在他看来，在相互之间的信件交流中，就古典文学进行有价值的探讨，既是他们师生所在阶层的高尚追求，也是二人亲密关系的象征。而如今，交流中断给他带来了困惑和不安。他没有放弃，继续给保利努斯写信，但信件的内容变为对其漠视师生情谊的指责。他自称知道是谁导致了二人关系的破裂，那就是保利努斯的妻子。在信中，奥索尼乌斯把这位女

---

① 约翰·多恩（1572—1631）：英国诗人、学者，出身于天主教家庭，后改宗英国国教。

② 乔治·赫伯特（1593—1633）：英国诗人、演说家和牧师。出生于威尔士一个富有的家庭，母亲是约翰·多恩的好友和资助人。

第十章　鲜血与殉道者

性称为"汤纳奎尔"①（Tanaquil）——因为专横和诡计多端而臭名昭著的罗马王后，声称她身上的基督教色彩正在"摧毁"那些文明而珍贵的东西。"你为什么不回我的信？即使是敌人，在战斗中也会互相问候。就连岩石和洞穴也没有粗鲁到对人类的声音毫无反应。"

虽然寄出去的信件石沉大海，但奥索尼乌斯仍然坚持继续写信。他试图让自己的学生幡然醒悟。"不要以为保持沉默就可以置身事外，欢乐将离你远去，你将再也无法从诗歌中找到乐趣……不要让躲在林间的牧人离间你我，阻断你的回信。"保利努斯的沉默，在奥索尼乌斯看来，源于野蛮或疯狂："悲伤、贫穷，让你如困荒漠，让你逡巡于阿尔卑斯山的高峰之上，让你失去了理智，让你离群索居，如同一个流浪汉，在无路可走的陌生之地游荡。"

最终，因为被奥索尼乌斯的话刺痛，保利努斯无法继续保持沉默，不得不选择回信，并把迟复的原因归咎于信件的邮递速度过慢。然而，在回信中，他选择捍卫自己苦行的生活方式："我的头脑十分清醒，我的妻子也和汤纳奎尔不同……"他辩称自己选择了一种全新的、更好的生活方式："我的父亲，你为什么要求缪斯女神重新回到我的生活当中？献给基督的心灵拒绝缪斯女神，拒绝阿波罗……上帝不希望我们把时间花在空洞的事物或是充满无聊故事的文学上……"奥索尼乌斯钟情于罗马传统的闲适和贵族的退休生活，而保利努斯愿意将自己的所有时间都用在虔诚的信仰上。

无论如何，在寄给奥索尼乌斯的最后一封信中（时间是 393

---

① 汤纳奎尔：罗马王政时代的第五任君主的妻子，出生于一个伊特鲁里亚贵族家庭，帮助其丈夫登上了罗马王位。

年，就在奥索尼乌斯去世前不久），保利努斯表示，愿意接受老师的观点，并声称他对自己来说仍然像生命一样珍贵。但二人的团聚会发生在精神层面，而不是真的再次见面——"当我的灵魂摆脱躯体的束缚时，我们将再次见面，我也会始终将你放在我的心里，即使肉体的腐朽也不会使我失去对你的爱"。

在奥索尼乌斯去世后，保利努斯离开了西班牙，前往意大利，和圣马丁一样，最终成为一名主教，在古罗马时代末期的高卢为基督教的传播做出了贡献。即使像他们这样的人，也不能说是定义了这一时期的教会生活和主教的职责。下面我们还要提到一位类似的人物。

前文曾提到过希多尼乌斯，我们游览了他在克莱蒙费朗附近的乡村别墅。这位罗马诗人生于 430 年，出身于当地的一个贵族家庭。他的岳父阿维图斯①（Avitus）在 455 年登上了西罗马帝国的皇位，虽然还不到两年，竞争对手马约里安②（Majorian）就取而代之，但希多尼乌斯的处境却并没有受到多大的影响，他因为出众的才能以及对帝国的坚定支持而受到尊敬。他曾为阿维图斯、马约里安、安特米乌斯③（Anthemius）这几位皇帝写过颂词，飞扬的文采为他在罗马赢得了一座雕像，除此之外，还有伯爵、元老院议员和贵族的头衔。469 年，他还被任命为罗马的城市行政官。尽管

---

① 阿维图斯（385—456 或 457）：西罗马帝国皇帝。他曾作为将领在高卢立有赫赫战功，后在西哥特人的支持下，被推举为皇帝。

② 马约里安（420—461）：西罗马帝国皇帝。他曾推出一系列军事和内政措施，试图挽救行将就木的西罗马帝国。

③ 安特米乌斯（约 420—472）：西罗马帝国的皇帝。他出生于君士坦丁堡，在东罗马宫廷的支持下，成为西罗马帝国皇帝。

如此，大约三年后，他将注意力转向了信仰领域，成为家乡克莱蒙费朗的主教。

希多尼乌斯的大量书信流传下来，还有一部不长的诗集，而生活在5世纪西罗马帝国的其他作家，几乎没有人保存下来的作品能够如此丰富。我们可以从希多尼乌斯的一封信中找到其中的原因。这封信是他在成为主教后写给另一位主教特鲁瓦的卢普斯（Lupus of Troyes）的，后者是一位杰出的神职人员。从429年起，卢普斯开始担任特鲁瓦的主教，他甚至在451年成功说服了匈人领袖阿提拉（Attila），使特鲁瓦免于被军队洗劫。这是一封冗长晦涩的书信。希多尼乌斯在信中自谦地为自己"草率的写作风格"而道歉，他赞扬卢普斯多年来一直珍视与自己的友谊。信的内容主要围绕一本小册子展开，这是不久前，希多尼乌斯送给卢普斯的一本小册子——"塞满了五花八门的话题、时间和地点"，其实是他早期信件的汇编。这是一封内容详尽而又尽显作者学识的信，讲述了小册子被卢普斯和其他一些友人接受给希多尼乌斯带来的喜悦："我知道你明白，在发表作品时，对作者来说，谦虚是比自信更为珍贵的品质，而能从严肃的评论家那里得到的好评，无疑可以一扫当初寄出作品时的忐忑和等待评论时的紧张。"事实上，卢普斯算不上是一名"严肃的评论家"，相反，他是一位伟大的艺术赞助者和文学鼓励者。希多尼乌斯写道："包括我在内，你为众多默默无闻的文学爱好者带来了'光亮'，就像阳光能够发现并蒸发隐藏在大地之中的水分一样……因此，我的朋友，当你发现任何有文学才能的人，因为不活跃、害羞或身份低微而自我放弃时，你用口才鼓励他们继续前进，直到他们获得公众的认可。"

希多尼乌斯的作品之所以能比较完好地被保存下来，不仅是因为他的作品数量本来就多，更是因为他的作品在高卢文人的圈子中传播得比较广，收到并认可他作品的人，会把它们保存起来，这就增加了作品传世的概率。同为主教的卢普斯显然就是这个圈子中的一员。希多尼乌斯在书信中所展现的那些内容——繁复的礼貌措辞、引经据典。对被文学圈认可的重视——在圣马丁和保利努斯这些禁欲主义的信徒看来，可以说是可憎的。然而，希多尼乌斯身上的这些代表了罗马贵族的典型特点，恰恰为我们提供了一个例子，说明了在帝国晚期，传统贵族如何融入新生的主教制度中，甚至很大程度上，塑造了这一制度。

主教的角色在帝国晚期对旧贵族阶层具有吸引力，这一点并不那么出人意料。这个角色是城市中的一个权威。它为那些精力充沛、热心公益的人提供了一个释放的出口，对希望在历史中留下自己印记或者愿意为公众服务的人来说，成为主教是一个不错的选择。因此，在帝国晚期，当罗马人的地方行政机构逐渐丧失履职能力时，当"蛮族"军队从帝国军团手中接管高卢时，主教弥补了帝国遗留下来的行政空缺。担任这一职务的人需要具备一定的外交才能，以便与其他城市、"蛮族"领袖和逐渐淡出的帝国官僚进行沟通与协商。通过建造教堂和其他公共设施，主教的职能为慈善赞助和品德示范提供了空间。他们往往会成为"地主"，因为每个教区都拥有大量的地产。他们在城市中掌握着大量的财富和权力，经常能够有效地接管衰败的市政机构。此外，主教也不需要纳税。毫不奇怪，旧贵族的精英有成为主教的意愿，而在担任这一职务之后，他们会将自身本来所具有的习惯和思维带进来。他们有机会轻松地获得财富，同时，也不曾放弃对古典传统的忠诚。即便如今他们改变了信仰，拥抱了一个全新的精神世界，但仍没有抛弃旧有的文学

第十章 鲜血与殉道者

和哲学传统。这些传统是他们所处阶层所固有的,可以说是融在血液中的印记,在他们看来,应该保持而不是谴责这些传统。旧贵族精英所具有的雄辩和思想被保留下来,用来帮助新信仰的传播。因此,通过新崛起的教会,旧贵族自身的偏好恰恰帮助后世保留了一部分古典世界积累的智慧——这一点在高卢尤为明显。

栖身教会的不仅有高雅的古典文学和贵族思维,高卢-罗马人的传统宗教习俗也在很大程度上转移到了新的宗教之中,尽管教会中的一些人尽了最大努力避免这一情况,但结果并不如他们所愿。阿尔勒的凯撒利乌斯试图追寻圣马丁和保利努斯所倡导的禁欲主义,与旧习俗斗争。和保利努斯一样,他也出身贵族,大约在470年出生在索恩河畔沙隆(Chalon-sur-Saône)的一个上层社会家庭。他向往禁欲主义的生活,在高卢南部海岸的莱兰群岛(Lérins)生活了一段时间。圣约翰·卡西安(St. John Cassian)——与圣马丁一样从多瑙河边境来到高卢——在岛上建立了一座修道院。凯撒利乌斯过着极端禁欲的生活,甚至会因为饮食过少而生病。

凯撒利乌斯后来离开了莱兰群岛,在大约502年成为阿尔勒主教。当时,勃艮第人、西哥特人以及其他一些"蛮族"在争夺高卢南部的统治权,相互都关押着一批彼此的俘虏,而凯撒利乌斯则为释放俘虏而奔走于不同势力间,这样的善举为他赢得了很好的名声。他还致力于完善由圣马丁开创的教区制度,这一制度影响深远,直到法国大革命之前,一直是地方行政的重要组成部分之一。他还在各地的讲坛上谴责一些残留在高卢民众中的"异教行为"方式(pagan practices),然而却效果平平。

凯撒利乌斯用"异教行为"这样的字眼来形容那些与基督教信仰格格不入的民众行为,本身就体现了他出身罗马贵族而与生俱来的一种傲慢。而由此衍生而来的 Paganus 这个词，则被用来指代乡村居民。这也显示出，至少在他生活的时代，基督教在乡村地区仍然没有确立主导地位，还处于慢慢被人们接受的阶段。

人们唱着"有损贞洁和荣誉"的下流歌曲；月食发生时，他们吹响号角、摇铃来帮助"月亮复原"；面对疾病或是祈祷丰收时，他们更相信符咒的力量；为了避开"煞日"，他们会推迟行程；仲夏时，人们在河流、湖泊和泉水（比如前文提到的塞纳河的源头）中沐浴，以期获得治愈疾病的力量；他们庆祝罗马历的新年，宴饮、交换礼物，还有"满足肉欲和奢侈的庆祝活动"，人们还会装扮成雄鹿［使人联想起凯尔特神话中的雄鹿神科尔努诺斯①（Cernunnos）］。这些传统习俗和行为，都是凯撒利乌斯所不能接受的。

他竭尽所能地倡导抛弃旧习俗，在讲坛上表达自己的观点：咒语如同"对神明不敬的噪音"，怎么可能带来好运？人们不应该继续使用墨丘利和朱庇特来命名周三和周四②。凯撒利乌斯劝说地主们将自己土地上的旧的祭坛、神龛全部拆除，而这些正是普通民众祈祷的地方，如果地主拒绝，那么就被认为是"信仰异教者"的帮凶。当劝说不能起到作用时，他赞成使用强制手段。

圣马丁和凯撒利乌斯这样的主教，生前追求禁欲主义的生活方

---

① 科尔努诺斯：凯尔特神话神祇之一，名字意为"有角者"，形象为"鹿首人身"，掌管狩猎、生育、动物、植物、荒野等。

② 在西欧使用最广泛的几种语言中，只有葡萄牙语遵守了凯撒利乌斯的倡议。在葡萄牙语中，除了周六（Sábado）和周日（Domingo），其他几天都是按序号排列的，例如 Segunda-feira（意为第二天，即周一）、Terca-feira（意为第三天，即周二）。这一点与其他西欧语言形成了鲜明的对比，在这些语言中，一周中每一天的命名依然留有神灵的痕迹，例如英语中的 Wednesday（周三）以 Woden（奥丁神）命名，法语中的 Mercredi（周三）以 Mercury（墨丘利神）命名。——作者注

第十章 鲜血与殉道者

式,但死后的丧葬却很奢华。6 世纪末,图尔的额我略(Gregory of Tour)担任图尔主教,作为圣马丁的继任者,他自豪地描述了圣马丁的陵墓及附属建筑的规模:"它长 48 米、宽 18 米、高 13 米。祭坛所在的大厅有 32 扇窗户,中殿有 20 扇窗户,41 根石柱。整个建筑拥有 52 扇窗户,120 根石柱,8 扇大门,其中 3 扇在祭坛大厅,另外 5 扇在中殿。"在中世纪这个所谓的"黑暗时代",这样的建筑规模已经非常宏大了,甚至可以从它身上看到古典时代的影子。从这个角度说,即使是在去世之后,圣马丁身上仍然保留着浓厚的罗马气息。根据传说,终其一生他都十分虔诚,被认为"比普通人更接近上帝,拥有着可以聆听上帝声音的耳朵",这让他听上去与至高的"权威"联系更加紧密。而根据罗马社会的传统,人们总是寻求与权威联系紧密之人的保护——比如,如果一个人遇到了麻烦,却认识拥有一定社会地位的甚至皇帝身边的人,那么他很容易就可以凭借这一层关系摆脱麻烦。诸如此类身份显赫的人——通常是贵族——扮演着世俗庇护者的角色。而圣马丁也拥有这样的身份,不同的是,他是精神上的庇护者。也因为如此,他的陵墓也获得了人们无上的尊崇,其程度并不逊色于曾经到访过这里的那些帝王的陵墓。他的陵墓仿佛是他并未远去的标志,也代表着他帮助图尔民众的意愿并未远去。人们相信,他庇护者的身份可以帮助解决许多问题。因此,在罗马帝国晚期,以及帝国覆灭后的几个世纪里,图尔成为高卢最主要的朝圣地之一,麻风病病人、残疾人和不孕不育的人来到这里,他们不再像祖先那样寻求可以治病的泉水,而是来祈祷。

塞纳河源头的传统祭祀活动大约在 5 世纪绝迹，正是凯撒利乌斯呼吁拆除神庙、停止在泉水中沐浴的做法之时。从遗址的情况判断，塞纳河源头周围的神庙也确实有被拆除和废弃的痕迹。然而，还是有一条繁忙的道路从这里通往最近的市镇——圣塞纳拉拜（Saint-Seine-l'Abbaye）。小镇的中心矗立着一座古老的本笃会修道院，以其建立者圣塞纳（St. Seine）的名字命名。圣塞纳生活在 6 世纪，本名西戈（Sigo），是当地贵族梅斯蒙特伯爵的儿子。就在塞纳河源头的庙宇被废弃后不久，他来到了这里，追寻隐士的生活并建起了这座修道院。后世重新以附近河流的名字为他命名为"塞纳"。传说中，就连塞纳河的发源也与他有关：他的骡子跪着以便他从背上下来，而骡子跪着的地方发源了一条河流，便是塞纳河。

修道院南面的墙上绘有创作于中世纪的壁画，虽然在法国大革命时期遭到了破坏，但如今的游客仍然可以从中看到刻画圣塞纳生平的内容。壁画中的故事接近尾声时，圣塞纳坐在一群不幸的人中间：一个跛脚的人坐在那里，向他展示自己的膝盖；一个盲人在头顶比画着十字架；还有一个人等待他为自己祛除恶魔。壁画的最后一幕是圣塞纳的遗体被移入修道院。

塞纳河的源头又出现了一个圣地，人们重新来到这里祈祷。古罗马人带着不同的信仰和思想闯入高卢，看上去改变了这里的一切，但当他们随着自己创建的帝国退出历史舞台时，他们好像又未曾改变过这片土地上的任何事物。

第十章 鲜血与殉道者

在韦松拉罗迈讷的一处古罗马遗址中发现的杜力姆陶罐。

结语：

从一个帝国到一场梦

……在整个高卢建立起一种被广泛接受的政治制度，一种外界无法破坏的制度。

——尤利乌斯·恺撒，《高卢战记》卷七，29

- 勒芒
- 东北部的边境行省
- "蛮族"与罗马人
- 高卢帝国
- 特里尔
- 阿德里安堡
- 沙隆
- 克莱蒙费朗
- 如何拯救一个帝国

除了欧坦,如果要再挑选一座仍然较为完好地保留了罗马时代的城墙的城市,那么勒芒(Le Mans)一定是其中之一。雄伟的城墙横亘于一片草木茂盛的土地上,墙头的堡垒俯瞰着萨尔特河(River Sarthe)东岸。如今,虽有一条繁忙的双向公路在距离城墙不远处穿过,但它并未减损这里的美丽。花园和步道点缀在古城墙旁,当夏日到来,盛开的丁香花将为这里增添一抹令人炫目的紫色。

　　在许多方面,勒芒的城墙都与欧坦的有相似之处。两者都高达数米,宏伟壮观,半圆形堡垒打破了城墙一成不变的构筑模式。虽然原本的顶层和垛口没有保存下来,但修建于文艺复兴时期和后世的新城头也独具一格,还搭配有哥特式塔楼。

　　二者也有不同之处。欧坦的城墙是在高卢被征服之后不久,与

结语：从一个帝国到一场梦　　　　　　　　　　　　　　　　　　319

城市一同修建起来的，而勒芒［在罗马时代被称为温杜努姆（Vindunum）］城墙的历史要短一些，大约可以追溯到公元 3 世纪。欧坦的城墙虽然宏伟，但却不及勒芒的坚固厚实。这表明，前者——虽然在 3 世纪中叶混乱的军事冲突中，同样保护了城市安全——最初的作用并不是防御外敌入侵，而是一种荣誉的象征，代表着帝国的强盛。高大雄伟的城墙向土著的埃杜维部落的首领们展示着罗马的权力和财富，让他们确信，与新建立起来的罗马政权合作，才是最好的选择。而勒芒的城墙，虽然也配有精美的纹饰，但显然，其最重要的作用是抵御进攻者。

勒芒的古罗马城墙，背景是圣朱利安大教堂（St. Julien Cathedral）。

两座城市的城墙的周长也有明显的不同。绕着欧坦的古罗马城墙走上一圈，至少要花一个小时。相比之下，虽然勒芒的城墙更加坚固，但长度要短得多，绕着它走一圈，最多算是一次短暂的散步。考虑到欧坦城墙所发挥的军事作用有限，它实际上并不需要建这么长，除去圆形剧院，它把古罗马时代的整个城镇都围了起来，城墙之内，仍然有不少地方从未被开发利用过。而勒芒的城墙只把罗马古城的一小部分圈了起来。事实上，为了更合理地修建城墙，城中原本的一块区域——宽约 90 米的狭长地带——还被拆除了，如今那里变成萨尔特河畔一片水草丰美的土地。城市广场和河对岸的城区被排除在城墙的保护之外，就连罗马人非常看重的公共浴场也被拆除了。拆除城区的作用有两方面：首先，来犯之敌将无法在城外找到掩护、隐蔽的场所；其次，被拆毁建筑的石材可以用来建造城墙。当然，这些石材并不仅仅包括碎石，也有不少精美的雕像、优雅的圆柱，甚至是本土高卢贵族们引以为豪的石碑，上面刻着他们祖先罗马化的"荣耀"——担任议员、牧师的记录。然而，所有这些，现在都被用来充当新城墙的建筑材料。

这两类城墙在高卢地区广泛存在。恺撒征服这里后，第一批被授予修建城墙资格的城市，将之视为一种荣誉、一种来自官方的认可，标志着它们作为罗马正式殖民地的地位，比如欧坦和维埃纳，而在欧坦，高大的城墙也是罗马力量的展示。除了这些重要的城市，原本很少有高卢城市拥有城墙，直到公元 3 世纪末至 4 世纪初，它们才开始变得普遍。帝国末期的城墙通常更坚固、更实用，规模却更小，只保护城市的一小部分。为了修建它们，一批伟大的建筑和庄严的石碑被"吞噬"，而这些消失的东西正是罗马-高卢人身份认同的来源。这些建于征服早期的建筑和高卢贵族罗马化的

"证据"，正是高卢并入帝国、高卢人接受罗马文化的重要标志。鉴于它们如此重要，我们不禁要问，3世纪末到底发生了什么，让当地人如此轻易地抛弃了这些原本珍视了几个世纪的东西。

关于西罗马帝国灭亡的文献卷帙浩繁，以至于面对它们，就像面对在5世纪将帝国带入坟墓的勃艮第人和西哥特人一样令人生畏。我不打算在这里详细讲述帝国衰亡的史实，那是一个充斥着叛乱、入侵、政变、反政变和宫廷阴谋的旋涡。然而，当我讲述的罗马-高卢的故事接近尾声时，有必要思考一下罗马帝国毁灭的广泛背景。弗拉维王朝（Flavians）和安敦尼王朝（Antonines）开启了一个繁荣的时代——被吉本称为"人类历史上最幸福的年代"，罗马帝国为西欧带来了巨大而积极的影响，直到5世纪末，当统一的帝国变得支离破碎，当长途贸易开始衰落，当城镇和乡村的房屋被抛弃，当人们的生活水平一日不如一日，一个时代结束了，这一过程直到今天看来，依然不同寻常。近年来，随着考古学的发展和对原始资料的重新评价，当代学者的观点发生了一些变化。下面，我希望结合一些最新的观点，尝试着阐释罗马人对高卢的影响。

恺撒征服高卢并不是出于什么崇高的目的。传播文明或者将罗马统治扩展到化外之地，从来不是他考虑的事情。于他而言，征服高卢是一项务实的政治行为，可以为自己赢得军事荣誉、摆脱缠身的债务并获得军队的支持，既可以避免因无力偿还债务而被起诉，又可以趁机攫取至高权力，可谓一箭双雕。然而，就像在后世其他帝国身上经常发生的那样，短时间内获得大片新领土会带来一系列问题，罗马也不例外。首先，必须找到一种切实可行的方法，确保被征服者心甘情愿地、长久地服从罗马的统治。其次，必须为罗马占有这片新领土找到一个合理的理由，特别是当新领土面积很大时。从公元前2世纪开始，罗马人就对获得海外领土表现出了一种心理上的不安，也许用今天人们的视角去看，会对此感到有些意外，但这种不安是真实存在的。公元前146年，罗马征服了希腊，当时有不少人担忧，从希腊流入的巨额财富和不值得信赖的异域文化，会腐蚀罗马传统而悠久的节俭美德。同样的念头，在恺撒征服高卢之后，也出现在了罗马人的头脑中，并且更加强烈，因为"长发高卢"是他们眼中最古老和最危险的威胁[①]。

在高卢被征服之后的几十年里，面对获得新领土而产生的问题，罗马人想到了一种化繁为简的方法——文化手段。帝国为高卢人提供了成为"罗马人"的途径：原来的贵族阶层有机会接受罗马式教育，低一些的阶层则可以加入罗马军队；前者在政府中担任官职，后者为帝国而战，两者都可以获得罗马公民身份，享受随之而来的权益、荣誉和财富，并能够对帝国及其文化习俗有更为深入的了解。对处于社会底层的高卢人来说，目睹被罗马征服后建立起来的新殖民地，身处庙宇、剧院、竞技场、浴场、道路、别墅和城市广场之中，他们不仅会毫无异议地接受罗马的统治，而且会积极地拥抱它带来的文化。罗马人的出现，虽然一开始带来的是令人发指的暴行——数十万人的死亡、土地被蹂躏、古老的文化被破坏，但

[①] 源自公元前390年，高卢人攻陷罗马城的经历，那场浩劫一直埋藏在罗马人的记忆深处。

也打破了高卢部落相互倾轧的传统，庇护他们免受外敌侵扰，同时，还提供了许多新的价值——酋长们学会了以新的方式展示威望与地位，新的贸易则带来了更多的财富。

在罗马人眼中，文化和身份认同感在高卢的传播，是帝国推行政策的胜利。从政策的实际效用来说，它帮助罗马能够以较低的成本占领并管理这一大片新征服的土地，且几乎不需要从其他地方调派军队来分担高卢的防务。它培养了一个忠诚的、具有身份认同感的本土贵族阶层，这个阶层迅速发展，在统治和军事层面都发挥着积极的作用。在某种程度上，它还帮助罗马人克服了内心深处对高卢人的恐惧。这些政策为征服者和被征服者双方所接受，具有相当的文化属性。高卢人在罗马以他们的雄辩、聪明和勇敢而闻名，在为他们进入帝国政府和法院任职敞开大门之前，先允许他们在罗马优秀的教育体系中学习，这显然有助于发挥他们的才能。就像罗马传统的多神教信仰一样，对外来事物的包容，同样体现在罗马人对身份认同感的态度上。只要对皇帝和帝国怀有崇敬之情，生活在帝国之内的人们也可以拥有其他的身份认同感。奥索尼乌斯就是一个例子。他是最具罗马风格的高卢人，曾写道："我爱波尔多，同时也崇敬罗马；我是前一座城市的居民，而执政官的身份在两座城市都能得到认同；前者是生养我的摇篮，后者是我成就自我的牙座。"成为执政官是奥索尼乌斯最引以为豪的成就，这是他凭借罗马公民的身份获得的；同时，作为阿维尔尼人和埃杜维人的后裔，他是波尔多和阿基坦高卢的居民。他不排斥其中任何一种身份认同，乐于在二者之间自由切换。帝国推行政策的高明之处就在于，一个人可以同时拥有两种身份，忠诚于罗马不仅可以帮助他在物质层面受益，还允许他在其原始文化框架中也获得成功：成为一个忠诚的罗马人，可以使高卢贵族在旧有的社会等级制度中获得更多的认可。

恺撒最初征服高卢，进而向这些"危险的北方人"灌输罗马文化的行为，是为了实现个人的政治目标，但其产生的影响，则需要放在随后几个世纪帝国在高卢的发展这个宏观背景中来看待。这些"北方人"并不像善于蛊惑人心的罗马政客们所描述的那样危险，他们可能在一两代人的短暂时间内就迅速被同化为"罗马人"，同时又未曾完全抛弃从他们身为"野蛮人"的祖先那里继承来的文化传统。

在罗马人的政治词汇或思维模式中，"野蛮人"的概念并没有消失，只是它包含的范围发生了变化。如今"文明"的界线被推到了高卢的边境，高卢人则从"野蛮人"变成了"罗马人"。恺撒征服的靠近莱茵河的领土成为上日耳曼（Upper Germania）和下日耳曼（Lower Germania）两个边境行省，在那里，罗马人继续对抗着"野蛮人"。皇帝们通过在边境征战，赢得荣誉与声望。事实上，正是这条边境线为帝国的继续存在提供了一个"理由"——"蛮族"的威胁从未消失，而高卢在并入帝国后，在罗马军事力量和文明秩序的庇护下，非常安定。不安定的边境还拥有经济价值：军队的规模和营地的数量刺激了大规模贸易的发展。来自帝国各地的税款源源不断地涌入边境地区，这些金钱促进了大规模货物进口，来自环地中海地区的货物，从南面通过整个高卢流向莱茵河畔。这可能是罗马时代该地区份额最大的经济活动。帝国鼓励并大力发展商业，但真正推动高卢贸易发展的，很可能是来自军队的需求，而并非私人层面的需求。

罗马的皇帝们在对抗"蛮族"的威胁时，充分展现了他们拥有的军事力量。然而，战争只是边境生活的一部分，外交和相互接触扮演着更重要的角色。除了大动干戈,还有其他消解威胁的方法:促进帝国与境外地区之间的贸易;向"蛮族"首领赠送礼物;每当部落之间有形成联盟的趋势时,就要挑动它们之间的矛盾,激起"蛮族"的内战。区别对待和分化瓦解是古老的、经过考验且成功的策略。尽管罗马费尽心力地试图操纵"蛮族"世界,而后者对帝国的威胁也始终是罗马人最关心的话题,但不可否认,双方的命运是相互交织的,二者彼此依存。"蛮族"需要罗马,随着时间的推移,贸易改变了他们的社会,酋长们变得需要依赖帝国的庇护来巩固他们的权力基础。与罗马征服前的高卢酋长们一样,拥有产自地中海的商品,成为莱茵河北岸"蛮族"首领威望的象征。对待那些不与帝国合作的"蛮族"首领,切断贸易或其他形式的援助,是一个逼迫他们就范的好方法。然而,这类操作也是双刃剑,稍有不慎,就可能成为"蛮族"向边境行省发起进攻的导火索之一。边境不存在一座吊桥,只要把它拉起来,就可以隔绝外部世界的危险。只有持续不断地关注边境,才能维持其安全与稳定。

  同样,罗马人也离不开"蛮族"。"蛮族"入侵的威胁慢慢成了帝国持续存在并维护其统治秩序的理由,"蛮族"本身就是帝国秩序存续的关键。随着高卢在2、3世纪的经济繁荣,从高卢人中招募士兵似乎变得愈发困难。高卢居民曾经需要通过服兵役来获得罗马公民权,然而,3世纪初,这一权利已经在整个帝国内普及,服兵役变得没有必要了。此外,与几个世纪之前的情况不同的是,社会底层如今即使当过兵,也无法获得社会地位和经济保障了。边境之外的"蛮族",长期和帝国打交道,拥有战斗技巧,熟悉罗马军队,成了符合罗马标准的优秀而廉价的新兵。因此,大量讲日耳曼语的移民从莱茵河北岸来到高卢定居,他们很快被罗马化,对罗马军队和帝国的忠诚不亚于帝国内部的人。成为"罗马人"的好处诱惑着他们，就像当年诱惑着高卢人一样。

就这样，罗马人治下的高卢成了"国际化"的新世界的一部分。这是一块"外向型"的土地，它的安全依赖于对其边境的管理以及与边境外异族的关系；与此同时，这里也是一块"内向型"的土地，依赖与其他行省的贸易，依赖有军队参与其中的税收循环，依赖地方行政机构的良好治理和帝国中央政府的关注。在被征服之后，通过接受罗马文化，高卢人获得了更广泛地参与帝国事务的机会。克劳狄一世在卢格杜努姆发表的伟大演说中，授予出身高卢诸省的人进入元老院的资格。这相当于皇帝默认，如果罗马想对高卢进行有效统治，就应当允许高卢人在帝国政府之中发挥作用。帝国要想拥有高卢，就需要让高卢人同样拥有属于他们的那一部分帝国"份额"。

要想让高卢成为一个成功的行省，并一直与帝国保持紧密的联系，以上谈到的那些政策都是必需的。从皇帝们的做法来判断，他们似乎都明白这些政策的重要性，在可能的情况下，都在努力通过这些政策满足高卢人的需求。然而，当帝国所处的内外环境发生恶化，或是中央政府未能履行职能时，高卢人的需求就无法保证了。克劳狄一世吸收高卢人进入元老院的愿望就是被违背的政策之一。正如前文曾提到的，因为赋税过高以及其他一些与皇帝身份不相称的行为，盖乌斯·尤利乌斯·文德克斯（高卢贵族出身的元老院议员，同时也是卢格敦高卢行省的总督）起兵反抗尼禄，这场兵变的余波将帝国带向了公元68—70年的内战，也唤醒了罗马人心中那古老的、对高卢人的恐惧。虽然反抗者声称，推翻尼禄的动机是要保护罗马的传统价值观，但却无法掩盖他高卢人的身份。这场反叛

结语：从一个帝国到一场梦

似乎损害了高卢与罗马的融合，高卢人参与到帝国更广泛的政治事务中的机会变少了。在尼禄倒台后的几十年里，出身高卢的元老院议员变得非常少。相比于在帝国政府中扮演重要角色，更多的高卢人倾向于留在家乡，在本土追求个人荣誉的实现。

高卢与帝国的关系是相互的，疏远也是同步的。从恺撒时起，高卢行省与朱里亚-克劳狄王朝的关系就始终非常紧密，恺撒本人与许多高卢酋长有密切的私人关系，与各个部落之间达成了不同的约定，确保他们的忠诚。奥古斯都曾多次到访高卢诸省，包括公元前16—公元前13年长达三年的访问；提比略对这些行省非常熟悉；卡里古拉在边疆长大，对卢格杜努姆的神庙非常感兴趣；克劳狄一世就出生在高卢。虽然皇帝出现在高卢时，带来的并不总是好处——如卡里古拉在卢格杜努姆纵情声色，但皇帝到访终究体现了高卢的地位。在罗马传统中，庇护者的角色始终非常重要，这一点在罗马社会中体现得淋漓尽致，私人关系在解决问题或达成目标时发挥着重要作用。基于这一点，至高权力的所有者如果能驾临一个行省，那么这里获得的"庇护"将是帝国层面的，不仅行省面对的问题会迎刃而解，还会有大量的财富流向这里。然而，高卢与皇室之间的密切联系在尼禄登上帝位后，开始减弱。随着皇帝不再驾临高卢，原本存在的针对这里的优待和经济红利消失了，这可能也是文德克斯对中央政府针对高卢的税收政策感到不满的原因之一。内战结束后，这种趋势并没有扭转。皇帝们开始把注意力转向莱茵河一线的边境，而高卢——驻军较少，也不存在明显的安全隐患——不再受到重视。

岁月静好时，帝国对高卢的忽视并不是什么严重的问题，不管这种忽视是善意的还是恶意的。然而，一旦赶上多事之秋，其余支撑帝国稳定的支柱也不再稳定时，便是大厦将倾之时。帝国皇位的继承问题是一个从未真正解决的问题。3 世纪中叶，皇帝亚历山大·塞维鲁（Alexander Severus）对待"蛮族"的方式引起麾下军队的不满，最终他于 235 年在莱茵河畔的边境被刺杀，与塞维鲁王朝一同宣告终结的还有原本井然有序的皇位继承规则。与此同时，与萨珊波斯的缠斗让帝国筋疲力尽，无暇西顾，莱茵河和多瑙河一线的防务不可避免地开始松懈，来自两条界河以北的"蛮族"军队频繁侵入高卢，攻击和掠夺罗马-高卢人的城市和定居点。帝国长期以来对高卢的忽视产生的问题开始显现出来。260 年，一位名叫波斯图穆斯（Postumus）的当地罗马军队指挥官在高卢建立了一个割据政权——高卢帝国（the Imperium Galliarum），虽然仅仅持续了 14 年，但在鼎盛时期，高卢的几个行省、不列颠以及日耳曼边境地区都效忠于它。一些现代学者将这个割据政权解释为高卢民族意识觉醒的结果，但事实上，它的行政机构设置完全照搬罗马，皇帝、元老院和执政官一应俱全，如此看来，其背后似乎并没有多少民族情结的支撑。确切地说，政权的建立，体现了一种需求，一种重新拉近与最高权力距离的需求。高卢人渴望能重新获得帝国早期所拥有的那种"特殊地位"，希望重新赢得皇帝的关注，重新拥有一位解决本土问题、关注边境并给予其庇护和慷慨资助的皇帝。割据政权的君主实现了这一愿望，他将宫廷设在了卢格杜努姆和特里尔，将注意力放在了附近的行省。

随着高卢帝国在 274 年覆灭，被称为"三世纪危机"（Third Century Crisis）的不稳定时期结束了。也许正是因为这段时期危机四伏，才导致了勒芒城墙以及遍布高卢的许多其他类似的防御工事的修建。罗马的统一得到了维护，乐观的人们庆祝帝国"重获新生",然而,政府为实现这一点而采取的举措却为之后几十年的问题埋下了伏笔。于283年登上皇帝宝座的戴克里先[①](Diocletian),彻底改变了帝国的政治结构。他与另外三位"同事"共享权力,罗马进入四帝共治(Tetrarchy)的时代,每位皇帝都获得了帝国的一部分。这项改变,从某种角度上看,实际上承认了那些二十多年前支持高卢独立的分裂分子在罗马未来方向的选择是正确的。四位皇帝中,会有一位专门统辖高卢,直接地领导、对边境的密切管理和其他帝国应该发挥的职能,这些都得到了保障。虽然四帝共治并没有以最初的形式延续到4世纪,但帝国已经在事实上分裂为东西两部分。特里尔在4世纪发展为新的帝都,因为其地理位置,高卢和帝国权力中心之间的联系重新变得紧密起来,而这一联系在高卢被征服后只保持了不到一个世纪就中断了。这似乎在某种程度上给高卢注入了新的生命,让奥索尼乌斯及其所在的文化圈子中的人才,重新获得了为帝国贡献力量的机会,他们的存在反过来也在一定程度上让高卢与帝国联系得更加紧密。奥索尼乌斯如此高产,以及其作品能够被保存到今天,本身就是高卢重新沐浴在帝国光辉之中的结果。在3、4世纪之交,罗马的统一得到了维护,然而颇具讽刺意味的是,这份统一是建立在制度性不统一(四帝共治、东西帝国)的前提之下的,皇帝和中央政府认识到,地方是不能被忽视的。

为了使地方长官难以建立挑战皇权的权力基础,戴克里先对整

---

① 戴克里先(244—312):古罗马皇帝,他将罗马帝国从"三世纪危机"中拯救出来,确立了四帝共治制,在经济、军事领域进行了一系列改革,其改革使帝国对境内各地区的控制重新变得强有力。

个帝国的行政机构进行了改革。在此之前，行政官员人数有限，往往一个人要负责很大一片地理区域内的工作，这样一来，权力就集中在少数人手中，并且几乎没有监督。戴克里先改变了这种情况，行省被分割成更小的行政区域，军官和文官的权力被进一步分离，不同官员的权力被限制在了一个特定范围之内。与此同时，监督机制也得到了进一步发展，中央政府通过建立更严格的管理层级，对地方事务进行规范管理。为了实现这一改革，不得不扩充官员队伍的人数，这对像奥索尼乌斯这样受过良好教育的人来说，是一个好消息。此外，军队的规模也有所增加，并进行了结构调整。所有这些改革都需要通过更高的税收来实现，然而，从长远来看，帝国无力支撑这样的税收水平。

　　古老的长途贸易线路从帝国建立之时起就开始蓬勃发展，在3世纪的危机中遭受了打击。虽然帝国在4世纪初恢复了稳定，却没能恢复往日的活力，特别是在经济层面。整个3世纪，罗马的货币一直在贬值——皇位的竞争者们都需要供养一支忠于自己的军队，而在乱世获得财富的唯一办法就是发行更多的货币，导致硬币中的银含量直线下降，最后只能勉强维持硬币的面值。糟糕的"货币政策"拖累了贸易和经济。濒于崩溃的货币体系，让更多的地方选择自给自足的经济模式，繁荣的贸易活动成了明日黄花。在某些地方，货币流通甚至趋于消失，以物易物的原始交易模式重现。货币对经济发展的刺激作用消失殆尽。一些学者认为，在这一时期，原本发源于地中海沿岸的制造技术，开始向帝国的外围区域（内陆）传播。从这个方面看，减弱的不仅仅是在帝国内部进行长途贸易的能力，就连长途贸易的必要性也下降了。

　　不断上涨的税收、新的行政体系以及持续膨胀的军队，给整个社会造成了压力，把高卢逼到了死角。旧公民和商人们的财富被榨取殆尽。贵族不再愿意承担公民的义务——为帝国短缺的税款做出应有的贡献。穷人为了逃避兵役和赋税，选择委身于地方商贾，几乎沦为奴隶。财富越来越集中在少数人手中。过去，富人通过捐款修建公共建筑来展现自己的财富，这种做法被视为一种美德，而如今，这个习惯已经逐渐消失。基督教会的发展为富有的高卢人提供了一条展示实力的新途径，诚然，资助宗教建筑成了一种新趋势，但更多的钱现在被用在私人领域，改善公共生活的美德已经被遗忘。就像几个世纪前罗马共和国灭亡时那样，危机如阴云般开始聚集——越来越多的土地财富落入了少数人的手中。传统的乡间庄园因不合时宜或无力支撑而被废弃。在4世纪和5世纪，一些城镇的规模变得比以往更大，也更富裕，还有一些则拥有了自己的防御工事。中世纪早期社会的痕迹开始显现，历史学家们口中的封建制度也开始萌芽。这一改变的源头甚至可以追溯到罗马人来到高卢之前的社会形态，随着罗马秩序的崩坏，传统的高卢社会被唤醒。不少例子表明，传统不曾被遗忘，只是休眠了，比如，"封臣"一词便是为数不多的存活到中世纪和现代的凯尔特词语之一。在某些方面，在古代高卢和中世纪高卢之间，古罗马时代更像是一首插曲。

所有这些趋势的结果，可以从勒芒和其他帝国晚期的高卢城镇的城墙上找到一抹痕迹。古老的公民生活显得与现实格格不入，再也没有几个世纪前那么不可或缺了。那些在帝国初期非常重要的荣誉标志被认为不再重要——伟大的公共工程被拆除，贵族们古老的纪念碑被拆除，它们沦为勒芒和其他地方新修的城墙、堡垒的建筑材料。另一个标志是，在3世纪之后，越来越少的祭司或地方官，会把自己的光荣事迹刻在石碑上，对那些有幸积累了大量财富或在帝国政府拥有一官半职的人来说，展示荣誉的方式变得比几个世纪之前更加私密了——只局限在上流社会的封闭圈子里，谁拥有更宏伟奢华的别墅，谁拥有更华丽优美的文学创作。这也许可以解释，为什么如此多的这一时期的文学作品流传下来，上层社会的人忙于通过文学证明自己的优越性以及高人一等的合理性。高卢社会绷得像弦一样紧，任何对其现状的挑战，最终都会对帝国的统一产生比"三世纪危机"更负面的影响。

允许哥特人迁入帝国内部，以士兵和农民的身份定居下来的决定导致了这样的后果——376年，不合理的政策逼迫哥特人发起了反抗，最终在阿德里安堡之战［战斗发生的地点在今天色雷斯（Thrace）东部的埃迪尔内（Edirne）附近］中达到高潮。因为指挥不当，大约有20 000名罗马士兵阵亡，几乎占到参加这场战役的军队人数的三分之二，东罗马皇帝瓦伦斯（Valens）战败被杀。虽然战役失败的直接后果得到了快速而有效的控制，但如此重大的损失还是给莱茵河西部边境造成了严重的负面影响。当时帝国的权力重心在东方，那里比西方更富裕，人口也更多。在阿德里安堡遭受如此巨大的损失后，为了恢复在西方的力量，东罗马的皇帝们在边境的日耳曼诸省建立了一些防御设施。而西罗马的军事力量严重缩水，几乎无力继续作为一支独立的军事力量发挥作用。特里尔也在4世纪末失去了帝国首都的地位，此后，阿尔勒暂时发挥了一段时间首都的作用。

因为无力依靠本身的军事力量继续维持帝国西部边境的安全，罗马人只能选择依靠与之结盟的"蛮族"军队，这些人没有被正式编入罗马军队，而是彼此独立地在各自首领的麾下作战。对风雨飘摇的帝国来说，这种方法的优点是可以节省一大笔军费，大到足以

结语：从一个帝国到一场梦

令帝国政府宁可承担这种做法带来的风险。成批的"蛮族"迁入高卢定居，成为帝国所倚靠的雇佣军。事实上，帝国西部的军队已经"蛮族化"，士兵们身着从边境之外带来的各色服装，甚至以"蛮族"部落的名字命名自己的部队，而在罗马人眼中，这些部落最出名的就是他们的残暴。罗马高级军官的作用变得越来越重要，因为只有他们才能维持中央政府与地方"蛮族"部队之间微弱的联系。然而，当情况发展到这步田地时，也意味着，帝国曾经用来驾驭边民的那套传统手段已经寿终正寝。

4世纪末，争夺皇位的冲突再次席卷帝国，让情况雪上加霜。383年，皇帝格拉提安死于反叛将领马克西穆斯之手。狄奥多西一世（他是最后一位统治东西罗马全境的皇帝）于388年击败马克西穆斯，成为在内战中笑到了最后的人。但内战的过程进一步削弱了帝国在西方的军事力量：马克西穆斯在不列颠起兵，为了争夺帝位，将大量罗马军队从不列颠调回欧洲大陆[①]；而觊觎帝位的各方势力都会在军队中吸收"蛮族"部队，这样的行为进一步助长了"蛮族"部落在高卢诸省的势力。

今天的我们很容易在脑海中把西罗马帝国的毁灭想象成一幅颇具戏剧性的画面——406年，一支庞大的"蛮族"军队越过莱茵河，向帝国腹地席卷而来，这是一个灾难性的时刻，预示着罗马在西方的终结。一群"邪恶的"外来者，攻破帝国的城墙与堡垒，掠夺并摧毁了一个耗费几个世纪的时间建立起来的珍贵而复杂的文明。然而，与想象不同，西罗马的衰落并不是一场迅速而残酷的崩

---

① 一些早期的学者认为，马克西穆斯于383年将部队调离不列颠，就是罗马对不列颠统治结束的标志，而不是传统观点认为的410年。——作者注

溃，而是一段持续的、杂乱的瓦解。随着意大利本土的防御和福利受到越来越多的重视，帝国切断了与高卢贵族之间的联系，这些高卢-罗马人如今不得不与"蛮族"首领打交道，因为后者既是高卢实际上的"守护者"，又对它构成威胁。当5世纪过去四分之一时，卢瓦尔河以北的地区似乎已经脱离了罗马中央政府的控制。西哥特人于406年进入帝国，实际人数可能并不是很多。接着，在418年，他们被安置在阿基坦地区并获得了自治地位，条件是他们承诺为帝国的安全而战。西哥特人可能作为罗马的同盟者而获得了一些土地，也可能取得了征收土地税的权力。不少其他"蛮族"部落以同样的方式在高卢定居下来。到了5世纪中叶，当罗马将领弗拉维乌斯·埃提乌斯[1]（Flavius Aetius）保卫高卢免受阿提拉率领的匈人入侵时，他所倚靠的就是一支由"蛮族"军队组成的联盟。在451年的沙隆战役（the Battle of Châlons）中，埃提乌斯与西哥特国王狄奥多里克（Theodoric）并肩战斗，然而，当他们成功消除阿提拉的威胁后，昔日的同盟关系也走向了终结。缺乏统一的敌人反而损害了两人的团结。帝国内部的政治纷争也从未停歇，尽管埃提乌斯成功地从匈人的手中挽救了帝国，但并没有赢得皇帝瓦伦丁尼安三世[2]（Valentinian Ⅲ）的信任，因为他曾经支持皇帝的政敌约安尼斯[3]（Joannes），瓦伦丁尼安三世始终对此耿耿于怀。此外，皇帝还担心这位声望日隆的将领想把自己的儿子推上皇位。最终，瓦伦丁尼安三世暗杀了埃提乌斯。随着帝国朝廷与高卢的地理距离

---

[1] 弗拉维乌斯·埃提乌斯（396—454）：西罗马帝国末期将领，阻止了匈人对帝国的进一步入侵。
[2] 瓦伦丁尼安三世（419—455）：西罗马帝国末期皇帝。
[3] 约安尼斯（？—435）：西罗马帝国末期皇帝。

越来越远，内部的政治倾轧愈演愈烈，高卢的"蛮族"首领和本土贵族不再需要从帝国中央政府获得合法性或支持，以自己的名义而不是以罗马的名义进行统治变成了一个可行的选项。"蛮族"政权——如法兰克王国和西哥特王国——开始在罗马高卢的基础上发展起来。

这是一段充满暴力的过渡时期。罗马末期的高卢充斥着混乱和压力，从这个角度来看，"蛮族"王国的建立反而帮助这片土地恢复了一些秩序。5世纪中叶，来自马赛的牧师萨尔维安（Salvian）生动地描绘了一个支离破碎的高卢社会，罗马贵族利用他们的地位无情地压榨穷人："寡妇在叹息，孤儿被践踏，就连出身良好、受过教育的人，都愿意向敌人寻求庇护，以摆脱帝国内部的黑暗。他们试图从'蛮族'那里获得传统的罗马式仁慈，而在帝国政府那里，这份仁慈早已被野蛮无情取代。"政府的作用变得越来越弱，遭受苦难的高卢-罗马公民被迫联合起来自卫，他们想继续保持帝国的秩序，却被帝国政府贴上了"bagaudae"（凯尔特语，意为强盗）或"野蛮人"的标签。

5—6世纪爆发的大部分暴力冲突，都是"蛮族"各部落之间为了争夺领土而进行的争斗，而不是对高卢-罗马人和罗马文化的肆意攻击。事实上，为了更好地治理新征服的领土，"蛮族"领袖们反而需要吸收罗马和拉丁文化，他们需要这些来推动地方政府的正常运转，在几个世纪的时间里，这里的地方政府一直在使用拉丁语办公。这也是为什么"蛮族"首领颁布新法规时会使用拉丁文，同时还会直接借鉴帝国过去的法律体系。他们选择尊重在罗马帝国时期形成的天主教会的制度、权利和传统。此外，他们都希望把自己塑造成罗马皇帝式的统治者。

希多尼乌斯留下的文字将"蛮族"酋长们的这种心态刻画得淋漓尽致。475年,罗马人将克莱蒙(Clermont)拱手让予西哥特国王尤里克①(Euric),以换取后者不会进一步向高卢最南端地区(靠近意大利)拓展势力的承诺。希多尼乌斯一直致力于在高卢南部维护帝国的秩序和保护罗马的文化,帝国如此轻易地放弃克莱蒙让他倍感痛苦。虽然如此,他还是选择与新建立的"蛮族"政权合作,希望借此"驯服"这些"野蛮人"。他曾在自己的一首诗(大约写于461年)中,透露出对"蛮族"的厌恶,他不得不忍受与身边的勃艮第人一起生活,忍受他们那带有日耳曼口音的语言,忍受他们"在头发上涂抹黄油"的习俗,忍受他们吃完多达十道菜的早餐后,嘴里散发出来的大蒜和洋葱的气味。然而,在475年后,他把这份浮夸的厌恶抛诸脑后。虽然在克莱蒙刚刚被帝国抛弃时,他发起过对西哥特人的抵抗,并因此入狱,但很快他就转而赞美西哥特国王,用手中的笔赢得新政权的青睐。他使用了最具罗马特色的维吉尔和贺拉斯的语言,用田园诗赞美这个将自己的家乡从罗马人手中夺走的"蛮族"国王:"提提鲁斯②(Tityrus),你的土地重新归于你,穿过桃金娘树林,你弹奏起了手中的竖琴……尤里克,你麾下的强大战士,驻守在加龙河河畔,护卫着衰落的台伯河……"

500年前,罗马人会使用类似的辞藻赞美奥古斯都,而如今的尤里克对这一套也很受用,他愉快地允许希多尼乌斯返回自己的家乡。这一切可能坚定了希多尼乌斯的信念——虽然罗马的物质世界

---

① 尤里克(420—484):西哥特国王。在内战中,他击败了几位西哥特人首领,成为真正统一的西哥特王国的第一个统治者。同时,他也是首位宣布独立于罗马帝国的西哥特国王。在位期间,他将西哥特人的势力扩展到伊比利亚半岛。

② 提提鲁斯:维吉尔的代表性作品《牧歌》中的人物。

已然崩塌，留下的空间被"蛮族"攫取，但仍有一些有价值的东西被保留了下来，让他这样的人不仅仅拥有贵族的身份，还保有作为罗马人的最后一点认同感，那些被保留下来的"东西"就是罗马的文学和文化。帝国的行政机构正在不断衰弱，财富流失，传统被遗忘，但只要文化没有完全丧失，那份正在消减的认同感就可以继续维持。在写给他堂兄弟的信中，希多尼乌斯谈道："我们精神上的联系来自我们所共同接受的教育。"正因为如此，当帝国日渐式微之时，希多尼乌斯对传统文学的依恋反而越发深沉。"因为帝国的荣誉与官职体系已经被损坏，所以原本我们所倚仗的、可以区分优秀与卑劣之人的标准，如今只剩下文学了，从今往后，它将是评判一个人是否出身高贵的唯一标志。"罗马对高卢的统治已经逝去，但帝国的理想依然留存在它的文化中，曾经，这份理想随着帝国的扩张遍布欧洲。如今，任何人都可以成为精神上的罗马人，只要他仍然保有对罗马文学的热爱，仍然保有对拉丁诗歌和文化的追求。

试图从历史中寻找对当代生活有价值的指引，看上去像是一种徒劳无功的冒险。原因在于，在许多方面，古代世界和当代社会都有很大的不同，诸如人身安全的保障、丰富的食物供应、获得教育和信息的机会、交通的便利程度。所以，不要说是在历史中寻找指引，即使只是简单地把古今做比较，也很容易误入歧途。然而，当今天的欧盟正在努力巩固欧洲的政治统一——在某种程度上罗马人也做过这样的尝试——时，在面对持续性的经济问题和移民问题时，几乎任何一个欧洲人都会无法自主地想到古罗马的例子，它曾经在如此漫长的时间（大约 500 年）里，成功地实现了欧洲的统一。面对与罗马帝国类似的困境时，如今的欧洲恐怕会迅速分裂。

用今天大多数人的视角来看，罗马人征服高卢并将其纳入帝国的行为，是令人深感厌恶的。首先，征服的过程充满极端的暴力和苦难；其次，这种吞并并不是什么宏伟愿景的产物，而是政治上的权宜之计，源自罗马人对外来"野蛮人"的深层恐惧。不断强调"蛮族"的危险、暴虐和堕落，不过是罗马人试图证明征服高卢这一行为合法性的说辞。这一套说辞由来已久，最早可以追溯到恺撒的时代之前，而帝国在 5 世纪陨落之后，这样的说辞如同不愿离去的幽灵，仍然久久萦绕在史书之中。事实上，在某种程度上，正是这种视他者为"野蛮人"的思维，维持着罗马人自视为"文明代表"的意识。然而，罗马人的行为总是比他们口中的说辞来得务实和合理。帝国的边境并不是密不透风的坚壁，反而是一片融合之所。维持帝国靠的不是将"蛮族"拒之门外，反而是与后者持续不断地接触，了解他们的情况，与他们进行贸易，支持那些与帝国站在一起的部落，允许他们作为移民进入帝国、加入军队、在政府机构中任职。一种观点认为，"蛮族"并不想推翻帝国或破坏其文化，如果有机会融入罗马社会之中，他们会变得忠诚，甚至愿意拿起武器帮助帝国抵御边境之外那些"更不开化"的敌人。只有当政府无法妥善处理与他们的关系时，或者当他们被当作政治筹码或内战中的炮灰时，他们对帝国的威胁才显现出来。

尽管恺撒征服高卢的过程是血腥的，但当这里成为罗马的一部分之后，高卢人，尤其是身处社会上层的贵族，反而愉快地接受了现状。罗马人的统治无疑迅速和普遍地提高了他们的生活质量、社会稳定度和人口流动的水平。这片土地拥有了一个高效、管理成本低廉的政府，经济也得到了发展。来自社会不同阶层的高卢人都有机会参与到帝国事务中来，他们有机会成为总督、议员、律师、商人或士兵。在最好的时期，高卢沐浴在帝国的光芒之下，几位皇帝与个别高卢城市之间拥有密切联系，对这里颇为照拂。总而言之，帝国改变了高卢的面貌，城镇和定居点建立起来，道路、水渠、乡间别墅，罗马特色的事物随处可见。其中一些城镇一直延续至今，发展为法国的重要城市。尽管恺撒的征服对早期的高卢文化和生活方式造成了可怕的损害，但罗马人的到来某种意义上说对这里还是利大于弊的。

除了肉眼可见的变化，文化的引入才是罗马人取得的最大成果。相对于一般民众，罗马社会对高卢贵族的接纳程度更高，允许他们参与帝国的行政和决策，这样可以有效地获得他们的忠诚。同时，这还与高卢古老而传统的荣誉体系很好地结合起来，让高卢贵族找到了获得荣誉感的新途径。在罗马人眼中，文化同化帮助高卢人从"蛮族"转变为"文明世界"的一员。在信仰方面，对罗马诸神的崇拜与对女神塞奎娜的崇拜并不冲突，将当地的神祇纳入罗马的神话体系，也是同化的一部分。

今天的欧洲，如果能够重新发现并使用古罗马吸纳高卢人时采取的实用主义方法，如果拥有权力的政客能够像皇帝克劳狄一世一样亲近民众，如果能够采取有效措施保证贸易的繁荣，如果能够产生一种令人着迷且有共性的文化，就像让希多尼乌斯为之沉醉的古罗马文化一样；那么，也许，欧洲还有机会在不流血的情况下，再次拥有古罗马的荣耀。

描绘俄耳甫斯弹奏七弦琴的镶嵌画,圣罗曼-恩加尔,2世纪。

文献综述

关于结合语境合理使用"高卢人""凯尔特人"等名词的困难性的讨论，参见 *The Celts*，Collis, pp. 98 ff。

对于那些希望参观古罗马时代高卢遗址的读者，强烈推荐 James Bromwich 的两本旅行指南：*The Roman Remains of Brittany, Normandy and the Loire Valley* 和 *The Roman Remains of Southern France*。

第一章

关于福西亚人的航海天赋，Herodotus 在 *The Persian Wars*，

1.163 中有所记述，Strabo 在 *Geography*，6.6.1 中则记述了他们在公元前 6 世纪的迁徙。Pliny 在 *Natural History*，3.5 中，也有所提及。关于马萨利亚的建立，资料来自 Justinus 在 *Epitome*，53.4 ff 中记录的 Trogus 的研究，以及 Athenaeus 在 The *Deipnosophists*，13.36 中记录的 Aristotle 的研究。更多的细节则来自 Strabo 的 *Geography*，4。如果读者想了解古罗马时代前，高卢的凯尔特人社会，推荐参考 Cunliffe 的 *The Ancient Celts*。关于罗马征服前，古希腊人和高卢人之间的贸易和文化交流，参见 King 的 *Roman Gaul*，Ch.1 和 Rankin 的 *Celts and the Classical World*，Ch.2，以及 Ebel 的 *Transalpine Gaul*。关于古罗马人和古希腊人对高卢人的看法，参见 Rankin 的 *Celts and the Classical World*，Ch.4、Ch.6，其中有引自 Posidonius 的文字。关于高卢人向意大利的迁移和对罗马的攻击，参见 Livy 的 *The History of Rome*，5.34ff 和 Polybius 的 *Histories*，2.14ff，以及 Cunliffe 的 *Ancient Celts*，Ch.4。King 在 *Roman Gaul*，Ch.2 开头，对公元前 3 世纪到公元前 1 世纪，古罗马人和高卢人之间关系的叙述，非常简洁而有用。古罗马人应马萨利亚人邀请进入山北高卢的情况，在 Livy 的 *Periochae*，60-1、Florus 1.3.17、Strabo 4.1、Diodorus 34.23，Pliny 的 *Natural History*，3.36，以及 Appian 的 *Gallica*，1.5 中有记载，还可参见 Ebel 和 King 的 "Conquest of Eastern Transalpina"，34-42。马略的军事行动主要在 Plutarch 的 *Life of Gaius Marius* 中有记载，在 Livy 的 *Periochae*，66-67 中也有提及。Headlam 和 Durrell 都生动地描写了马略和他指挥的战役，但 Headlam 提出的关于马略行军细节的一些观点存在争议。

文献综述

第二章

  描写恺撒生平及其政治生涯的传记有很多。在我看来，Goldsworthy 的作品是目前为止最好的一本，既详细，可读性又强。Garland 为读者提供了一部简洁而有用的小传。对恺撒生活时期的罗马历史，以及共和国的衰落的叙述，参见 Scullard 的作品。Suetonius 在他的 *The Life of the Divine Caesar* 中，收录了不少关于恺撒如何一步步走向权力巅峰的逸事。关于罗马征服后，山北高卢的情况，参见 Ebel 著作的相关章节，Rankin 的 *Celts and the Classical World*，Ch. 6，以及 Cicero 的 *Pro Fonteio*。

  恺撒在 *Commentaries*，1.2 – 29 中叙述了他与赫尔维蒂人之间的战争。Rice Holmes 在 *Caesar's Conquest of Gaul* 中详细地描述了关于恺撒与高卢人在这一时期的军事行动的学术讨论，尽管这本书的年代久远，但仍是非常有用的参考资料。Michael Sage 的 *Roman Conquests：Gaul* 是一本非常有用的关于高卢征服的现代著作，重点关注了军事方面。E. W. Murray 的文章 "Caesar's Fortifications on the Rhône" 讨论了赫尔维蒂人的行军方向，以及他们保卫罗讷河南岸的行动。Water Dennison 的文章描述了他在 20 世纪初参观蒙特莫特村古战场的经历。Riggsby 的 *Caesar in Gaul and Rome* 从文学层面讨论了恺撒的 *Commentaries* 及其影响。在这方面，Osgood 的文章 "The Pen and the Sword：Writing and Conquest in Caesar's Gaul" 也很有价值。恺撒对抗阿里奥维斯塔斯的战斗记录在 *Commentaries*，1.30 – 53 中。

第三章

恺撒在公元前 57 年到公元前 54 年的军事行动在 *Commentaries*, Books 2–5 中有所记载；公元前 53 年的叛乱以处决艾柯告终，在 Book 6 中有所描述，另可参见 King, pp. 42–61。Lewuillon 为日尔戈维亚撰写的指南提供了一份非常有用的考古文献，提供了该遗址的更多信息，同时，还介绍了它在后世文学作品中的形象。Graham Robb 在 *Discovery of France* 中讨论了日尔戈维亚名字的由来（p. 304）。Luciano Canfora 在 *Julius Caesar: The Life and Times of the People's Dictator* 的 Ch. 15 中探讨了，从现代的批判视角出发，恺撒征服高卢的军事行动所具有的破坏性。

恺撒在他的 *Commentaries*, Books 7 中描述了与维钦托利的战斗。Goudineau 试图在他的 *Le Dossier Vercingétorix*, pp. 267–445 中，提供关于这一历史事件的内容和考古证据，同时尝试构建尽可能完整的维钦托利的传记。关于阿莱西亚的历史及其在后世法国历史和文学作品中被提及的情况，可以参考 Büchsenschütz 和 Schnapp 标志性的作品 *Les Lieux de mémoire*。关于维钦托利的内容，我推荐 André Simon 的 *Vercingétorix et l'idéologie française*，以及 Goudineau 的 *Le dossier Vercingétorix* 的第一部分。同样具有价值的是 Collis 的 *The Celts*, Ch. 9, 以及他最新的文章 "The Role of Alésia, Bibracte and Gergovia in the Mythology of the French State"；Laure Boulerie 最近的博士论文 *Le Romantisme français et l'antiquité romaine*；Annie Jourdan 的 "The Image of Gaul during the French Revolution: Between Charlemagne and

Ossian"。Maria Wyke 在她的作品中聚焦恺撒对高卢文化领域的影响，*Caesar, a Life in Western Culture*，Ch. 3。Mary Beard 在一篇短文中，介绍了阿斯特里克斯（Asterix）的受欢迎程度，*Confronting the Classics*，Ch. 31。此外，关于后世法国君主和皇帝对于恺撒和古典时代的追捧，我推荐阅读 Rowell 的 *Paris: The New Rome of Napoleon* Ⅰ。

第四章

恺撒对不列颠的远征在他的 *Commentaries* 中有所记载，Book 4.20 - 36 记载了公元前 55 年的入侵，Book 5.1 - 23 记载了公元前 54 年的入侵。Rice Holmes 的重要作品 *Great Britain and the Invasions of Julius Caesar* 与他的关于高卢的著作写作时间接近，这是一本关于恺撒征讨不列颠的具体地点和实际情况的学术论著，并且有一些辅助性的细节。Salway, Ch. 2 包含了两次进攻不列颠及其政治影响和恺撒的动机的内容。关于恺撒远征不列颠所带来的长期文化影响，我推荐 Homer Nearing 的两篇文章，"Local Caesar Traditions in Britain" 和 "The Legend of Julius Caesar's British Conquest"。关于恺撒在日耳曼地区的一些传说的概述，参见 Scales, pp. 309ff。关于远征不列颠可能带来的政治影响的讨论，参见 Webster 的 *The Roman Invasion of Britain*，Ch. 2，而关于罗马人入侵对当地凯尔特人的影响，参见 Laing, Ch. 2。Cottrell 在 *Seeing Roman Britain* 中提到了不列颠本土那些可能与恺撒存在联系的地点。Charlotte Higgins 在 *Under Another Sky* 中，从恺撒可能登陆的迪尔港开始了对罗马时代不列颠的调查，对涵盖内容更加广泛的研究来说，这本书提供了一个很好的背景介绍。

第五章

Roth 撰写的格拉诺姆指南，对在那里发现的建筑遗迹提供了进一步的描述，Headlam 的作品同样如此，但他把这些遗迹视作恺撒为纪念马略而修建的，这种观点并不被普遍接受。关于格拉诺姆，参见 King, pp. 68 - 70。从公元前 50 年恺撒离开后，一直到帝国建立早期，罗马对高卢的控制以及罗马行政体系的发展，参见 Drinkwater 的 *Roman Gaul*, Ch. 1 - 2, 5。Brogan, Ch. 2 中的叙述同样具有价值。Goudineau 在 *Cambridge Ancient History* 中的文章对我尤其有帮助。Fernand Braudel 在 *The Identity of France*, Vol. 2, pp. 60 - 83 中对罗马政府的影响做了全面的描述。对于高卢这个难以界定的地理概念，我非常感谢 David Kovacs 教授，我读过他的一篇未发表的论文，并和他就这个话题进行了有益的讨论。关于德鲁伊，参见 Ellis 的作品。关于李锡尼，参见 Cassius Dio, 54.21ff。关于卡里古拉在里昂的事迹，参见 Cassius Dio, 59.21ff。Christopherson 的文章 "The Provincial Assembly of the Three Gauls in the Julio - Claudian Period" 讨论了里昂的帝国祭坛，Drinkwater 在 *Roman Gaul*, pp. 114 - 117 中也讨论了这个话题。Drinkwater 的文章 "A Note on Local Careers in the Three Gauls under the Early Empire" 和 "The Rise and Fall of the Gallic Julii" 讨论了高卢的贵族阶层和这一时期高卢新出现的城镇的情况。MacMullen 的 *Romanisation in the Time of Augustus* 对这一时期罗马给高卢带来的文化影响进行了讨论。

Woolf 的文章"Beyond Romans and Natives"和著作 *Becoming Roman：The Origins of Provincial Civilisation in Gaul* 专门关注了文化认同感的问题。由 Blagg 和 Millett 主编的 *The Early Roman Empire in the West* 有专门关注高卢罗马化的章节。

第六章

关于阿尔勒的历史，以及它在文学作品中的地位，Headlam 在作品中做了概述。罗马内战期间，阿尔勒和马萨利亚的冲突在 Caesar 的 *Civil War*，1.34ff 中有所描述。Brogan，Ch.4 对高卢城镇中的罗马纪念碑进行了总结，并对这一时期的城镇化进行了描述。最近出版的关于阿尔勒的完整历史的作品是 Eric Teyssier 的 *Arles La Romaine*。在 Bomgardner 的 *The Story of the Roman Amphitheatre* 中，可以找到关于罗马圆形竞技场的有用信息。物质文化的发展在 MacMullen，Ch.4 中有所讨论。Goodman 在 *The Roman City and its Periphery* 一书中，讨论了阿尔勒及其郊区在罗马时代的发展。关于韦松，Goudineau 撰写的考古游记是一本很好的入门读物。关于城镇生活的发展，参见 King，Ch.3 和 Drinkwater，*Roman Gaul*，Ch.7。

第七章

关于罗马时代高卢地区田园生活的介绍，可以在 Drinkwater，*Roman Gaul*，Ch.8，King，Ch.4 和 Brogan，Ch.6 中找到。奥朗日地籍地图的详细资料可在以下文章中找到：Martine Assénat,

"Le cadastre colonial d'Orange" 和 André Chastagnol，"Les cadastres de la colonie romaine d'Orange"。关于罗马的疆域，参见 Cheyette 的具有启发性的文章。关于乡村手工业和农产品的描述，参见 Coulon，*Les Gallo-Romains*。关于巴贝加水渠的内容，参见 King, pp. 100–101。关于乡间别墅的描述，参见 Ausonius 的 Moselle, ln. 298ff。希多尼乌斯写给多米蒂乌斯的信收录在他的书信集的 1.2。老普林尼关于高卢小麦的记载，参见 *Natural History*, 18.12。关于在高卢地区使用的农用器械的讨论，参见 Palladius, 7.2。关于高卢葡萄酒的文献，参见 Pliny 的 *Natural History*, 14.18，26，57，67。马提亚尔的诗歌，参见 Munna, 10.36。

第八章

Sabine Barling-Goud 在 *In Troubador*，Ch.6 中写到阿利斯康墓地，还原了该墓地在 19 世纪的状况。在一些地区性的博物馆中可以看到这类墓碑，在许多拉丁碑文汇编书籍中也能找到，在 *Corpus Inscriptionum Latinarum* 的参考书目中提到了这些书。Maureen Carroll 的 *Spirits of the Dead* 也是一本可以参考的不错的书。关于罗马时代高卢地区的制造工艺和贸易情况，参见 King 的 *Roman Gaul*，Ch.5，Ch.9 和 Coulon 的 *Les Gallo-Romains*。Nicholas Tran 的作品中的 "The Social Organisation of Commerce and Crafts in Ancient Arles" 这一章，同样为我提供了帮助。

第九章

Haarhoff 的 *Schools of Gaul* 为读者了解罗马时代高卢的教育情况提供了一个很好的起点，而 Marrou 的 *A History of Education in Antiquity* 则在古典时代的大背景下，提供了对于高卢教育的更有深度的研究。朱利叶斯·阿格里科拉描述的罗马在不列颠推行教育的情况，出自 Tacitus, *Agricola*, 21。关于罗马人对欧坦的建设，参见 Alain Rebourg 的文章 "L'urbanisme d'Augustodunum（Autun, Saône-et-Loire）"。有关希腊镶嵌画的一些细节，参见 Michèle Blanchard-Lemée 和 Alain Blanchard 的 "Épicure dans une anthologie sur mosaïque à Autun"。欧米纽斯关于重建学校的演讲，有英语和拉丁语文本，可在 E. V. Nixon 主编的 *In Praise of Later Roman Emperors*：*The Panegyrici Latini* 中找到。尤维纳利斯对于高卢演说家的看法，参见 *Satires*, 7.148, 15.111。马提亚尔关于维埃纳的作品，参见 *Epigram*, 7.88，而有关纳博讷和图卢兹的内容，参见 *Epigrams*, 8.72, 9.99。小普林尼关于自己的作品能够在卢格杜努姆买到的描述，参见 *Epistle*, 9.11。对奥索尼乌斯的介绍可以在 Raby 的 *Secular Latin Poetry*, Ch. 2 中找到，这本书中还有对于这一时期高卢作家的更广泛的讨论。还有一些关于奥索尼乌斯作品的最新研究，包括 Harold Isbell 在 *Latin Literature of the Fourth Century* 中的文章和 Kay 的 *Ausonius, Epigrams*，这部作品中的注释文本为那些想要研究奥索尼乌斯原著的人提供了一个很好的起点。奥索尼乌斯写给妻子的诗收录在了 Kay 的作品中，Deborah Warren 在 2017 年出版的英译注释本中，也收录了这些诗。

第十章

在 King，Ch. 6 和 Miranda Green，*The Gods of the Celts* 中都可以找到关于古罗马时代高卢地区宗教情况的很好介绍。King 还在 Blagg 和 Millett 主编的 *The Early Roman Empire in the West* 中，贡献了一章内容"The Emergence of Romano-Celtic Religion"。关于塞纳河源头的更多细节，参见 Anne-Marie Romeuf 的"Les ex-voto en bois de Chamalières（Puy-de-Dome）et des Sources de la Seine（Côte-d'or）：essai de comparaison"。Ton Derks 的 *Gods, Temples, and Ritual Practices* 是一部近期出版的作品，重点介绍了高卢北方的情况。关于维埃纳的库柏勒神殿，参见 André Pelletier 的文章"Les Fouilles Du 'Temple De Cybèle' A Vienne"和 Charles Picard 的文章"Le théâtre des mystères de Cybèle-Attis à Vienne"。关于库柏勒的铭文可以在 *Corpus Cultus Cybelae Attidisque*，Vol. 5 中找到，关于库柏勒信仰的进一步信息可以在 *Cybele and Attis* 中关于高卢的 Ch. 6 中找到。关于基督教在高卢的发展，Peter Brown 的两部著作 *The World of Late Antiquity* 和 *The Rise of Western Christendom* 中都有很好的描述。关于高卢地区基督教信仰兴起时期的遗址，参见 Jean Guyon 和 Anne Jégouzo，*Les premiers chrétiens en Provence*。描写发生在里昂的宗教迫害事件的信件，出现在 Eusebius，*History of the Church*，5.1 中。Thompson, J. F. 的"The Alleged Persecution of the Christians at Lyons in 177"对这起事件发生的时间提出了质疑。关于"异端"的内容出现在 Irenaeus 的 *Against heresies*，1.13ff。关于图尔的圣马丁，

参见 Sulpicius Severus 提供的原始资料。一本颇具参考价值的图尔的圣马丁的传记，出自现代作家 Donaldson 之手：*Martin of Tours*。Van Dam, *Leadership and Community in Late Antique Gaul* 中包括了对于高卢社会基督教化的讨论，特别关注了贵族的情况。希多尼乌斯写给卢普斯的信，参见他的书信集 9.11。Mathisen 的 *Roman Aristocrats* 对高卢贵族在天主教会中扮演的角色有很好的概述。Klingshirn 的 *Caesarius of Arles* 中不仅包含关于阿尔勒的凯撒利乌斯的内容，还包含对高卢贵族的介绍。基督教对阿尔勒的建筑风格的影响在 Loseby 的 "Arles in Late Antiquity" 中有介绍。关于保利努斯，参见 Trout 的 *Paulinus of Nola*，以及 Raby 和 Waddell 的作品则对保利努斯和奥索尼乌斯之间著名的信件往来有所记述。

结　语

近年来，关于罗马帝国衰亡的学术文献在数量和质量上都有了显著提高。想要了解这方面的内容，阅读 Rollaston 的 *Early Medieval Europe* 相关章节是最好的选择，这本书很好地概述了目前围绕罗马帝国衰亡的学术讨论。*Introduction to Early Medieval Europe* 是关于这个领域的一本很有价值的教材。认为罗马帝国是由于其内在缺陷而衰落的观点（吉本所持的观点）主要见于 A. H. M. Jones 的作品。Peter Heather 持有不同的看法，他指出西罗马的崩溃是由于"蛮族"的压倒性进攻耗尽了帝国维持抵抗的力量。他还认为，帝国在 5 世纪的大部分时间里都处于强大的状态，而接连不断的厄运也对西罗马的崩溃产生了影响。他承认，帝国灭亡后，原罗马领土的范围内，文化上出现了某种程度上的延续性，但也指出，这些地方还是出现了秩序的崩溃，以及接踵而至的衰落。在研究者中，Ward-Perkins 最为尖锐地强调，5 世纪的西欧经历了一段大灾难时期。而其他的历史学家，如 Goffart，坚持认为 5 世纪的帝国经历了一个"可控制的撤退时期"，逐渐从西方撤离，而"蛮族"在帝国内部的定居在很大程度上也是一个有管理的和有意为之的过程。Guy Halsall 认为，真正导致西罗马崩溃的原因，不是"蛮族"迁入帝国，而是帝国政府权威的消失。Chris Wickham 在他的具有深远价值的作品 *Framing the Early Middle Ages* 和 *The Inheritance of Rome* 中，描绘了西欧从 5 世纪开始的对古罗马传统的延续。Braudel 在其著作的第 2 卷也对这一过程进行了讨论。同样值得一读的还有 Cameron 的 *The Later Roman Empire*，Goldsworthy 的 *The Fall of the West and Grant* 和 Cameron 的 *The Fall of the Roman Empire*。关于罗马帝国晚期高卢情况的内容，参见 Drinkwater 和 Elton 的 *Fifth-Century Gaul*。关于高卢帝国，参见 Drinkwater 的 *The Gallic Empire*。

参考文献

PRIMARY SOURCES

Ammianus Marcellinus, *History*, (tr. J. C. Rolfe), Loeb Classical Library, 2005

Appian, *Roman History*, (tr. Horace White), 4 vols, Loeb Classical Library, 1913

Athenaeus, *The Learned Banqueters*, (tr. S. Douglas Olson), 8 vols, Loeb Classical Library, 2012

Ausonius, *Epigrams*, (ed. N. M. Kay), Bloomsbury Academic, 2001

Ausonius, *Works, with Paulinus of Pella's Eucharisticus*, (tr. Hugh G. Evelyn White), 2 vols, Loeb Classical Library, 1961

Ausonius, *Moselle, Epigrams and Other Poems* (Routledge Later Latin Poetry) (tr. Deborah Warren), Routledge, 2017

Cassius Dio, *Roman History*, Vol. 3, (tr. Earnest Cary), Loeb Classical Library, 1914

Chronicle of St Martin of Dover, Cotton MS Vespasian B XI, ff. 72–79, British Library; see also notes in T. D. Hardy, *Descriptive Catalogue of Materials Relating to the History of Great Britain and Ireland* (Rolls Ser.), II, 263.

Cicero, *Letters to Atticus*, (tr. D. R. Shackleton Bailey), Loeb Classical Library, 1999

Cicero, *Pro Fonteio*, (tr. N. H. Watts), Loeb Classical Library, 1953

Corpus Cultus Cybelae Attidisque, Vol. 5 (*Aegyptus, Africa, Hispania, Gallia et Britannia*), (ed. M. J. Vermaseren), Brill, 1986

Corpus Inscriptionum Latinarum, Vol. 12 (*Inscriptiones Galliae Narbonensis Latinae*, (ed O. Hirschfeld), Vol. 13 (*Inscriptiones trium Galliarum et Germaniarum Latinae*, (eds O. Hirschfeld and E. Zangemeister), Berlin-Brandenburg Academy of Sciences and Humanities, 1888–1906

Diodorus of Sicily, *Library of History*, Vols 3, 6, (tr. C. H. Oldfather), Loeb Classical Library, 1935

Eumenius, *Pro Instaurandis Scholis Oratio* ('For the Restoriation of the Schools'), Ch. 9 from *In Praise of Later Roman Emperors: The Panegyrici Latini*, (eds Nixon, E. V. and Rodgers, Barbara Saylor), University of California Press, 2015

Eusebius, *History of the Church*, (tr. G. A. Williamson), Penguin Classics, 1989

Florus, *Epitome of Roman History*, (tr. E. S. Forster), Loeb Classical Library, 1929

Geoffrey of Monmouth, *The History of the Kings of Britain*, (tr. Lewis Thorpe), Folio Society, 1966

Gregory of Tours, *The History of the Franks*, (tr. Lewis Thorpe), Penguin Classics, 1974

Herodotus, *The Persian Wars*, (tr. A. D. Godley), 4 vols, Loeb Classical Library, 1920

Irenaeus, *Adversus Haereses (Against Heresies)*, (ed. A. Roberts), Wm. B. Eerdmans, 1950

Julius Caesar, *The Civil Wars*, (tr. A. G. Peskett), Loeb Classical Library, 1957

Julius Caesar, *The Gallic War (De Bello Gallico)*, (tr. H. J. Edwards) Loeb Classical Library, 1917

Justinus, *Epitome of the Philipic History of Pompeius Trogus*, (tr. John Selby Watson), Henry G. Bohn, 1853

Juvenal, *Satires*, (tr. Susanna Morton Braund), Loeb Classical Library, 2004

参考文献　　355

Livy, *History of Rome*, (tr. B. O. Foster et al), 13 vols, Loeb Classical Library, 1919

Martial, *Epigrams*, (tr. D. R. Shackleton Bailey), 3 vols, Loeb Classical Library, 2006

Myvyrian Archaiology of Wales, (eds Jones, Owen; Morganwg, Iolo; Pughe, William Owen), Denbigh, T. Gee, 1807

Napoléon III, *Histoire de Jules César*, Paris, Henri Plon, 1866.

Palladius, *The Fourteen Books of Palladius Rutilius Taurus Aemilianus on Agriculture*, (tr. T. Owen), London, 1807

Perceforest, (tr. Nigel Bryant), D. S. Brewer, 2011

Plutarch, *Life of Gaius Marius*, in Vol. 9 of *Lives*, (tr. Bernadotte Perin), Loeb Classical Library, 1920

Polybius, *The Rise of the Roman Empire*, (eds Frank Walbank and Ian Scott-Kilvert), Penguin Classics, 1979

Rutilius Namantianus, *De Reditu Suo* ('On his Return'), (eds C.H. Keene and F. Savage-Armstrong), George Bell & Sons, 1907

Scriptores Historiae Augustae, (tr. D. Magie), 3 vols, Loeb Classical Library, 1922

Sidonius, *Poems and Letters* (tr. W. B. Anderson and E. H. Warmington), 2 vols, Loeb Classical Library, 1964

Strabo, *Geography*, (tr. H. L. Jones), 8 vols, Loeb Classical Library, 1932

Suetonius, *De Vita Caesarum* ('The Lives of the Caesars'), (tr. J. C. Rolfe), 2 vols, Loeb Classical Library, 1970

Sulpicius (Sulpitius) Severus, *On The Life of St Martin*, (tr. A. Roberts), *A Select Library of Nicene and Post-Nicene Fathers of the Christian Church*, Second Series, Volume 11, New York, 1894

Tacitus, *Agricola, Germania and Dialogus*, (tr. M. Hutton and W. Peterson), Loeb Classical Library, 1992

Tacitus, *Histories and Annals*, (tr. C. H. Moore and J. Jackson), 4 vols, Loeb Classical Library, 1937

Wace, *Roman de Brut*, (ed. Judith Weiss), *Wace's Roman de Brut: a History of the British: Text and Translation*, University of Exeter Press, 2002

In addition to the printed versions of the sources, I also found two websites of very great assistance for searching and quick reference of primary sources: Bill Thayer's excellent Lacus Curtius (http://penelope.uchicago.edu/Thayer/E/Roman/home.html) and The Latin Library (http://www.thelatinlibrary.com).

SECONDARY SOURCES

Allen, Walter, 'The British Epics of Quintus and Marcus Cicero' in *Transactions and Proceedings of the American Philological Association*, Vol. 86 (1955), pp. 143–159

Assénat, Martine, 'Le cadastre colonial d'Orange' in *Revue archéologique de Narbonnaise*, tome 27–28 (1994), pp. 43–54

Audouze, Françoise and Büchsenschütz, Olivier, *Towns, Villages and Countryside of Celtic Europe*, J. T. Batsford, 1992

Bachrach, Bernard. 'The Alans in Gaul', in *Traditio*, Vol. 23 (1967), pp. 476–489

Baring-Gould, Sabine, *In Troubador-Land*, W. H. Allen & Co, 1891

Beard, Mary, *Confronting the Classics*, Profile, 2014

Behr, John, 'Gaul' in *The Cambridge History of Christianity* (ed. Mitchell, Margaret), pp. 366–379, Cambridge University Press, 2006

Benbassa, Esther, *The Jews of France: A History from Antiquity to the Present*, Princeton University Press, 1999

Binns, J. W., *Latin Literature of the Fourth Century*, Routledge Revivals, 2015

Blagg, Thomas and Millett, Martin (eds), *The Early Roman Empire in the West*, Oxbow Books, 2002

Blanchard-Lemée, Michèle and Blanchard, Alain, 'Épicure dans une anthologie sur mosaïque à Autun' in *Comptes rendus des séances de l'Académie des Inscriptions et Belles-Lettres*, 137ᵉ année, N. 4 (1993), pp. 969–984

Bomgardner, David, *The Story of the Roman Amphitheatre*, Routledge, 2000

Boulerie, Laure, *Le Romantisme français et l'Antiquité romaine*.

Literature. Université d'Angers, 2013. French. (PhD Thesis)
Braudel, Fernand, *The Identity of France* (tr. Siân Reynolds), 2 vols, Collins, 1988
Bréan, Adolphe, *Vercingétorix*, Orleans, Gatineau, 1864
Brogan, Olwen, *Roman Gaul*, Harvard University Press, 1953
Bromwich, James, *The Roman Remains of Brittany, Normandy and the Loire Valley: A Guidebook*, Lucina Books, 2014
Bromwich, James, *The Roman Remains of Southern France: A Guidebook*, Routledge, 1996
Brown, Peter, *The Rise of Western Christendom: Triumph and Diversity, AD 200–1000*, Wiley-Blackwell, 2013
Brown, Peter, *The World of Late Antiquity*, Thames and Hudson, 1973
Büchsenschütz, Olivier and Schnapp, Alain, 'Alésia' in *Les Lieux de mémoire*, Vol III, pp. 272–315, Gallimard, 1992
Camden, William, *Britannia*, G. Bishop and J. Norton, 1610
Cameron, Averil, *The Later Roman Empire*, Fontana Press, 1992
Canfora, Luciano, *The Life and Times of the People's Dictator*, (tr. Marian Hill and Kevin Windle), University of California Press, 2007
Carroll, Maureen, *Spirits of the Dead: Roman Funerary Commemoration in Western Europe*, Oxford University Press, 2006
Chadwick, Nora, *The Celts*, Penguin, 1991
Chastagnol, André, 'Les cadastres de la colonie romaine d'Orange' [André Piganiol, *Les documents cadastraux de la colonie romaine d'Orange*, XVIe Supplément à Gallia] in *Annales. Économies, Sociétés, Civilisations*, 20ᵉ année, N. 1, (1965), pp. 152–159
Cheyette, F. L., 'The Disappearance of the Ancient Landscape and the Climatic Anomaly of the Early Middle Ages: A Question to be Pursued' in *Early Medieval Europe*, Volume 16, Issue 2 (May 2008), pp. 127–165
Christie, Neil, *The Fall of the Western Roman Empire: An Archaeological & Historical Perspective*, Bloomsbury, 2011
Christopherson, A. J., 'The Provincial Assembly of the Three Gauls

in the Julio-Claudian Period' in *Historia: Zeitschrift für Alte Geschichte*, Bd. 17, H. 3 (Jul., 1968), pp. 351–366

Collis, John, *The Celts: Origins, Myths, Inventions*, The History Press, 2010

Collis, John, 'The Role of Alésia, Bibracte and Gergovia in the Mythology of the French State' in *The Harp and The Constitution: Myths of Celtic and Gothic Origin* (ed. Joanne Parker), pp. 209–288, Brill, 2015

Congès, Anne Roth, *Glanum: From Salluvian Oppidum to Roman City*, (tr. Ralph Häussler and Chrisoula Petridis), Éditions du Patrimoine, 2001

Cottrell, Leonard, *Seeing Roman Britain*, Pan Books, 1967

Coulon, Gérard, *Les Gallo-Romains: Vivre, travailler, croire, se distraire*, Éditions Errance, 2006

Cunliffe, Barry, *The Ancient Celts*, Oxford University Press, 1997

Cunliffe, Barry, *The Celtic World*, Constable, 1992

Dennison, Walter, 'A Visit to the Battlefields of Caesar' in *The School Review*, Vol. 13, No. 2 (Feb., 1905), pp. 139–149

Derks, Ton, *Gods, Temples, and Ritual Practices: The Transformation of Religious Ideas in Roman Gaul*, Amsterdam University Press, 1998

Dietler, Michael, '"Our Ancestors the Gauls": Archaeology, Ethnic Nationalism, and the Manipulation of Celtic Identity in Modern Europe' in *American Anthropologist*, New Series, Vol. 96, No. 3 (Sep., 1994), pp. 584–605

Donaldson, Christopher, *Martin of Tours: Parish Priest, Mystic and Exorcist*, Routledge & Kegan Paul, 1980

Drinkwater, J. F., 'A Note on Local Careers in the Three Gauls under the Early Empire' in *Britannia*, Vol. 10 (1979), pp. 89–100

Drinkwater, J. F., *The Gallic Empire: Separatism and Continuity in the North-western Provinces of the Roman empire A.D.260–274*, Steiner, 1987

Drinkwater, J. F., 'The Rise and Fall of the Gallic Iulii: Aspects of

参考文献

the Development of the Aristocracy of the Three Gauls under the Early Empire' in *Latomus*, T. 37, Fasc. 4 (Octobre–Decembre 1978), pp. 817–850
Drinkwater, J. F., *Roman Gaul: The Three Provinces 58 BC–AD 260*, Croom Helm, 1983
Drinkwater, J. F. and Elton, H. (eds), *Fifth-Century Gaul: A Crisis of Identity?*, Cambridge University Press, 1992
Durrell, Lawrence, *Caesar's Vast Ghost: Aspects of Provence*, Faber and Faber, 1990
Ebel, Charles, *Transalpine Gaul: The Emergence of a Roman Province*, Brill, 1976
Ellis, Peter Beresford, *The Druids*, Robinson, 2002
Enikel, Jansen, *Weltchronik*, (ed. P. Strauch), Munich, 1980
Fischer, Herman, 'The Belief in the Continuity of the Roman Empire among the Franks of the Fifth and Sixth Centuries' in *The Catholic Historical Review*, Vol. 10, No. 4 (Jan., 1925), pp. 536–553
Garland, Robert, *Julius Caesar*, Bristol Phoenix Press, 2003
Goffart, Walter, *Barbarian Tides: The Migration Age and the Later Roman Empire*, University of Pennsylvania Press, 2006
Goldsworthy, Adrian, *Caesar*, Phoenix, 2006
Goldsworthy, Adrian, *The Fall of the West: The Death of the Roman Superpower*, Weidenfeld & Nicholson, 2009
Goodman, Penelope, *The Roman City and its Periphery*, Routledge, 2007
Goubert, Pierre, *The Course of French History*, Routledge, 1996
Goudineau, Christian, *Regard sur la Gaule, Recueil d'Articles*, Babel, 2007
Goudineau, Christian, 'Gaul', in *The Cambridge Ancient History* (eds A. K. Bowman, E. Champlin and A. Lintott), pp. 464–502, Cambridge University Press, 1996
Goudineau, Christian, 'Gaul', in *The Cambridge Ancient History* (eds A. K. Bowman, P. Garnsey and D. Rathbone), pp. 462–495, Cambridge University Press, 2000
Goudineau, Christian, *Le Dossier Vercingétorix*, Babel, 2001

Goudineau, Christian and De Kisch, Yves, *Archaeological Guide to Vaison La Romaine* (tr. Chérine Gebara), Guides Archeologiques de la France, 1984

Goudineau, Christian and Lontcho, Frédéric, *En survolant la Gaule*, Éditions Errance, 2007

Grant, Michael, *The Fall of the Roman Empire*, Weidenfeld & Nicholson, 1990

Green, Miranda, *The Gods of the Celts*, The History Press, 2011

Grey, Cam, 'Two Young Lovers: An Abduction Marriage and Its Consequences in Fifth-Century Gaul' in *The Classical Quarterly*, New Series, Vol. 58, No. 1 (May, 2008), pp. 286–302

Grey, Sir Thomas, *Scalacronica; The Reigns of Edward I, Edward II and Edward III as Recorded by Sir Thomas Gray*, (tr. H. Maxwell), James Maclehose & Sons, 1907

Guyon, Jean and Jégouzo, Anne, *Les premiers chrétiens en Provence: guide archéologique*, Éditions Errance, 2001

Haarhoff, Theodore Johannes, *Schools of Gaul: A Study of Pagan and Christian Education in the Last Century of the Western Empire*, Oxford University Press, 1920

Halsall, Guy, *Barbarian Migrations and the Roman West 376–568*, Cambridge University Press, 2009

Harvey, Brian (ed.), *Daily Life in Ancient Rome: A Sourcebook*, Focus, 2016

Headlam, Cecil, *Provence and Laungedoc*, Methuen, 1912

Heather, Peter, *Empires and Barbarians: Migration, Development and the Birth of Europe*, Pan, 2009

Heather, Peter, *The Fall of the Roman Empire: A New History*, Pan, 2005

Heather, Peter, 'The Huns and the End of the Roman Empire in Western Europe' in *The English Historical Review*, Vol. 110, No. 435 (Feb., 1995), pp. 4–41

Higgins, Charlotte, *Under Another Sky: Journeys in Roman Britain*, Vintage, 2013

Highet, Gilbert, *The Classical Tradition*, Oxford University Press, 1951

Huysmans, Joris-Karl, *Against Nature* (tr. Margaret Mauldon), Oxford World's Classics, 1998

Innes, Matthew, *Introduction to Early Medieval Europe, 300–900: The Sword, the Plough and the Book*, Routledge, 2007

John of Fordun, *Chronicle of the Scottish Nation*, (ed. W. F. Skene) in *The Historians of Scotland*, vol. 4, Edmonston and Douglas, 1872

Johnson, Boris, *The Dream of Rome*, Harper Collins, 2006

Jones, A. H. M., *The Decline of the Ancient World*, Longman, 1966

Jones, R. F. J., 'A False Start? The Roman Urbanisation of Western Europe' in *World Archaeology*, Vol. 19, No. 1, *Urbanization* (Jun., 1987), pp. 47–57

Jourdan, Annie, 'The Image of Gaul during the French Revolution: Between Charlemagne and Ossian' in *Celticism* (ed. Terence Brown), Brill, 1996

Kelly, Christopher, *Ruling the Later Roman Empire*, Belknap Press, 2004

King, Anthony, *Roman Gaul and Germany*, British Museum Publications, 1990

Klingshirn, William, *Caesarius of Arles: The Making of a Christian Community in Late Antique Gaul*, Cambridge University Press, 1994

Koch, John. T and Carey, John (eds), *The Celtic Heroic Age: Literary Sources for Ancient Celtic Europe & Early Ireland & Wales*, Celtic Studies Publications, 2003

Kulikowski, Michael, 'Barbarians in Gaul, Usurpers in Britain' in *Britannia*, Vol. 31 (2000), pp. 325–345

Laing, Lloyd and Laing, Jennifer, *Celtic Britain and Ireland: Art and Society*, Herbert Press, 1995

Lambarde, William, *Perambulation of Kent (1570)*, B. W. Burrill, 1826

Leland, John, *Itinerary*, (ed. Lucy Toulmin Smith), 1907

Leslie, John, *History of Scotland* (1578, tr. James Dalrymple, ed. E. G. Cody), Scottish Text Society, 1888

Lewuillon, Serge, *Gergovie et le pays arverne*, Éditions du Patrimoine, 2013

Loseby, S. T., 'Arles in Late Antiquity: Gallula Roma Arelas and Urbs Genesii' in *Towns in Transition: Urban Evolution in Late Antiquity and the Early Middle Ages* (eds N. Christie and S. T. Loseby), pp. 45–70, Scolar Press, 1996

Lucki, Emil, 'The Role of the Large Landholders in the Loss of Roman Gaul: A Case Study in the Decline of the Roman Empire in the West' in *The American Journal of Economics and Sociology*, Vol. 20, No. 1 (Oct., 1960), pp. 89–98

McCormick, Thomas, *A Partial Edition of Les fais des Rommains, with a Study of its Style and Syntax: A Medieval Roman History.* Studies in French literature 20. Lewiston, New York, Mellen, 1998

MacMullen, Ramsay, 'Barbarian Enclaves in the Northern Empire' in *L'Antiquité Classique*, T. 32, Fasc. 2 (1963), pp. 552–561

MacMullen, Ramsay, *Romanization in the Time of Augustus*, Yale University Press, 2000

Marrou, H. I., *A History of Education in Antiquity*, Mentor Books, 1956

Mathisen, Ralph Whitney, *Roman Aristocrats in Barbarian Gaul: Strategies for Survival in an Age of Transition*, University of Texas Press, 1993

Meier, Christian, *Caesar*, Fontana Press, 1996

Moorhead, Sam and Stuttard, David, *AD 410: The Year that Shook Rome*, The British Museum Press, 2010

Murray, E. W., 'Caesar's Fortifications on the Rhône' in *The Classical Journal*, Vol. 4, No. 7 (May 1909), pp. 309–320

Nearing, Homer, 'The Legend of Julius Caesar's British Conquest' in *Proceedings of the Modern Language Association of America,* 64 (1949), pp. 889–929

Nearing, Homer, 'Local Caesar Traditions in Britain' in *Speculum*, Vol. 24, No. 2 (Apr., 1949), pp. 218–227

参考文献

Osgood, Josiah, 'The Pen and the Sword: Writing and Conquest in Caesar's Gaul' in *Classical Antiquity*, Vol. 28, No. 2 (Oct., 2009), pp. 328–358

Parker, Earle, 'Caesar's Battlefields in 1908' in *The Classical Journal*, Vol. 4, No. 5 (Mar. 1909), pp. 195–204

Pelletier, André, 'Les fouilles du "Temple de Cybèle" à Vienne (Isère), Rapport Provisoire' in *Revue Archéologique*, Nouvelle Série, Fasc. 1 (1966), pp. 113–150

Pelletier, André, *Vienna (Vienne)*, Presses Universitaires de Lyon, 2001

Picard, Charles, 'Le théâtre des mystères de Cybèle-Attis à Vienne (Isère), et les théâtres pour représentations sacrées à travers le monde méditerranéen' in *Comptes rendus des séances de l'Académie des Inscriptions et Belles-Lettres*, 99 année, N. 2, (1955), pp. 229–248

Potter, David, *The Roman Empire at Bay AD 180–395*, Routledge, 2014

Provini, Sandra, 'Les rois de France sur les traces de César en Italie', in *Cahiers de recherches médiévales*, 13 spécial, 2006

Raby, F. J. E., *A History of Secular Latin Poetry in the Middle Ages*, 2 vols, Oxford University Press, 1957

Rankin, David, *Celts and the Classical World*, Routledge, 1996

Rebourg, Alain, 'L'urbanisme d'Augustodunum (Autun, Saône-et-Loire)' in *Gallia*, Volume 55, No. 1 (1998), pp. 141–236

Rice Holmes, Thomas (T. R. E. Holmes), *Caesar's Conquest of Gaul*, Oxford, 1911

Rice Holmes, Thomas (T. R. E. Holmes), *Great Britain and the Invasions of Julius Caesar*, Oxford University Press, 1907

Riggsby, Andrew, *Caesar in Gaul and Rome: War in Words*, University of Texas Press, 2010

Rivet, A. L. F., *Gallia Narbonensis: Southern France in Roman Times*, B. T. Batsford Ltd, 1990

Robb, Graham, *The Discovery of France*, Picador, 2007

Roddaz, Jean-Michel, 'Jules César dans la tradition historique française des XIXe et XXe siècles' in *Cesare: Precursore o visionario. Atti del convegno internazionale Cividale del Friuli, 17–19 settembre 2009 (I convegni della Fondazione Niccolò Canussio. 9)* (ed. G. Urso), pp. 333–352, Fondazione Niccolò Canussio, 2010

Rollason, David, *Early Medieval Europe 300–1050*, Pearson, 2012

Romeuf, Anne-Marie, 'Les ex-voto en bois de Chamalières (Puy-de-Dome) et des Sources de la Seine (Côte-d'or): essai de comparaison' in *Gallia*, T. 44, Fasc. 1 (1986). pp. 65–8

Rowell, Diana, *Paris: The 'New Rome' of Napoleon I*, Bloomsbury, 2012

Sage, Michael, *Roman Conquests: Gaul*, Pen & Sword, 2011

Salway, Peter, *Roman Britain*, Oxford University Press, 1981

Savay-Guerraz, Hugues, *Le Musée Gallo-Romain de Lyon*, Fage Éditions, 2013

Scales, Len, *The Shaping of German Identity: Authority and Crisis, 1245–1414*, Cambridge University Press, 2012

Scève, Maurice, *The Entry of Henri II into Lyon, September 1548*, Medieval & Renaissance Texts & Studies, 1997

Scullard, H. H., *From the Gracchi to Nero: History of Rome from 133 BC to AD 68*, Routledge, 1982

Simon, André, *Vercingétorix et l'idéologie française*, Editions Imago, 1997

Sivan, Hagith, 'Numerian the Intellectual: A Dynastic Survivor in Fourth Century Gaul' in *Rheinisches Museum für Philologie*, Neue Folge, 136. Bd., H. 3/4 (1993), pp. 360–365

Smith, Julia, *Europe after Rome: A New Cultural History 500–1000*, Oxford University Press, 2005

Teyssier, Eric, *Arles la romaine*, Alcide, 2016

Thiollier-Alexandrowicz, Gabriel, *Itinéraires Romains en France d'après la Table de Peutiager et l'Itinéraire d'Antonin*, Editions Faton S. A., 1996

参考文献

Thompson, J. F., 'The Alleged Persecution of the Christians at Lyons in 177' in *The American Journal of Theology*, Vol. 16, No. 3 (Jul., 1912), pp. 359–384

Tran, Nicholas, 'The Social Organisation of Commerce and Crafts in Ancient Arles: Heterogeneity, Hierarchy, and Patronage' in *Urban Craftsmen and Traders in the Roman World* (eds Andrew Wilson and Miko Flohr), Oxford University Press, 2016

Trivet, Nicholas, *Nicholas Trevet's Chronicle*, (ed W. V. Whitehead), Harvard University Press, 1961

Trout, Dennis, *Paulinus of Nola: Life, Letters, Poems*, University of California Press, 1999

Van Dam, Raymond, *Leadership and Community in Late Antique Gaul*, California University Press, 1992

Vermaseren, Maarten, *Cybele and Attus: The Myth and the Cult*, Thames & Hudson, 1977

Vigier, Arnaud, 'Dévôts et dédicants: Intégration des élites dans la ciuitas des Allobroges sous le Haut-Empire', Thèse de doctorat, Université de Franche-Comté, Besançon, 2011

Wacher, John, *The Coming of Rome*, Book Club Associates, 1979

Waddell, Helen, *The Wandering Scholars*, Constable, 1927

Ward-Perkins, Bryan, *The Fall of Rome and the End of Civilisation*, Oxford University Press, 2005

Webster, Graham, *The Roman Invasion of Britain*, Routledge, 1993

Webster, Jane, 'At the End of the World: Druidic and Other Revitalization Movements in Post-Conquest Gaul and Britain' in *Britannia*, Vol. 30 (1999), pp. 1–20

Weever, John, *Ancient Funeral Monuments, of Great-Britain, Ireland, and the Islands Adjacent*, W. Tooke, 1767

Wells, Peter, *Barbarians to Angels: The Dark Ages Reconsidered*, W. W. Norton & Co, 2008

Wickham, Chris, *Framing the Early Middle Ages: Europe and The Mediterranean, 400–800*, Oxford University Press, 2006

Wickham, Chris, *The Inheritance of Rome: Illuminating the Dark Ages 400–1000*, Penguin, 2009
Wightman, Edith, *Gallica Belgica*, University of California Press, 1985
Woolf, Greg, *Becoming Roman: The Origins of Provincial Civilisation in Gaul*, Cambridge University Press, 2003
Woolf, Greg, 'Beyond Romans and Natives' in *World Archaeology*, Vol. 28, No. 3, *Culture Contact and Colonialism* (Feb., 1997), pp. 339–350
Woolf, Greg, 'Imperialism, Empire and the Integration of the Roman Economy' in *World Archaeology*, Vol. 23, No. 3, *Archaeology of Empires* (Feb., 1992), pp. 283–293
Wyke, Maria, *Caesar: A Life in Western Culture*, Granta, 2007

致 谢

我非常感谢 Yolande Crowe，她帮助我在这场追寻恺撒足迹和古罗马过去的旅程中，拥有了一个很好的开端。我由衷地感谢她那普罗旺斯式的好客，以及我们之间关于法国历史的讨论。我还要感谢法国诸多考古遗址和博物馆的工作人员，他们在我的旅行和研究过程中给予了我帮助。

Robert Twigger，Jason Webster 和 Tahir Shah 都非常支持我的写作，我要对他们鼓励和帮助我完成这项工作表示感谢。我也永远欠 Matthew Leeming 和 Magnus Bartlett 的人情。

我还要特别感谢下面提到的这些友人的鼓励和帮助：Gareth Mann，Sebastien Blache 博士，David Kovacs 教授，Nick Lane，

Jules Stewart，Sian Bell，Philip Bell，Sha Crawford，Rebecca S. Davis，Justin Rushbrooke，Nell Butler，Caroline Barron，John Davie，Owen Matthews，Paddy，Di，Ella Magrane 和 Tara Magrane，已故的 William Smethurst 和他的妻子 Carolynne，Allegra Mostyn-Owen 和 Tom Edlin。我还要感谢 John Paul Russo 教授给我机会在迈阿密大学做关于恺撒的讲座。

在伊顿公学、威斯敏斯特公学和我任教过的其他学校的许多同事与学生总是令人感到鼓舞，我从他们身上学到了很多东西。我自己的老师们对我的帮助也很大，他们对我的影响从未减弱。因为篇幅关系，我在这里无法向他们所有人一一表示谢意，但我还是要特别感谢 James Breen，已故的 Robert Buttimore 博士，Mike Fox，Raine Walker，David Howlett 博士和 Tony Hunt 博士。

我永远无法找到比 Andrew Lownie 更好的文学代理人，也找不到比 Richard Milbank 更好的编辑。我还要感谢在 Head of Zeus 与我一起工作的团队：Blake Brooks，Jessie Price，Suzanne Sangster，ill Harvey 和 Clémence Jacquinet。

如果没有我的亲人 Jane、Jason、Michael、Judy、Danesh 的大力支持和实际帮助，我不可能写出这本书。在我全身心投入这本书的写作中时，我的妻子 Sam 也一直非常耐心地支持我、激励我，让我感受着她的爱。这本书是献给她的，也献给我们家的两个"西哥特人"——Cassian 和 Beatrix，希望他们能够对我和妻子那"古罗马式"教育不再那么反感。

Simplified Chinese Translation copyright © 2025 by China Renmin University Press Co., Ltd.

Caesar's Footprints: Journeys to Roman Gaul by Bijan Omrani

Copyright © Bijan Omrani 2017

All Rights Reserved.

图书在版编目（CIP）数据

恺撒的足迹：漫步古罗马时代的高卢 /（英）彼尚
·奥姆拉尼（Bijan Omrani）著；崔毅译. --北京：
中国人民大学出版社，2025.5. -- ISBN 978-7-300
-33722-7

Ⅰ.K565.0

中国国家版本馆 CIP 数据核字第 2025025VU7 号

恺撒的足迹

漫步古罗马时代的高卢

［英］彼尚·奥姆拉尼（Bijan Omrani） 著
崔毅 译
Kaisa de Zuji

出版发行	中国人民大学出版社			
社　　址	北京中关村大街 31 号		邮政编码	100080
电　　话	010 - 62511242（总编室）		010 - 62511770（质管部）	
	010 - 82501766（邮购部）		010 - 62514148（门市部）	
	010 - 62515195（发行公司）		010 - 62515275（盗版举报）	
网　　址	http://www.crup.com.cn			
经　　销	新华书店			
印　　刷	北京瑞禾彩色印刷有限公司			
开　　本	890 mm×1240 mm　1/32		版　次	2025 年 5 月第 1 版
印　　张	11.875 插页 4		印　次	2025 年 5 月第 1 次印刷
字　　数	269 000		定　价	128.00 元

版权所有　侵权必究　　印装差错　负责调换